BIBLIOTHÈQUE NOUVELLE
à 1 franc le volume
(FRANCE : 1 FRANC 25 CENTIMES LE VOLUME)

FULGENCE GIRARD

UN
CORSAIRE
SOUS L'EMPIRE

PARIS
LIBRAIRIE NOUVELLE
BOULEVARD DES ITALIENS, 15

A. BOURDILLIAT ET Cie, ÉDITEURS

1861

UN

CORSAIRE SOUS L'EMPIRE

Paris. — Imp. de la Librairie Nouvelle, A. Bourdilliat, 15, rue Bréda.

FULGENCE GIRARD

UN

CORSAIRE

SOUS L'EMPIRE

PARIS
LIBRAIRIE NOUVELLE
BOULEVARD DES ITALIENS, 15

A. BOURDILLIAT ET Cie, ÉDITEURS

La traduction et la reproduction sont réservées

1861

UN
CORSAIRE SOUS L'EMPIRE

I

LE SERMENT

A l'ouvert de cette baie rectangulaire que forment, en s'agrafant, la côte normande et la plage bretonne, non loin du cap Libou dont le flot houleux de la Manche bat et ronge les falaises sonores, s'étend, sur un développement de onze kilomètres environ, un petit archipel, — les îlots de Chausey, — digne à tous égards de l'intérêt du savant et de l'artiste.

Rien de sombre et de terrible comme le spectacle qu'offre en hiver cet amas de récifs, au milieu desquels roule, écume et bondit une mer convulsive; rien de gracieux au contraire, rien de calme et de charmant comme l'aspect dont il se revêt au printemps, lorsqu'une herbe courte, forte, drue et toute constellée de pâquerettes, a reverdi ses croupes chauves; quand les genêts et les ajoncs en fleurs dorent le versant de ses rochers, où la clématite laisse flotter ses guirlandes parfumées. A voir cette chaîne de petits îlots dont un sable granitique et coquiller entoure les nappes verdoyantes, on dirait, si l'on ne craignait pas trop le ridicule des métaphores ambitieuses, un collier d'émeraudes enchâssé dans un amalgame d'argent et d'or.

Ce n'est pas cependant, à sa sauvage et pittoresque poésie que cet archipel doit les visiteurs qui descendent dans ses anses. Les barques des contrebandiers et des pêcheurs en sillonneraient seules les eaux, si l'industrie ne venait demander de la soude à ses varecs, et à ses entrailles le beau granit bleu dont les ports voisins forment leurs quais, et Paris une partie du dallage de ses trottoirs. Mais, on le pense bien sans doute, tous ces habitants accidentels sont d'une parfaite indifférence aux phénomènes étranges comme aux beautés pittoresques de cet attolon sauvage. Ce n'est donc que pour les lapins qui les broutent que le serpolet et le thym parfument ses pelouses, et pour les mouettes et les goëlands qui vont déposer leurs œufs dans leurs anfractuosités, que ses rocs se parent de mille fleurs : hyacinthes bleues, petits œillets de pourpre, ravenelles flottantes dont les suaves ou robustes aromes embaument l'air. Ainsi, malgré les hôtes passagers qui la fréquentent, toute cette belle et luxuriante nature ne s'épanouit que pour elle-même ; que pour le plaisir des brises marines et la volupté des regards du ciel.

Au reste, sous l'empire, et particulièrement à l'époque où s'accomplirent les faits dont nous allons exposer le récit, cet archipel était complétement désert. Si le pavillon tricolore et le yack britannique flottaient parfois sur ses rades, ce n'était le plus souvent que pour quelques heures. Apportés par le flot, le jusant les remportait presque toujours.

Le 16 mai 1809 fut pour cette solitude insulaire une journée tout exceptionnelle. Deux corsaires français, entrés le matin dans le Sund, espèce de canal et de bassin creusé par la nature au milieu de ces rochers, y étaient encore mouillés lorsque le soleil s'immergea dans les vagues de l'ouest. Leurs voiles strictement serrées, les vergues amenées et carrément établies par leurs *balancines*, les *pics* enfin des brigantines affalés sur les *guis*, annonçaient que toutes les dispositions étaient prises pour qu'ils y passassent la nuit entière. Immobiles sur leurs ancres, ou du moins à peine bercés par les molles ondulations d'une houle assoupie, ils ressemblaient, *si magna licet componere parvis*, à deux des oiseaux de mer qui venaient d'habitude se reposer et s'endormir, le bec dans leur plume, au doux branle de ces eaux tranquilles.

Le plus grand de ces deux navires était une goëlette, sur l'arrière de laquelle on lisait, en lettres de bronze, ces quatre mots: *La Dorade de Granville*, et véritablement tout, dans cette jolie embarcation, sa carène étroite, ses bossoirs élancés, les façons gracieusement évidées de son arrière, semblait avoir été modelé sur les formes sveltes de l'élégant animal dont elle avait emprunté le nom. L'autre était un lougre sorti des chantiers malouins; son nom, *le Rôdeur*, révélait ses habitudes sournoises et actives; son aspect sombre justifiait, dès le premier regard, la terreur que sa vue seule inspirait à tous les caboteurs des îles anglo-normandes. Une coque bitumineuse, un gréement noir de brai, des mâts galipotés, tel était ce bâtiment, dont les seuls ornements consistaient dans les six pierriers en cuivre qui reluisaient sur leurs chandeliers en même métal, au-dessus de ses noirs bastingages, et dans les caronades de huit dont les volées béantes, sous les mantelets rouges des sabords, semblaient des prunelles hagardes dans leurs sanglantes orbites. L'ordre parfait qui du reste régnait dans toutes les parties de son équipement, la sévère harmonie qu'offrait, dans son ensemble, sa tenue réellement guerrière, n'eussent pas été sans une sorte d'élégance militaire, si ce mâle prestige n'eût été complétement effacé par la grâce, fière et coquette à la fois, que déployait sa voisine.

La sécurité dont semblaient jouir ces deux corsaires n'était pas telle pourtant qu'ils eussent jugé superflues toutes les précautions qu'en semblable position devait inspirer la prudence. Ils se trouvaient, en effet, dans des eaux foraines et presque en face de terres ennemies. Des matelots posés en vigies, sur les points les plus élevés de ces îlots, et les bordées de quart réunies sur l'avant, prouvaient que les deux capitaines s'étaient bien gardés d'offrir à l'escadre britannique de Jersey l'occasion de prendre sa revanche de l'enlèvement encore récent du *Plumber* et du *Theazer*, belles corvettes audacieusement attaquées et capturées sur ce mouillage par une division de bateaux pêcheurs granvillais.

Les bruits joyeux qui s'élevaient des groupes divers formés par les marins, et la vive clarté que projetait par sa claire-voie la chambre de *la Dorade*, annonçaient d'ailleurs que le sommeil était loin d'avoir fermé tous les yeux sur ces deux bâtiments. Malgré les périls, — qui sait? peut-être même à cause des périls, — au milieu desquels nos corsaires, moins nombreux chaque jour, poursuivaient le cours de leurs exploits, les distractions de leurs relâches avaient pris un caractère de violence et d'exaltation porté quelquefois jusqu'à l'extravagance. C'était là un des traits distinctifs de la course à cette époque. On aurait dit que, dominés par la surexcitation de leur vie aventureuse, les marins adonnés à cette navigation expirante étaient, comme le pendule, nécessairement emportés d'un extrême dans l'autre; d'une lutte désespérée dans des orgies sans frein, de l'excès du danger dans l'excès des plaisirs. Combien d'épisodes de dissipations folles la course, en ces années, n'a-t-elle pas laissés unis, dans le souvenir de nos populations, aux faits d'armes les plus glorieux!

Le 16 mai 1809 avait été pour *la Dorade* et *le Rôdeur* un de ces bruyants jours de fête. *La Dorade* avait offert pour la première fois, le matin même, ses préceintes vierges aux baisers des lames, et son jeune capitaine, Jules Serval, qui venait de déposer l'épée de lieutenant de vaisseau pour la hache d'armes du *coursier*, avait voulu inaugurer ses débuts dans sa nouvelle carrière par un banquet offert à son équipage et à celui du *Rôdeur*. Mais, avant tout, expliquons par quelques mots les motifs qui l'avaient jeté dans cette vie de dangers.

Jules Serval avait vingt-huit ans. Il venait d'être reçu capitaine au long cours, lors de la création de la flotille de Boulogne; il était entré, à ce titre, enseigne auxiliaire dans la marine de l'État. Il lui fallut rallier le grand centre d'armements d'alors, avec une de ces divisions de canonnières, de bombardes et de péniches qui devaient jeter cent mille soldats sur le sol anglais. Quelles pages brillantes pour notre histoire nationale le mystère dont le gouvernement s'efforçait d'entourer la formation et la réunion de cette formidable *armada* n'a pas ensevelies dans son ombre ! Si beaucoup des combats qui ensanglantèrent alors nos eaux littorales n'eurent d'autre retentissement que le bruit de leurs canons et virent s'évanouir à la fois leurs souvenirs et leur fumée, deux de ceux auxquels prit part notre jeune enseigne échappèrent pourtant, par leur éclat, à cette obscurité systématique ; ils obtinrent même les honneurs d'un ordre du jour et, bien plus, la publicité de la presse officielle. Jules Serval n'en resta pas moins un de ces braves officiers perdus dans les grades inférieurs de la flotte, que Napoléon s'est plaint maintes fois de n'avoir pas rencontrés parmi nos marins.

Les glorieuses perspectives que la mer ouvrait alors à la France avaient surexcité toutes les ambitions de son patriotisme, toutes les aspirations, toutes les facultés de son enthousiasme ; nul n'était mieux fait pour comprendre et réaliser la pensée du nouvel empereur ; lui seul peut-être avait deviné le vaste plan d'ensemble conçu par son génie lorsque l'Angleterre, menacée dans son territoire insulaire, dans son territoire viscéral, par le plus formidable armement qui eût jamais été organisé contre elle, tremblait encore pour ses colonies que semblait menacer également la foudre impériale. On se rappelle qu'au moment où l'escadre batave et celle de Brest formaient les deux ailes de la flotille qui devait aborder subitement le rivage anglais, une nouvelle expédition d'Égypte paraissait prête à vider la baie de Toulon, et deux flottes, à l'ancre sur les rades de Cadix et de Rochefort, n'attendaient, disait-on, qu'un signal pour fondre sur les Antilles anglaises. Jules avait souri à tous ces bruits qu'on se murmurait confidentiellement dans les salons et dans les cafés de Boulogne, car il avait compris, lui, ce qui avait trompé l'amirauté britannique, et jusqu'au regard pénétrant de Nelson ; il avait compris que l'empereur tentait avec la plus audacieuse habileté de disperser les flottes de ses ennemis, et à la fois de réunir inopinément toutes les siennes pour, d'un choc, écraser leur île. Aussi, à la nouvelle de la bataille du 22 juillet et du reploiement de Villeneuve sur les côtes d'Espagne, n'avait-il pu s'empêcher de s'écrier : « Oh! stupide! stupide! »

Le même cri de désespoir s'était échappé des lèvres de Napoléon ; car, à cette nouvelle, il avait vu s'évanouir la conception la plus gigantesque que son âme eût rêvée. Faute d'une intelligence qui pût s'élever à sa hauteur, cette grande épopée avait corrué sur elle-même, ne laissant de ses magnificences idéales que des ruines... ruines telles pourtant que l'épée du nouveau César put encore y tailler Ulm, Vienne et Austerlitz.

On connaît les événements. Il ne fallut à la France rien moins que la gloire de ses drapeaux pour oublier l'humiliation de ses pavillons. Le bruit du canon de Trafalgar vint dissiper les dernières illusions dont s'était bercé le patriotisme de notre jeune enseigne, devenu lieutenant de vaisseau. Il se réveilla de ses rêves de gloire sur un de ces bateaux plats dont, après le démembrement de la flotille, fut formée la division navale attachée à la baie du mont Saint-Michel. On peut deviner ce qui se passa dans son âme. La monotonie de cette navigation condamnée à protéger un cabotage timide, circulant de havre en havre à travers les écueils de cette côte rocheuse, ne pouvait convenir à l'activité de son organisation ardente, de son impatiente nature. Le regret de déposer une épaulette noblement conquise lui en fit seul supporter quelque temps les stériles loisirs. La fatigue l'emporta enfin : il envoya sa démission au ministre.

Tels étaient les faits et les motifs qui l'avaient déterminé à demander à la course une vie de mouvement et d'émotions plus en rapport avec son caractère et ses goûts, goûts et caractère que tout du reste révélait en lui. Sa taille, souple et cambrée, devait à une sorte de raideur militaire une élégance fière et virile ; ses traits, intelligents et ouverts, annonçaient à la fois l'homme d'action et l'artiste ; une moustache fine, relevée en crocs, un nez mince et légèrement recourbé, de grands yeux à fleur de tête sous la courbe de sourcils si épais et si étroits qu'on les eût dit tracés au pinceau, animaient par une sorte de crânerie guerrière l'expression de gravité sereine qu'y eût reflétée le développement du front, haut comme celui d'un philosophe et large comme celui d'un poëte. Tout enfin portait en lui comme une réverbération de sa nature. La chambre de *la Dorade*, où il présidait au banquet d'inauguration dont il était à la fois l'amphitryon et le héros, en avait reçu elle-même comme une empreinte... Mais revenons à notre récit.

Si l'exhilarante influence des libations du jour ne se révélait plus sur le pont de la goëlette que par les plaisanteries et par les éclats de rire qui interrompaient les contes de pied de mât, charme des veillées de quart paisibles, c'était bien différent dans la chambre de l'état-major : là, le banquet, et ce que nous avons rapporté des habitudes de nos *flambards* ponantais pourrait bien nous autoriser à dire l'orgie, était encore dans toute sa fougue. C'était l'instant où l'exaltation fébrile qui précède l'ivresse, mais y touche, donne à l'esprit son impétuosité la plus entraînante, où le cœur bat, où le cerveau vibre dans toute son ardeur. Ce n'était plus une conversation, c'était un joyeux tumulte où chacun voulait prendre et conserver la parole, où la harangue s'évanouissait dans un tourbillon de lazzi et le récit s'agitait lui-même comme les tronçons d'un serpent sous le tranchant des interruptions répétées; harmonieux chaos à travers lequel, au cliquetis des flacons et au choc des verres, petillait en mille grosses étincelles le bon vieil esprit gaulois.

La chambre où les deux états-majors étaient réunis donnait d'autant plus de relief à cette scène qu'elle était en plus frappant contraste avec elle. Les lambris et le plafond, d'où pendaient par des chaînes de cuivre deux lampes à roulis, étaient formés de panneaux de chêne très-sobres de moulures; le bois, du plus riche émail, n'avait reçu d'autre couleur que plusieurs couches d'un vernis très-légèrement teinté de bistre. Sur l'arrière, orné de larges panoplies de sabres, de pistolets et de haches d'abordage; sur les côtés, où deux rangées de fusils aux canons luisants déployaient leurs brillantes colonnades, régnait une espèce de divan en drap couleur feuille morte, sur lequel les convives étaient assis. Une table couverte de plats, de bouteilles et de flacons, la plupart vides, occupait le milieu de cette pièce ; le côté de l'avant, où se trouvait la porte d'entrée, était réservé pour le service.

La folle gaieté de cette soirée d'ivresse prit un moment un caractère plus sérieux. Un des convives semblait livré à un courant d'idées tout contraire à celui qui emportait ses compagnons. Son air, d'abord tout cordial, s'était insensiblement assombri ; on eût dit que son cœur se fût refroidi, comme si le feu dont brillaient tous les regards, hors les siens, en eût absorbé la chaleur. Les préoccupations et les soucis qui s'étaient envolés de tous les esprits semblaient avoir réuni et condensé leurs nuages sur son front. Ce convive était le capitaine du *Rôdeur*, Pierre Ballard, que, moins par analogie euphonique de son nom avec celui de Bayard que pour son caractère, on avait surnommé le *citoyen sans peur et sans reproche*. Pierre Ballard, quoique encore dans toute sa vigueur corporelle, descendait déjà la pente occidentale de la vie. Son rôle d'équipage ne lui attribuait pas moins de cinquante-quatre ans. Il avait navigué sur les bâtiments de l'État, comme Jules Serval, sur qui il avait reporté toute l'affection qu'il avait ressentie pour son père, le commandant Henri Serval, mort sur son banc de quart, un jour de victoire. Mais bien que l'un des capitaines de vaisseau les plus considérés de la flotte, il avait su renoncer au brillant avenir que lui offrait une carrière aimée, plutôt que de tenir d'un autre souverain l'épée qu'il avait reçue de la nation. Descendre de dessus la dunette d'un trois-ponts sur le tillac d'un humble lougre, c'était tomber de haut !... Après le 18 brumaire, il n'avait pas reculé devant cette chute. Le capitaine de vaisseau s'était fait simple corsaire.

Tous avaient remarqué son silence et Jules Serval avant tous les autres. Son habile tactique d'amphitryon n'ayant pu réussir jusqu'alors à le dérider, il crut devoir attaquer de face cette tristesse importune.

— D'honneur ! commandant, lui dit-il avec un sourire de doux reproche, je n'ai pas aujourd'hui en vous un joyeux parrain.

— Tu en as du moins un très-dévoué.

— Pour cela, je n'en doute pas; mais vous ne semblez pas vous douter vous-même que j'ai entrepris contre vous une lutte dont je voudrais bien pourtant sortir vainqueur.

— Et quelle est cette lutte? repartit Pierre Ballard avec surprise.

— Quand vous êtes arrivé à mon bord... à cette table... vous étiez affectueux, cordial, c'est vrai... mais pour moi aujourd'hui, ce n'était pas assez. J'ai voulu vous voir là... le vent sous vergues... brassant à pleine gaieté!...

— Eh bien?

— Eh bien! loin d'y avoir réussi, je n'ai fait que de fausses embardées... Le madère vous a laissé silencieux, le château-latour vous a rendu triste... Après le champagne vous étiez sombre comme un ciel anglais... Maintenant j'ai peine à vous arracher des monosyllabes, et ces tasses et ces flacons de marasquin sont vides ! Si bien que je n'ai plus qu'un espoir. Maître Antoine! s'écria-t-il en s'adressant au coq du bord, qui, la serviette sur le bras, dirigeait le service.

— Voici, commandant, répondit le chef culinaire en portant respectueusement le revers de la main droite à son bonnet de coton.

— Un punch au porto et au rhum!

Maître Antoine s'inclina et disparut.

— Eh bien! oui, mon cher Jules, reprit le capitaine du *Rôdeur* je ne puis te voir sans tristesse venir te jeter dans notre rude métier

— Comment! vous me verrez avec peine venir chercher sur vo légers bateaux ce que, pour le moment, l'on ne trouve guère sur le vaisseaux de l'État?

— Des combats! des victoires! fit Pierre Bellard en levant le épaules avec un sourire amer. Nous ne sommes plus au 13 prairial Alors, quand nos vaisseaux ne battaient pas l'Anglais, ils l'effrayaien du moins. Maintenant, ils ne le battent ni ne l'effrayent. Tu arrive au quart d'heure de Rabelais... voilà ce qui m'attriste.

— Allons donc, commandant, est-ce que nos marins désespèrer

jamais ? La course languit, c'est vrai, mais laissez faire ! La course, c'est le phénix ; elle retrouvera la vie dans le feu.

— Vois plutôt, continua le vieux démocrate, le joli métier que je mène depuis un mois. Belle navigation, n'est-ce pas, que ce bourlingage éternel où l'on n'a pas plus tôt perdu la côte de vue qu'il faut prendre chasse devant l'ennemi et revenir barboter dans les cailloux ? La course sans protection, vois-tu, ce n'est pas un phénix, c'est une chimère. Pas d'armées navales, pas de corsaires !

— Cent fois non ! commandant, s'écria un des officiers ; vous voyez la suppression de la course dans ce qui l'ennoblit.

— Sans doute, ajouta Jules Serval, la course, autrefois, c'était la fortune.

— Et aujourd'hui ?

— Aujourd'hui c'est encore quelquefois la fortune, mais c'est toujours l'honneur, et cela peut devenir la gloire. — La controverse des deux capitaines avait, en s'animant, conquis successivement l'attention de tous les convives. Le tumulte avait cessé, et les regards comme les esprits s'étaient fixés sur les principaux interlocuteurs. Jules, stimulé par l'intérêt qu'accusait ce silence, et, s'échauffant d'ailleurs au feu de ses idées, poursuivit avec une animation croissante : — Quand les flottes chargent les mers, toute la guerre se renferme dans leurs évolutions et dans leurs chocs. Tout pavillon militaire est nécessairement emporté dans leur tourbillon. Tout commerce est abandonné à lui-même ; on l'oublie. Qu'est alors notre commission ? un brevet de destruction et de lucre. Le corsaire n'est pas un bâtiment de guerre, c'est un navire de proie.

— Vous ne nous flattez pas, capitaine, fit observer en souriant un des convives, officier amphibie, chirurgien et troisième lieutenant à la fois, mais, comme tous les fils d'Esculape enrôlés sur les *coursiers*, anatomiste beaucoup plus expert le sabre au poing que le bistouri entre les doigts. Jules ne lui répondit que par un léger hochement de tête et continua :

— Après la disparition des escadres, c'est bien différent : le corsaire reprend toute sa valeur ; son caractère change. Ce n'est plus un pillard, c'est un combattant, c'est un soldat ; c'est la guerre de partisans après la haute lutte, la guerre d'audace, de surprise, de calcul et d'inspiration après la guerre régulière, la guerre ouverte. Et, croyez-moi, si c'est la plus périlleuse, la plus difficile, ce n'est certes pas la moins glorieuse. Que sont, après tout, vos batailles d'escadres, sinon de grands et sanglants jeux du hasard? L'Océan, cet immense tapis vert, reste-t-il donc toujours au plus brave, au plus habile?

— Non, certes! s'écrièrent simultanément des voix.

— Admirez donc, poursuivit le jeune capitaine, ces grands joueurs de dés!... Belle science, vraiment, que leur tactique résumée dans deux ordres du jour récents : « Tout vaisseau sera à son rang de combat s'il donne le travers à un vaisseau ennemi. » — « Tout vaisseau dans le feu sera au poste d'honneur. » Art merveilleux où tout le génie du chef est d'avoir de bons artilleurs et des *manœuvriers* dociles.

— Bravo! s'écria, au milieu d'un murmure approbateur, un de ces ardents marins flatté dans son orgueil d'officier de course.

— Messieurs, reprit Jules Serval pour échapper à cette bruyante manifestation de sympathie, c'est dans nos courses aventurières, comme dans celles des croiseurs isolés, que se déploie tout le talent de l'officier, toutes les qualités du marin. Et n'est-ce donc pas quelque chose déjà, avec des craquelins comme ces barquasses, de glisser à travers ces nuées de croiseurs dont un seul et d'une seule de ses bordées peut nous faire voler en épaves ? La force est contre nous, c'est évident... Il nous faut donc chercher notre supériorité ailleurs... et ailleurs est en nous-mêmes... Notre seul moyen de vaincre l'ennemi, c'est de le surprendre, c'est de l'effrayer, c'est-à-dire qu'il faut toujours suppléer la force par l'habileté ou l'héroïsme; or, c'est là notre génie !

— Vive l'empereur! s'écria au milieu des applaudissements le lieutenant de Jules Serval, comme lui ancien officier de la flottille. Le brave mais naïf marin n'avait pas trouvé de plus énergique expression pour son enthousiasme que ce vivat, le *Montjoie et Saint-Denis* de cette ère guerrière; mais, nous l'avons dit, les états-majors des corsaires, et tout particulièrement celui du *Rôdeur*, faisaient partie de cette opposition démocratique qu'avait rencontrée le nouveau pouvoir sorti des flancs de la révolution expirante. Aussi cette exclamation fut-elle couverte par les cris de : Vive la nation! que suspendit une motion faite par le docteur.

— Un hourra pour le capitaine!

— Un hourra! un hourra! répétèrent toutes les voix.

Jules ne put contenir la bruyante expression de cette ovation joyeuse. Ce fut quelques instants un ardent vacarme, où le bruit cadencé des verres sur la table forma le digne accompagnement des voix.

— Vrai, Jules, si tu n'étais notre capitaine, nous te nommerions à l'instant.

— Et à l'unanimité encore! poursuivit son lieutenant.

— Sur ma première part de prises, reprit un troisième, je lui vote noces et festins avec bal, punch, bazar et tout le tremblement.

— Je lui offre quelque chose de plus certain, ajouta Pierre Ballard : un verre de ce vieux tafia des Antilles. Et il continua, en remplissant le cristal d'une liqueur qu'on eût dit une topaze liquide. Mais je n'en persiste pas moins dans mon opinion, qui a le tort d'être moins poétique que la sienne, le tort de la vérité.

— Allons donc! commandant, murmurèrent plusieurs des plus jeunes officiers que s'était évidemment conciliés Jules Serval.

— Je vous attends, messieurs, reprit le commandant Ballard en secouant la tête, par le revers de quelque marchand de morts subites.

— Doucement, reprit l'un d'eux, ce n'est pas aux trafiquants de boulets que nous comptons aller jeter nos grappins.

— Si vous prenez chasse devant tous les caboteurs de potin, votre course pourrait bien devenir une fuite perpétuelle.

— Et comment cela?

— Croyez-vous que l'expérience n'a pas instruit les armateurs anglais? Leurs bâtiments ne sont plus ces bricks timides et ces lourds trois-mâts dont les pavillons tombaient devant notre première amorce ; ce sont de belles et fortes lettres de marque dont une nombreuse artillerie défend les ballots.

— A merveille! une prise aujourd'hui en vaut dix! c'est à la fois plus de gloire et plus de profit. N'est-ce pas là, d'ailleurs, le grand côté de notre vie de dangers? Quel moment solennel que celui où notre barque arrive en silence sous le canon de ces grandes corvettes marchandes! Avec quelle joie impatiente ne suit-on pas l'effet que notre résolution inflexible produit sur elle! Comme on sent dans la précipitation et l'égarement de son feu le progrès de sa démoralisation et l'approche de sa défaite! N'est-ce pas toute l'âpre volupté du joueur sous un coup de fortune? Et l'abordage donc! ce choc, ce tourbillon tonnant dont la fumée ne se dissipe que pour montrer notre pavillon courant sur la drisse ennemie et se frappant en tête de bois.

Une acclamation générale accueillit ces derniers mots.

— Boulinette! Boulinette! s'écria un des commensaux les plus enthousiastes.

Boulinette était le nom de guerre dont les marins de *la Dorade* avaient déjà baptisé le mousse de chambre, Loïk, pauvre enfant breton, vif et pétillant d'intelligence, dont le capitaine s'était fait le protecteur.

— Boulinette! répéta-t-il, de la poudre! que nous salpêtrions notre tafia pour boire à sa santé.

En ce moment la porte s'ouvrit, et Boulinette apparut, précédant, un plateau à la main, un marin de récente vocation, portant gravement un bol de punch en feu. Ce marin était le père Bihan, ex-aubergiste cancalais, pour le moment servant de pièce. Son ancien titre, et, par suite, sa capacité présumée de limonadier, lui avaient obtenu du coq l'honneur de cette commission. Il déposa solennellement sur la table le bol embrasé pendant que le jeune mousse distribuait des verres aux convives. La conversation n'avait pas été interrompue.

— C'est très-bien! avait repris le capitaine du *Rôdeur*, accordé. La lettre de marque est prise... Mais quelque heureux que puisse être un combat à forces si inégales, le corsaire ne peut avoir que très-chèrement payé sa victoire, le plus souvent du moins; s'il n'a que de fortes avaries, il doit s'estimer heureux ; mais les deux adversaires peuvent être en grande partie désemparés, et quelquefois mieux. Enfin, va pour quelques avaries majeures ! Que doit-il arriver, — je parle d'après les éventualités les plus probables, — sur ces mers enveloppées d'un réseau de croiseurs ennemis ? C'est que le premier navire venu prend vainqueur et vaincu d'un seul coup de filet, et que ce beau succès va s'ensevelir dans les pontons.

— Ou que vainqueur et vaincu, rapidement réparés, entrent triomphalement dans un port de France.

— Tu m'accordes du moins l'alternative ?

— Sans doute ! mais, dans le cas de prise même, ce n'est que partie remise.

— Et à quand la revanche ?... L'Anglais ne lâche pas facilement ses prisonniers.

— Aussi ne lui demande-t-on pas la liberté... on la prend.

— Et votre parole ?

— Qui vous dit que j'acceptasse d'être prisonnier sous serment ? Jamais, commandant, jamais ! Ma parole serait un lien trop fort pour que je consentisse à me l'imposer. Je ne veux de fers que ceux que je puis rompre. Pas de privilége, voyez-vous : le droit commun, la prison de tous, les pontons, voilà la captivité que je réclamerais. Mais ces murailles de bois ne seraient pas assez épaisses, les geôliers assez vigilants, les bras de mer assez profonds pour me retenir dans ces prisons flottantes.

— Vraiment ! s'écria Pierre Ballard se levant et tendant joyeusement ses deux mains à Jules Serval.

— Que la fatalité me jette dans ces tombeaux, et je vous promets, mon digne ami, de faire ce que n'a pu votre nourrice, de vous faire croire aux revenants.

— Eh bien ! tu as déjà fait ce que n'avaient pu ton marasquin et tous tes vins, ce qu'aurait vainement essayé ton punch : tu m'as rasséréné ; car, vois-tu, mon enfant, si ton entrée dans notre carrière m'attristait, ce n'était pas que j'en redoutasse pour toi les chances sanglantes ; quelle plus belle mort que celle qui nous frappe glorieusement au poste d'honneur ! c'est le noble exemple, le noble héritage que t'a légué ton père. Mais la captivité dans leurs villes de boue, sous leur ciel de brume, n'est-ce pas un long étouffement ? Voilà pourtant l'agonie où languissent tant d'amis et dès bons !... où je te voyais avec un inexprimable serrement de cœur aller t'éteindre !... Mais ta résolution me rassure.

— Soyez sans crainte, commandant, elle est inébranlable.

— C'est bien la nôtre aussi, fit le docteur, dont l'assentiment entraîna celui de tous les autres. Oui, pas de transactions avec l'ennemi ; s'il nous prend, qu'il nous garde. Nous faire les geôliers de nous-mêmes, allons donc ! Nous n'avons pas de serments à lui donner, pas de promesse à lui faire.

Ces protestations partirent de toutes les bouches à la fois.

— Eh bien ! mes amis, s'écria le capitaine du *Rôdeur*, jurons qu'en cas de revers nous n'accepterons jamais la captivité sur parole.

Tous étendirent simultanément leurs mains :

— Nous le jurons !

— Et toi aussi, dit avec un long éclat de rire le premier lieutenant de *la Dorade* en désignant le jeune mousse, qui, entraîné par cet élan général, s'était associé au serment du geste et de la voix. Et qui diable ira te demander ta parole ?

Boulinette rougit jusqu'au blanc des yeux.

— Ma damnation ! je te décorerais d'une giroflée à cinq feuilles ! fit en haussant les épaules le père Biban ; ça croit devenir officier queque jour !

— Et pourquoi pas ? reprit Loïk se redressant avec colère et dignité ; crois-tu donc qu'on fasse comme toi et les cordes ?

— Eh bien ! quoi ?

— Qu'en vieillissant on devienne *baderne*[1] ?

L'espiègle enfant n'eut pas plus tôt prononcé ces mots que, re-

---

[1] Tresse formée de vieux cordages. On l'emploie pour garantir les câbles du frottement ou pour essuyer les pieds à l'entrée des carrés et des cabines.

doutant les insignes dont l'ancien gargotier l'avait menacé, il disparut par le capot de la chambre, laissant celui-ci tout abasourdi à la merci des rieurs.

II

LA COURSE

Quinze jours s'étaient écoulés depuis la fête où les états-majors du *Rôdeur* et de *la Dorade* avaient inauguré l'apparition de cette jolie goëlette dans les rangs des corsaires, et l'initiation de son capitaine à leur vie d'orageux hasards ; le baptême de punch, avant le baptême de sang.

Cette dernière consécration se faisait impatiemment attendre ; en vain *la Dorade* avait-elle tenté maintes fois de couper les lignes d'observation de la croisière ennemie, l'événement était toujours venu justifier les sinistres prévisions du commandant Ballard : la présence de bâtiments anglais de forces démesurément supérieures avait toujours contraint l'ardente embarcation à regagner l'abri du fort de Cancale ou du môle de Granville. Le 2 juin, elle exécutait un nouvel appareillage, mais cette fois avec les chances les plus favorables de succès ; la mer battait en mugissant le pied des falaises, et l'air, vif et froid, frémissait encore du dernier souffle d'une tempête : un vrai temps de corsaire et de goëlands.

La tourmente, dont les violentes rafales avaient flagellé ces eaux les jours précédents, devait en effet en avoir balayé tous les croiseurs ennemis. Les lames, courtes et nerveuses, qui, malgré la chute du vent, sillonnaient la mer glauque et encore jaspée d'écume, devaient faire croire les bâtiments de la station britannique tranquillement affourchés sur leurs mouillages, et peu désireux d'affronter les brutalités du ressac de ces rudes parages. Jules Serval n'avait voulu négliger aucune des éventualités heureuses que lui présentaient ces premières heures de sérénité.

Le ciel nocturne s'éclairait à peine d'une lueur blanchâtre derrière les hauteurs de la Houle et de la Huguette, que *la Dorade* se dégageait du milieu des canonnières et des sloops amarrés le long de la vieille jetée du port de Granville. Lorsque le soleil, se levant au-dessus des dunes sablonneuses de Saint-Pair, rougit de ses premiers rayons la crête effarée des lames, la rapide goëlette vidait déjà la baie. A dix heures, les côtes de France se noyaient dans l'est, tandis qu'à l'horizon méridional elles se profilaient encore vaporeuses et blondes, comme une légère bande de nuages touchée par les derniers feux d'un beau jour. Les parages labourés d'habitude par l'avant des stationnaires anglais étaient franchis vers deux heures sans que les gabiers, en vigie dans la partie supérieure de la mâture, eussent signalé de voiles suspectes.

Le vent soufflait joli frais, halant du nord-est vers le nord. *La Dorade*, sous ses voiles majeures, un ris pris dans son petit hunier, courait tribord amures, le cap au nord-ouest. Une étroite voile triangulaire, bordée sur l'avant, toile légère par laquelle, grâce à une invention adoptée depuis par ces yachts de plaisance, berlines navales de l'aristocratie britannique, elle avait remplacé sa trinquette, complétait en ce moment sa voilure.

La mer s'était déjà considérablement adoucie ; ses lames, courtes, dures, irritées sur les atterrages, s'étendaient et roulaient en plus larges renflements ; la vive goëlette semblait comprendre les sentiments de son capitaine et en partager l'impatience inquiète ; légèrement penchée sur cette mer qui courait savonneuse le long de ses préceintes, elle l'attaquait avec une vigueur fébrile, franchissant ses ondulations, se cabrant contre ses chocs ; pareille à ces mouettes qui, leurs ailes blanches en l'air, rasent en pêchant les ondulations de la houle où trempent leurs pieds de corail, elle semblait, en franchissant chaque vague, y toucher à peine et glisser dans son écume, en joutant de légèreté avec elle.

Jules n'avait pas encore quitté le pont, surveillant la manœuvre et fouillant sans cesse du regard et de la longue-vue les profondeurs de l'horizon les plus menaçantes. Vers trois heures, rien n'étant venu confirmer ses craintes, il descendit dans sa cabine, non toutefois sans avoir recommandé à l'officier de service de le faire appeler au premier indice suspect. La causerie des matelots, comprimée par sa présence, prit alors son essor.

— Je crois, père Bihan, que nous voilà pour le coup démarrés, dit d'un air de triomphe Boulinette, notre jeune mousse, à l'ex-gargotier, appuyé, la pipe à la bouche et les bras croisés, contre les bittes de la poulaine, près d'un groupe de marins assis sur le tillac; qu'en pensez-vous, vieux caïman?

— Garde tes baptêmes de bêtes, répondit brutalement celui-ci, pour des paroissiens de ton espèce. J'en pense ce que j'en pense... quoi?...

— Vrai! voilà une parole qui ne peut vous compromettre. Parlez toujours ainsi, père, et bien sûr que vous n'aurez pas maille à partir avec les archers.

Bihan tressaillit à ces derniers mots; ce ne fut pas de l'irritation qui brilla dans le regard qu'il jeta au mousse, ce fut de la haine. C'est que ces mots l'avaient atteint au cœur et y avaient rouvert une blessure encore vive.

Bihan et Loïk Yvon étaient du même pays. Yvon père et les deux frères Bihan avaient même été associés pour un commerce interlope dont les expéditions mystérieuses consistaient en un échange d'eau-de-vie et de denrées coloniales entre les îles anglaises et la côte bretonne. Ce commerce avait prospéré d'abord, mais les Bihan ayant voulu y joindre une autre source de profits, le transport d'agents royalistes, maître Yvon s'en était retiré à temps. La police ayant découvert peu après ces menées criminelles, les deux frères avaien été arrêtés. Si un seul avait été condamné, l'autre, notre matelot, s'était vu réduit par la fermeture de son auberge à prendre du service sur un corsaire.

Plusieurs, il est vrai, disaient secrètement que ce n'étaient ni sa ruine, ni un ordre de police qui avaient entraîné la fermeture de son hôtellerie; qu'il n'avait obéi qu'à un calcul, en s'engageant sur *la Dorade*. Le comité royaliste, dont il avait transporté les agents, lui devait, disait-on, des sommes élevées. Il ne pouvait en obtenir le remboursement qu'en Angleterre. Or, la course était alors le moyen inévitable, et, pour lui, le seul moyen d'y parvenir. C'était tout au plus une question de temps, question qu'il pouvait d'ailleurs résoudre par une désertion, si sa croisière portait *la Dorade* sur la côte britannique.

Ces rumeurs sans preuves pouvaient, il est vrai, n'être que des hypothèses sans fondement; mais, quoi qu'il en fût, ces antécédents étaient de nature à faire comprendre les sentiments malveillants que Bihan éprouvait pour Loïk et que venait de surexciter cette plaisanterie poignante. Le jeune mousse comprit l'effet produit par son allusion, au regard venimeux de Bihan, aussi s'empressa-t-il de l'atténuer par une diversion.

— Et vous, maître Laumel, qu'en dites-vous?

— Moi, mon petit, je dis que c'est bigrement heureux, car je commençais à craindre que notre course ne ressemblât foncièrement à la croisière du *Grand Deralingo*.

— En voilà un sur lequel je n'irai pas de mon estoc porter mon sac, fit un vieux matelot accoudé sur le tillac.

— Racontez-nous cette croisière, maître, — dit un gabier qui écoutait des haubans du mât de misaine. Et s'adressant aux autres matelots: — Je vous donne maître Laumel pour l'amiral des conteurs.

— Oui, la croisière! la croisière! répétèrent plusieurs voix.

— Suffit! suffit! on va vous satisfaire; qu'on me donne tant seulement auparavant une chique pour m'humecter la bouche.

— Servi! s'écria le gabier en sautant sur le pont et en offrant au vieux marin un morceau de tabac. Voilà un bout de bitord.

— Eh bien ! mes enfants, dit solennellement maître Laumel après avoir placé dans sa bouche le segment de tabac qu'il avait d'abord serré et modelé entre ses doigts, *le Grand Deralingo* était un corsaire qui battit la mer pendant une année de cinquante-six mois. La campagne finie, toutes les prises qu'il avait faites furent liquidées. Or, tous comptes arrêtés, il revint juste à la part... Savez-vous ce qu'il revint à la part, vous autres?... Non, n'est-ce pas? Eh bien ! il revint juste à la part....

— Quoi donc? dites ! dites ! interjetèrent les impatients.

— Deux rhumes de cerveau et trois *rhumatisses*. Il resta bien encore une *défluxion* de poitrine, mais on l'abandonna aux mousses comme pourboire. — Un long éclat de rire accueillit cette plaisanterie. Laumel se hâta d'ajouter : — Il est vrai que le capitaine était un fils d'armateur, un faraud, un porteur d'uniforme doré, quoi !... enfin un pas grand'chose.

Et les rires de reprendre avec une plus bruyante vivacité. Ils furent brusquement interrompus par un cri tombé des hunes :

— Une voile ! une voile !

— Dans quelle direction? s'écria l'officier de quart.

— Dans le sud-ouest, lieutenant. Tenez, par le bossoir de bâbord, à toute vue.

— Loïk ! Loïk !

A cet appel de l'officier, l'enfant accourut, vif et léger comme un oiseau.

— Plaît-il, lieutenant? fit-il en portant la main à sa casquette.

— Va prévenir le capitaine qu'une voile est signalée sous le vent.

Le jeune mousse disparut dans l'escalier de la chambre, d'où le capitaine sortit un instant après, une longue-vue à la main. Il échangea quelques mots avec l'officier de quart et s'élança dans les haubans du grand mât. De la flèche du perroquet il put étudier à son aise le caractère et la marche de l'embarcation, dont il découvrait parfaitement la voilure. Tous les matelots avaient leurs regards attachés sur lui. Les réflexions reprirent leur cours, à voix étouffée toutefois.

— Hum! hum! fit maître Laumel, je crois que nous sommes au bout de notre aussière.

— Ça ne pouvait pas nous échapper, reprit Bihan; si nous devons torcher de la toile, c'est bien sûr pour regagner nos bancs d'huîtres.

— En a-t-il bientôt fini avec sa longue-vue? repartit un troisième. Drôle d'outil! il paraît qu'avec cela une loche paraît une baleine, Ah! voilà enfin qu'il dérape.

— C'est bon! nous allons bientôt prendre de l'air; veille les écoutes!

C'était ainsi que les dispositions à la défiance excitées par le nouveau chef passaient par la malveillance pour arriver à l'hostilité. Jules était jeune, c'était déjà un défaut à leurs yeux; officier de la marine impériale, il était étranger aux mœurs brutales de la course, c'en était encore un plus grave; mais celui qu'on devait lui pardonner plus difficilement, c'étaient les consignes d'ordre et d'exactitude qu'il avait transportées de la marine militaire sur sa goélette aventurière.

Les équipages de nos corsaires, il faut bien le reconnaître, étaient loin d'offrir l'élite de notre personnel naval, et les habitudes nouvelles qu'ils avaient contractées dans les circonstances fatales où expirait la course n'étaient pas de nature à y relever le niveau de la discipline et de la moralité. Aussi affectaient-ils d'opposer leurs désordres et leur turbulence, eux les ardents lutteurs de chaque jour, à la tenue stricte et régulière des équipages impériaux prudemment confinés dans nos rades, comme si cette turbulence et ces désordres eussent été les conditions de leur audace et de leurs triomphes.

La réforme que Jules Serval voulait opérer à son bord n'était cependant pas impossible; d'autres que lui l'avaient tentée et réalisée avec un plein succès, et de ce nombre étaient les officiers les plus honorés par ces âpres marins : les capitaines Surcouf, Altasin, Lecomte et Pierre Ballard lui-même. Mais leur réputation, consacrée par vingt faits d'armes, leur avait donné une force que Jules ne pouvait demander à ses antécédents, lui que son titre d'officier de la marine de l'État signalait aux défiances, comme la finesse de ses traits, l'aménité de ses manières et l'élégance de toutes ses habitudes de corps, aux sarcasmes et aux dédains.

Le capitaine de *la Dorade* avait en effet quitté son observatoire aérien, ainsi que l'avait fait remarquer un des causeurs. Le diagnostic infaillible que lui avait donné un jugement sûr, développé par l'habitude de l'observation, lui avait fait reconnaître facilement la nationalité, la force et la marche du navire en vue. A peine eut-il touché le tillac qu'il répondit aux questions inquiètes de l'officier de quart :

— Laissez courir ; seulement, serrez le vent, pour nous élever le plus possible dans le nord.

Le navire observé traçait, de l'ouest à l'est, un sillage parallèle à la côte de Bretagne. L'erre de *la Dorade* ainsi modifiée l'emportait donc loin de ses eaux. La manœuvre que commanda l'officier de service, sur l'injonction du commandant, surprit le groupe de frondeurs, mais leur malveillance, un moment devoyée et contenue d'ailleurs par la crainte, n'en reprit pas moins son train en courtes réflexions, à voix couvertes, mais où, par compensation, se condensa son fiel.

— Tiens! fit l'un d'eux, avons-nous enfin trouvé des jambes ?

— Des jambes, possible ; mais du cœur, je ne crois pas. M'est avis qu'au lieu de prendre chasse ainsi, il n'aurait pas été mauvais de s'assurer si la donzelle porte dans son ridicule des guinées où des boulets.

Tandis que ces propos se murmuraient confus et honteux, Jules suivait avec d'autant plus d'attention les mouvements de l'ennemi que sa marche semblait avoir pris une direction nouvelle ; et en effet le croiseur britannique, ayant éventé la goëlette française, loffait à plein, le cap dans le nord-est, pour lui couper sa retraite en se jetant entre elle et cette partie de la côte de France dont elle avait quitté la protection et l'abri. Jules Serval ne prit aucun ombrage de cette marche agressive. *La Dorade* continua sa course sans rien changer dans sa direction ni dans sa voilure. Elle voguait ainsi depuis trois quarts d'heure, lorsque le cri des vigies vint signaler un nouveau danger.

— Une voile !... Une voile dans le nord-ouest !

Un mouvement d'impatiente anxiété anima tous les visages. Jules avait bondi dans les enfléchures, et repris son poste d'observation dans la partie la plus élevée du grand mât, pendant que vingt regards fouillaient la partie de l'horizon signalée. Il n'eut pas besoin d'un examen long et conjectural pour s'assurer de la classe de bâtiments à laquelle appartenait la voile nouvellement apparue.

Ce navire s'offrait d'ailleurs dans les circonstances les plus favorables à l'observation ; courant nord et sud, il se présentait par le travers, aspect sous lequel il révélait à l'œil tous ses traits spéciaux : aux dimensions de sa coque et de son gréement, au peu d'élévation relative de sa mâture rapprochée de la vaste envergure de ses voiles, au jet perpendiculaire de ses mâts également éloignés les uns des autres, comme au point d'écoute élevé et rectangulaire de ses focs, il était impossible de méconnaître un vaisseau de ligne, et un vaisseau de ligne anglais. La résolution du jeune capitaine fut aussitôt prise et presque aussitôt devinée par l'œil scrutateur des matelots.

— Pour le coup, fit maître Laumel en remarquant la précipitation avec laquelle il descendait, bien sûr qu'il y a du neuf !

— Mais regarde donc ! ne dirait-on pas qu'il a vu la fièvre jaune au bout de sa lunette ?

— Tonnerre de Brest ! comme il détale !

— Que ne s'affale-t-il donc en pagaie le long du bord... c'est moi qui te lui passerais une remorque pour l'empêcher de boire son soûl dans la grande tasse.

Ces odieuses paroles s'étaient à peine échappées de ces bouches injustes, que Jules Serval était déjà sur le pont.

— Pare à virer ! — s'écria-t-il aussitôt avec un accent qui jeta la conviction d'un danger grave et imminent dans l'esprit des plus incrédules. Tous les matelots de bordée s'élancèrent vivement à leurs postes de manœuvre. — Timoniers, laissez porter ! — reprit-il aussitôt. L'exécution du commandement, en développant la rapidité de la course de *la Dorade*, devait la rendre plus sensible à l'action de son gouvernail ; et, en effet, ayant offert par ce mouvement d'arrivée, la surface de ses voiles à la pression directe de la brise, elle s'élança en bondissant dans le sud-ouest, comme une cavale qui sent l'éperon et à qui on vient à rendre subitement la bride. — Borde la grande voile ! A carguer la misaine ! File l'écoute de foc !

Ces trois commandements, presque simultanément donnés, sont exécutés avec autant de précision que d'ardeur. Sous l'empire de cette manœuvre, la goëlette, tournant sur elle-même, vient avec une brusque rapidité le nez dans le vent ; les voiles fassayent et battent violemment leurs mâts. Ébranlée par ce mouvement brutal, *la Dorade* s'arrête palpitante.

Jules Serval, profitant de cette suspension de l'erre, fait exécuter vivement les ordres qui complètent l'évolution ; *la Dorade* porte son beaupré dans la direction de la baie qu'elle a quittée le matin même, et la gracieuse embarcation file avec d'autant plus de vitesse dans la direction nouvelle que l'impulsion de la marée seconde énergiquement sa marche. La manœuvre exécutée, les matelots avaient regagné l'avant.

— Eh bien ! qu'est-ce que je vous disais ? grommela maître Laumel ; en voilà une de campagne !

— Battez donc les lames, paumoyez-vous donc sur les vergues !

— Boulinez à mort, pour ensuite brasser à culer dès qu'on vient à découvrir une voile !

— Ah ! voyez-vous, reprit Laumel ; ce n'est pas là le capitaine Niquet. C'était un vrai *coursier* que celui-là ! Il ne portait pas, lui, de rouge à sa boutonnière... il en avait dans les veines. Aussi, partout où nous atterrissions, quelles noces, mes enfants ! A la Rochelle, c'était de l'eau-de-vie... mais de l'eau-de-vie qu'on en mettait partout, et quand je dis partout, c'était partout... jusqu'à nous en tremper la soupe, quoi ! A Saint-Malo, du tabac à épaissir l'air, si bien que tous les soirs il y avait des orages... Et à Granville donc !... C'est qu'aussi on arrivait là le pantalon flottant sur l'escarpin, et, nom de nom ! la poche sonnante. Ah ! c'était le bon temps !

— Laissez faire, maître Laumel, repartit Loïk, dont cette conversation si odieusement injuste faisait bouillir le sang ; ça pourra revenir plus tôt que vous ne pensez. Que nous attrapions seulement...

— Attraper quoi? répondit Bihan par une brutale interruption ; ma damnation! attraper des entorses?

— Si vous vous en donnez, vous, vieux fricoteur, ce sera plutôt à la langue qu'aux bras.

— Que veux-tu dire? reprit l'ex-fraudeur d'un ton de menace.

— Je veux dire, riposta l'enfant après s'être mis par quelques pas en arrière à l'abri de toute violence, qu'il est bien des faillis chiens plus disposés à aboyer qu'à mordre. Vous, filez votre nœud et veillez au grain! Avec ce qu'il a à sa boutonnière, le commandant n'a pas besoin de se déralinguer la bouche pour montrer qu'il a des dents.

— Ah bien oui!... parle-nous de cela!... un bout de ruban!... ma damnation!... ce que portent toutes les filles.

Jules Serval avait reconnu depuis quelque temps, à plusieurs mots prononcés plus distinctement, le caractère des rumeurs qui frémissaient sur l'avant, et n'avait dès lors cessé de leur prêter une oreille attentive, et à l'instant même, bien que les recommandations qu'il faisait à l'officier de quart semblassent inspirées par de graves préoccupations, il n'avait pas perdu une phrase de la contestation élevée entre Bihan et Loïk. Au dernier sarcasme, qui ne lui arriva pourtant que voilé et confus, tous ses muscles tressaillirent comme s'il se fût trouvé enveloppé par une décharge électrique.

Il lui fallut toute la puissance de sa volonté pour comprimer l'explosion de violence qui s'enflamma dans son cœur; mais une résolution illumina spontanément son esprit, et le bouillonnement de colère prêt à déborder en répression sanglante s'effaça sous cette résolution comme le gonflement de la poix en ébullition abaisse son noir emportement sous quelques gouttes d'eau froide. Il avait compris simultanément l'impuissance d'une répression simple et directe, et l'urgence d'une leçon immédiate et saisissante. Or, c'était une solution qui conciliait les difficultés et les exigences de cette situation périlleuse qui venait de traverser sa pensée comme un éclair et y avait rappelé le calme en y portant la lumière.

« Tout comprendre serait tout pardonner, » a dit Azaïs. Jules Serval le sentit; il avait une raison trop élevée pour ne pas accepter une position avec ses difficultés comme avec ses avantages; les hommes avec leurs qualités et leurs défauts, leurs passions, leurs vertus et leurs vices. Cette matelotesque sans frein, ardente au bien et au mal, accessible aux plus nobles entraînements comme aux emportements les plus déplorables, était ce que l'avaient faite sa vie aventureuse et sa nature inculte. Jeté inconnu à l'encontre des préjugés de ces hommes, il sentit qu'il ne pouvait s'imposer à leurs esprits ignorants que par les révélations frappantes de l'expérience. C'était aux faits à leur donner la mesure de sa valeur, à leur inspirer la confiance en son habileté et en son courage, où ses ordres pouvaient seuls puiser leur consécration, leur autorité. Il résolut donc de la conquérir par un coup d'audace, avant de songer à lui donner au besoin la sanction d'une répression inflexible.

Le dernier croiseur venait de disparaître dans le sud-ouest, soit que la prudente goëlette eût échappé à sa vue, soit qu'il eût dédaigné de donner la chasse à une si faible proie. L'autre bâtiment ennemi ne semblait pas beaucoup plus à craindre; malgré la persistance de ses efforts, l'espace qui le séparait de *la Dorade* se développait d'une manière sensible, et, par suite, sa voilure s'estompait à chaque instant davantage sous le voile vaporeux de la distance. Une dernière remarque confirma Jules Serval dans sa résolution : l'affaiblissement progressif de la brise, l'applanissement graduel de la mer, où la sérénité du ciel effaçait à la fois les sillons et les teintes sombres de la tempête, rendaient à la fine goëlette toute la vitesse qu'ils enlevaient à son lourd chasseur. Tout favorisait donc son projet; il ne balança pas un instant.

— Amène le petit hunier! cargue le point de grand'voile!

La Dorade, qui effleurait la mer, légèrement penchée sur sa surface aplanie, se redressa gracieusement; son erre perdit de sa rapidité, son sillage de sa profondeur; son allure n'eut plus la tension nerveuse d'une course précipitée, ni son gréement neuf ce bruit vague et confus qu'on eût dit la respiration haletante de cette Atalante marine; elle prit la molle désinvolture et les doux balancements d'une démarche insouciante et facile, complétement en rapport avec les formes pincées de sa carène et la coquette élégance de sa mâture.

La surprise que cette manœuvre excita dans l'esprit des matelots augmenta progressivement par la vue de l'avantage qu'elle rendit à la chasse du brick anglais. Ce navire, dont la voilure s'effaçait dans les brumes de l'horizon maritime, accusa à chaque instant plus nettement ses lignes; il montra bientôt ses œuvres vives, dont l'œil ne tarda pas même de saisir les formes rases et l'assise guerrière. L'étonnement fut à son comble lorsqu'un nouvel ordre révéla la pensée du commandant. Cet ordre faisait porter au sud-sud-est. On put bientôt reconnaître qu'il avait été calculé pour que les deux bâtiments se rencontrassent au point d'intersection des bordées qu'ils couraient l'un et l'autre. La précision de ce calcul fut bientôt évidente pour tous les regards, comme l'écrasante supériorité de l'ennemi pour les cœurs les plus confiants et les plus intrépides.

Un silence anxieux avait succédé aux sarcasmes; ceux qui avaient pris la part la plus large et la plus venimeuse aux précédentes causeries étaient justement ceux dont les préoccupations paraissaient les plus vives. Loïk avait suivi ce changement avec un plaisir secret, qui se manifestait par une étincelle joyeuse dans ses yeux et par un sourire triomphant sur ses lèvres enfantines. Il ne put résister au désir d'user de ses avantages sur l'ex-gargotier cancalais.

— Eh bien! maître Bihan, je crois que si nous pêchons des huîtres ce soir, ce sera sur les côtes de ce brick anglais, et avec les dragues de maître Gargousse... hein!

L'ancien aubergiste ne put que lui lancer un regard furieux, car le commandant, qui s'était approché du groupe où la conversation allait renaître, intervint entre les causeurs.

— J'espère, mes braves, leur dit-il, que vous voilà satisfaits. — Tous les matelots alors sur le pont s'approchèrent, attirés par le désir d'avoir l'explication de l'énigme en action sous leurs yeux. Jules Serval continua : — Vous pensez, vous pensiez du moins, je le sais, que cette voile ne peut être qu'une opulente lettre de marque qui vient se promener sur nos atterrages; vous devez par conséquent croire que, si elle nous poursuit, c'est pour nous supplier avec révérence de la débarrasser de ses colis. Comme vous l'avez très-bien jugé, ce n'est pas là mon opinion. Je pensais, au contraire, et je le pense toujours, que c'est un grand brick de guerre portant vingt caronades de gros calibre, et c'est aussi réel qu'il est vrai que le navire qui nous chassa le 26 du mois dernier était une frégate de cinquante, et que le dernier croiseur que nous venons de voir disparaître sous l'horizon est un soixante-quatorze... Quelqu'un ici est donc dans l'erreur. Moi je dis que c'est vous... Vous le reconnaissez bien déjà un peu, je pense.

— Pour cela, commandant...

— Silence ! Si vous le reconnaissez bien déjà, dans quelques instants vous allez mieux le savoir encore, car nous allons ranger ce navire de si près que vous n'en pourrez méconnaître ni le caractère ni la force. Aussi bien cela va nous prouver lesquels ici conservent le front le plus calme au vent des boulets. — Bien qu'aucun ordre n'eût modifié la voilure de la goëlette, elle n'avait pas eu plutôt le cap sur l'ennemi que sa course avait pris, comme instinctivement, un essor plus rapide. On eût dit que, frémissante et joyeuse, elle avait ressenti l'attraction magnétique du danger, comme le chien de chasse aux fanfares du cor, comme le cheval de bataille aux sonneries de la trompette guerrière. Le souffle de la brise, par suite du changement de direction imprimé à sa marche, tombant carrément sur sa toile, lui avait communiqué cette accélération de vitesse. La houle, coupée et franchie à angles très-aigus par cette course ardente, se brisait contre son bossoir de tribord, jaillissait en fusées d'écume, et retombait en frimas, comme ces jets de pétales de lis et de roses blanches qui s'élèvent de la corbeille des enfants devant la statue de la Vierge ou devant le divin ostensoir; mais ces chocs sans violence ne pouvaient ni ralentir son sillage, ni lui communiquer l'abattée la plus légère. Elle courait vaillamment et directement vers le point que lui assignaient l'ordre de son commandant et l'empire de son gouvernail. Le regard perçant des vieux matelots pouvait déjà vérifier, en comptant les sabords de la batterie ennemie, la sûreté du coup d'œil de leur jeune capitaine, et la réaction éclatait déjà en sarcasmes injurieux contre ses imprudents détracteurs. Jules appela son premier lieutenant. — Faites monter les armes sur le pont, lui dit-il; que les fusils et les pistolets soient chargés et placés dans les râteliers; que les demi-piques et les haches d'abordage soient déposées auprès; mais que personne n'y touche sans mon ordre exprès. Vous allez enjoindre au capitaine d'armes de veiller à l'exécution rigoureuse de cette consigne.

Le lieutenant s'éloigna; un instant après il était de retour.

— Vos ordres s'exécutent, commandant, lui dit-il; mais ne serait-il pas convenable de faire détaper les pièces?

— Et pourquoi, s'il vous plaît, répondit Jules Serval avec un sourire d'ironie et de surprise; croyez-vous que le gibier sur lequel nous courons eût la peau bien sensiblement affectée par nos six boulets de quatre? Nous perdrions notre poudre à lui démontrer notre impuissance.

— Pourquoi alors ces préparatifs?... pourquoi ces armes?...

— Je vais vous le dire. Ma prudence a été l'objet d'appréciations injurieuses.. On a douté de la fermeté de mon cœur ou de la sûreté de mon regard. Ce doute va disparaître. Mais quand nos braves se seront éclairés sur la force de l'ennemi, au feu de ses canons, de deux choses l'une, ou sa bordée nous aura été clémente, et dans ce cas, grâces aux vives nageoires de notre *Dorade*, nous serons bientôt hors de ses atteintes; ou son feu nous aura causé quelque grave avarie, et alors nous n'aurons qu'une chance de salut, l'abordage; enlever ce brick, ce qui est peu probable, mais possible; ou mourir glorieusement sur ses passavants, ce qui est à peu près certain. Dans cette alternative, il faut que chacun ait sous la main une arme qu'il saisisse au besoin. C'est dans cette prévision que je vous ai donné les ordres qu'on exécute. Cependant, ajouta-t-il après une courte pause, faites détaper une pièce de l'avant, car il va nous falloir sans doute répondre au salut de l'ennemi.

En ce moment le capitaine d'armes s'approcha des deux interlocuteurs, et dit, le revers de la main appuyé contre le bord de son chapeau :

— C'est fait, lieutenant, tout est en place.

— C'est bien, répondit celui-ci. Et, s'adressant au capitaine, il ajouta : Avez-vous de nouveaux ordres à donner, commandant ?

— Tout le monde sur le pont, maintenant, dit Jules Serval; puis vous placerez des sentinelles aux écoutilles, afin que personne ne puisse redescendre.

L'étendue de mer qui séparait les deux adversaires avait considérablement diminué, et diminuait d'instant en instant d'une manière encore plus frappante, dévorée par leur marche rapide. L'équipage de la frêle goëlette ne comptait pas, quelle que fût son intrépidité, sans un mélange de surprise et d'effroi les puissantes volées que les dix pièces de la batterie ennemie allongeaient, hagardes et menaçantes, sous les mantelets soulevés de leurs sabords.

L'étonnement était encore plus profond sur le pont du brick anglais. Un groupe d'officiers, formé sur l'arrière, examinait et commentait sans pouvoir le résoudre le problème que leur présentaient les allures et les dispositions de la goëlette, dont l'approche permettait de distinguer tous les détails à l'œil nu. Sa marche hostile et sa faiblesse comparative n'étaient pas le seul contraste que leur présentât cet étrange ennemi.

La voilure aisée, la voilure maniable qu'elle avait conservée seule, semblable à ces lutteurs qui, au moment d'en venir aux mains, rejettent comme gênant et dangereux tout vêtement inutile, annonçait des intentions agressives, que d'un autre côté démentaient les tampons de liége dont étaient aveuglés ses canons. Vingt réflexions, vingt commentaires provoqués par ces anomalies ou ces inconséquences se choquaient dans la conversation animée dont elles étaient l'objet, lorsque le commodore y coupa court par ces mots :

— Nous allons bientôt être fixés sur ses intentions.

Et s'adressant à un chef subalterne, il ajouta :

— Master, faites hisser notre pavillon, qui sera appuyé d'un coup de canon à boulet tiré contre cette goëlette.

Un instant après, le yack britannique se déployait à la corne d'artimon du brick, un jet de fumée blanchâtre s'élançait de sa batterie, et un boulet venait fouetter la mer sur l'avant de *la Dorade*.

L'incertitude des officiers anglais fut plus promptement et plus positivement dissipée que ne l'avait supposé le commodore lui-même. L'exécution de son ordre sembla jeter un reflet et éveiller un écho sur l'audacieuse embarcation, objet des suppositions les plus diverses. Tandis qu'un large pavillon tricolore montait rapidement le long de sa drisse et se déployait en tête du grand mât, la goëlette tirait un coup de canon dont le boulet, déchirant l'air, venait trouer la brigantine du brick, un pied à peine au-dessus du groupe observateur, et allait se perdre au loin dans la mer, en ricochant à sa surface. Cet acte d'hostilité anima d'un mouvement universel le tillac anglais. Cette barque singulière était bien un ennemi ; le gant était jeté, il fallait se préparer à la lutte et à une lutte sérieuse, car, quelle que fût son infériorité apparente, la résolution de cet assaillant annonçait un espoir qu'il devait puiser dans des ressources inconnues.

Les deux adversaires continuèrent silencieusement leur course. Arrivée à portée de pistolet, *la Dorade*, venant vivement au loff, serra le vent et porta à contre-bord vers le brick ennemi de manière à le ranger à honneur. Chacun était à son poste sur les deux bâtiments : les canonniers à leurs pièces, les gabiers dans la mâture, les tirailleurs sur les gaillards, avec cette différence qu'à bord de *la Dorade* tous les hommes étaient sans armes.

Le moment décisif était arrivé, les deux navires fendaient les mêmes eaux. Un silence solennel régnait partout : le frôlement des voiles et le clapotement des lames contre les deux carènes étaient les seuls bruits que l'on entendît dans l'attente anxieuse de ce moment. L'ombre du brick couvrit bientôt la goëlette ; les deux navires s'élongeaient à se toucher avec les écouvillons des canonniers ; un cri vibrant retentit dans la batterie anglaise :

— Feu !

— Gare les quilles ! s'écria Loïk d'une voix fraîche et rieuse sur le pont de *la Dorade.*

Une formidable explosion couvrit cette saillie joyeuse. La goëlette, cédant à l'ébranlement que l'haleine embrasée des canons imprima à l'atmosphère, s'inclina légèrement, comme si elle eût baissé la tête pour laisser passer les boulets. Une grêle de balles et de grenades tourbillonna au même instant sur elle. Un de ces derniers projectiles étant venu tomber enflammé au pied du jeune mousse, il se hâta de le relever, et, le lançant à l'ennemi :

— Dites donc, vous autres, vous perdez votre butin !... Tenez ! on ne demande pas de récompense honnête.

Et la grenade, décrivant une courte parabole, alla tomber et éclater au milieu de l'état-major anglais, où elle répandit la mort. *La Dorade* ne sortit, en se jouant, du nuage de fumée dont elle fut enveloppée un instant, que pour essuyer un nouveau danger. Le brick anglais étant venu par une vive arrivée, le cap au sud, put lui lancer en poupe sa bordée de tribord ; mais, précipitation ou inhabileté, les canons, pointés trop haut ne frappèrent que l'air de leurs foudroyantes gorgées de mitraille.

Les ordres du commandant, exécutés avec une rapidité qui n'eut pas besoin d'autre stimulant que l'urgence du danger, rétablirent *la Dorade* sous sa voilure première. Grâce à cette célérité, elle put se mettre hors des atteintes de son redoutable ennemi avant qu'il lui fût possible de lui faire essuyer une troisième épreuve de son feu. Le silence n'avait pas encore cessé de régner sur l'heureuse goëlette, lorsque son commandant s'arrêta devant un des instigateurs de désordre les plus perfides.

— Eh bien ! maître Biban, lui dit-il, avez-vous vu ce croiseur ennemi d'assez près pour en reconnaître la force ? Qui de nous avait l'œil le plus sûr ?

— Ma damnation ! commandant...

— Taisez-vous ! reprit Jules Serval l'œil étincelant et la voix indignée. Au moins, ajouta-t-il après une courte pause, que la leçon vous serve pour l'avenir... vous serve à vous et aux autres ! Qu'on sache bien ici qu'à moi seul appartient le droit de commander, que votre devoir à vous est de respecter mes ordres et d'y obéir, que toute résistance et tout outrage est un acte de rébellion !... Je puis le frapper de mort... qu'on le sache bien... car, par Dieu ! si on l'oublie, je m'en souviendrai, moi !

Et se retournant sur ces mots, il regagna l'arrière de la goëlette, laissant l'ex-fraudeur sous le trouble de cette admonestation et de cette menace.

— Oh ! oh ! s'exclama Loïk, quelle figure d'est-quart-sud-est fait le père Bihan ! regardez donc, vous autres !

— Tu viens à propos, toi, pour payer la sauce, murmura Bihan avec rage; tiens, moussaillon de malheur !

Et, en prononçant ces derniers mots, il s'élança vers l'enfant le poing haut; celui-ci se courba vivement, passa preste sous le bras qui devait le frapper, et, tandis que l'ancien gargotier, entraîné par la violence de ce coup porté dans le vide, allait en trébuchant rouler à quelques pas sur le tillac, Loïk s'élançait dans la mâture avec la légèreté d'un écureuil qui grimpe dans un hêtre.

III

SUCCÈS ET REVERS

L'événement fit plus que justifier les prévisions de Jules Serval, il dépassa ses espérances. Ce trait de sang-froid, de résolution et d'audace avait si fortement frappé l'esprit des matelots qu'il y avait opéré la révolution la plus complète.

Il en est de ces natures incultes où l'impétuosité du sang et l'obstination du caractère se trouvent presque toujours unies, comme de ces rouages pesants qui ne peuvent être ébranlés que par le déploiement d'un puissant effort, mais qui, une fois en mouvement, s'y maintiennent par l'essor entraînant de leur masse, sous l'action d'une force comparativement légère. La défiance malveillante dont l'équipage de *la Dorade* était animé s'évanouit, comme se dissipent aux premiers rayons du soleil ces légers brouillards que l'aube trouve flottants à la surface des flots. Subjugués par le prestige qu'exercent sur leur esprit les deux seules supériorités qu'ils puissent reconnaître et sentir, celle de la science pratique et du courage, ces hommes semblèrent moins subir qu'accepter avec joie l'autorité morale que, de ce moment, Jules Serval exerça sur eux. Cette réaction profonde ne tarda pas à éclater dans les rumeurs de l'avant.

— Eh bien ! maître Laumel, regrettez-vous encore d'avoir mis votre sac à bord de cette barque? dit au vieux canonnier un jeune servant avec un mélange de surprise et d'orgueil.

— Maintenant, mon petit, répliqua celui-ci en frottant d'un air joyeux ses mains goudronnées, je ne donnerais pas mes parts de prise pour la paye d'un amiral. Faut avouer pourtant que j'ai été bigrement surpris, moi qui puis me vanter de m'être rincé la bouche avec plus d'une eau. Avec ses petits airs de douceur, notre capitaine, vois-tu ? c'est comme un coup de temps de la ligne...

— Quel œil marin ça vous a ! ajouta le maître d'équipage en hochant la tête.

— Et quand l'Anglais a éternué, reprit un quatrième interlocuteur, ce n'est pas lui qui a baissé la tête tant seulement pour lui dire : Dieu vous bénisse ! Ah bien oui ! il avait bien plutôt l'air de lui montrer les bagues du foc.

— Qu'il soit officier de la marine impériale, possible, continua Laumel, je ne dis pas non, mais ce que j'affirme aussi, c'est que, je vous en donne ma chique, c'est un lapin qui sait faire autre chose que courir, un solide, un dur à cuire, un vrai corsairien, quoi !

La Dorade courut toute la nuit, le cap au nord-ouest. Au lever du jour, elle avait atteint les parages choisis par son commandant pour siége de sa croisière : c'était l'ouverture de la Manche, ces belles eaux où l'Atlantique déploie déjà le caractère formidable que prend sa nature dans les latitudes élevées et l'austère grandeur de ses horizons. Ces parages, longtemps désertés par le commerce britannique, devaient être continuellement sillonnés par ses armements depuis que les triomphes maritimes du yack des trois royaumes y avaient ramené la sécurité ; ils offraient, en effet, la route la plus courte, et, à beaucoup près, la moins périlleuse à tous les navires qui allaient porter aux colonies de l'Angleterre les nombreux produits de son industrie, et qui rapportaient les richesses coloniales dans les entrepôts métropolitains. *La Dorade* devait donc incessamment y rencontrer les proies les plus précieuses.

La matinée cependant, puis la relevée se passèrent sans qu'aucune voile fût aperçue et signalée. Le lendemain, même déception. Jules Serval comprit, devant la solitude de ces eaux, que ni l'impuissance de nos escadres et de nos divisions navales, immobiles sur nos rades et dans nos bassins, ni la destruction de notre marine corsairienne, ni enfin le nombre et la force des stations et des croisières dont l'amirauté britannique chargeait les atterrages de France, n'avaient pu dissiper la terreur dont les succès de notre marine républicaine avaient frappé l'esprit spéculateur des armateurs anglais et la prudente circonspection de leurs capitaines. Leurs navires redoutaient toujours les embûches de cette mer dont les lames battaient nos grèves ; le vent qui y soufflait, tout chargé des robustes aromes des landes bretonnes, ne leur semblait pas une respiration saine pour leurs matelots ; aussi tous les navires qui quittaient les ports anglais pour gagner les mers tropicales rangeaient-ils les falaises escarpées de la côte de Cornouailles, et n'allaient-ils attaquer l'Océan que dans les eaux de l'Irlande, tandis que ces armements coloniaux venaient prendre connaissance à leur retour de l'île Clan, lorsqu'ils ne gagnaient pas même par le nord le détroit de Saint-Georges.

Les parages maritimes battus par *la Dorade* continuant à ne lui offrir qu'une solitude grondante, Jules Serval n'hésita pas à se porter sur la côte d'Angleterre, certain d'y trouver enfin et d'y trouver concentrés ces bâtiments qu'il avait d'abord espéré rencontrer sur les eaux boréales de l'Atlantique. Il se dirigea vers le cap Lizard.

Le lendemain, à l'extrême matin, au moment où l'aube dégradait de ses premières lueurs l'obscurité de l'horizon oriental, un feu fut signalé dans le nord-ouest. C'était le phare de l'île de Sainte-Agnès, l'une des Sorlingues, ces orageuses Cyclades de l'Océan breton, où les galères de Tyr et de Phocée venaient dans l'antiquité chercher de l'étain et des perles. Les rayons du soleil levant permirent de distinguer plusieurs des sommets de ces îles, dont ils éclairaient de tons roses l'azur blanchâtre.

Il était prudent de ne pas approcher davantage de ces terres, pour ne pas attirer les regards des vigies. Le temps était du reste des plus favorables, la mer belle, la brise calme et l'air légèrement brumeux, depuis que, la veille, le vent était passé au sud-ouest. Jules Serval ordonna de laisser arriver, et la goëlette porta son cap un peu plus dans l'est. La voix d'un gabier l'arrêta bientôt dans cette direction nouvelle.

— Une voile! s'écria-t-il, une voile en plein nord! Et presque aussitôt il reprit: Deux voiles!.. trois!... plus que cela... une flottille!...

En effet, ce n'était pas, cette fois, seulement un navire que signalaient les vigies, c'était tout un convoi, comme put aisément s'en convaincre le commandant de *la Dorade*, car le nombre des bâtiments en vue grossissait à chaque instant. Toutes les voiles dont il était composé rutilèrent bientôt frappées directement par les rayons du soleil.

Jules Serval, pourtant, malgré son expérience spéciale, fut quelque temps sans pouvoir se faire une idée nette de la composition et du caractère de cette flottille. Ce qui déroutait ses conjectures, c'était la double catégorie de bâtiments dont elle était formée : puissants vaisseaux et légères embarcations, reliés encore par quelques navires de forces et de dimensions intermédiaires. Il reconnut enfin

un de ces convois mixtes qui partaient périodiquement du havre de
Cork sous l'escorte de plusieurs corvettes, et dans les rangs desquels
les vaisseaux de la compagnie des Indes et les autres gigantesques
trois-mâts coloniaux se confondaient avec cette variété de barques
légères, bricks, dogres, lougres et cutters, employés au cabotage du
littoral anglais.

Il aperçut, durant son examen, les rocs déchirés du cap Land's-
End s'abaisser et disparaître sous les vagues, et les falaises abruptes
du cap Lizard percer au contraire la ligne de l'horizon maritimes.
Le convoi cinglait donc à l'ouvert de la baie de Mountz, ce large et
beau bassin, que l'extrême Angleterre ouvre comme deux bras
hospitaliers aux nombreux vaisseaux que lui envoient les deux
mondes.

Le jeune capitaine, monté dans sa mâture, observa quelque temps
encore cette flottille, qui, déployée sur plus de deux kilomètres de
longueur, rappelait ces longues volées d'outardes qui, au commencement du printemps, longent ces côtes en rasant les flots. Lorsqu'il
redescendit sur le tillac, le sourire qui effleurait ses lèvres et l'étincelle dont brillaient ses yeux laissèrent comprendre à tout l'équipage
que l'on était sur la piste d'une riche proie.

Jules Serval ignorait cependant encore quelles ruses ou quels coups
d'audace il tenterait sur ces navires voguant en pleine sécurité sur
ces eaux territoriales, sereines ou écumeuses, que tout bon et loyal
Anglais regardait comme la frange d'azur ou la bordure d'hermine
du manteau royal de son souverain ; mais ce qu'il savait à n'en pas
concevoir le plus léger doute, c'était que plus d'un de ces opulents
voyageurs, arrivant de la mer Caraïbe ou des plages parfumées de
l'océan Indien, verserait sur d'autres quais que ceux des docks anglais les précieuses denrées dont était gorgée sa carène.

Il commença par faire caler ses mâts de hune, pour pouvoir approcher de plus près cette flottille sans lui révéler sa présence, et
étudier par suite plus rigoureusement son caractère et les détails
de sa composition ; ses voiles inférieures lui suffisant d'ailleurs am-
plement pour évoluer à sa fantaisie sur les flancs de ce lourd convoi.

Son exploration, dirigée avec un heureux mélange de prudence et d'audace, lui eut bientôt révélé les points vulnérables et surtout les points avantageusement attaquables de cette nombreuse réunion de bâtiments.

Dans toute flottille de cette nature, il est toujours quelques navires appesantis par un fret excessif ou même encore attardés dans leur marche par suite de quelque avarie ou tout autre accident; la tâche des bâtiments d'escorte est de stimuler leur lenteur, en même temps qu'ils doivent retenir ceux que leur vitesse emporterait hors du rayon d'une protection efficace; c'est ce que les instructions maritimes entendent par l'obligation de tenir bien ameutés les convois.

L'attention du commandant de *la Dorade* s'était portée, parmi ces bâtiments retardataires, sur deux grands navires dont le caractère était celui de vaisseaux de la Compagnie des Indes. Un d'eux surtout ne se traînait que douloureusement à l'extrémité de la ligne, et, malgré tous ses efforts, malgré les efforts aussi des corvettes convoyeuses pour retenir la tête de la colonne, il avait une peine extrême à ne pas se laisser distancer, par suite abandonner.

Ce fut sur ce bâtiment que le capitaine Jules jeta son dévolu, et il ne remit pas à plus tard qu'à la nuit suivante la tentative d'enlèvement qu'il devait diriger contre lui ; la marche de *la Dorade* se régla dès lors sur la sienne; la légère goëlette diminua sa toile, allanguit son sillage, n'ayant plus de souci que de maintenir en vue la lourde et puissante embarcation dont elle convoitait les richesses; tapie dans les plis de la houle, elle la suivait du regard, comme un épervier glissant dans les nues épie de ses yeux ardents le cygne ou l'oie sauvage sur lesquels il s'apprête à fondre.

Elle profita du reste du jour pour se préparer à cet audacieux coup de main ; une bande de toile peinte de la couleur de son platbord fut tendue sur la ligne de ses sabords, de manière à n'en pas laisser deviner les embrasures. Des prélarts de toile goudronnée enveloppèrent les caronades, qui prirent l'aspect de colis encombrant mercantilement le pont. Ce déguisement, qui atténuait, s'il n'effaçait complétement le caractère guerrier de l'intrépide corsaire, fut complété par la détente que subit son gréement, elle perdit aussitôt la raideur militaire de sa marche et de sa tenue dans un abandon décelant une nonchalante incurie ou de longues fatigues. Ainsi transformée, elle pouvait hardiment se mêler au convoi sans qu'on pût soupçonner le caractère hostile caché sous la négligence de ses dehors marchands, un loup ravisseur sous cette toison de brebis.

Elle attendit, cependant, pour approcher davantage, que la chute du jour eût ajouté son voile ténébreux à ce domino perfide. Cet instant arriva.

Une demi-obscurité se répandit sur la mer, dont la surface verdâtre prit des teintes plus sombres. Le croissant, avivant sa clarté dans la sérénité du ciel, tempérait seul l'ombre de la nuit et semblait brunir de reflets argentés le bronze mouvant des vagues. *La Dorade* força de voiles et gouverna de manière à se rapprocher de sa mystérieuse conserve. Vers onze heures, elle était dans ses eaux.

A minuit, au moment même où le croissant disparaissait à l'horizon, un kilomètre de distance séparait à peine les deux navires. Bien que le pont de la goëlette corsaire, presque désert comme celui de tout bâtiment de commerce à cette heure, offrît l'aspect le plus calme, tout était prêt à son bord pour le coup audacieux qu'elle se préparait à frapper.

Jules Serval avait formé une escouade de vingt hommes d'élite avec laquelle il devait attaquer un vaisseau qui, outre un équipage nombreux, compte habituellement une garnison de cinquante à cent soldats. *La Dorade*, courant grand largue, n'étant plus qu'à une encâblure de son ennemi, serra avec rapidité une partie de ses voiles ; son sillage se ralentit sur le coup. Cependant, emportée par son erre mourante, elle rangea le vaisseau à honneur, et se maintint quelque temps par son travers avant que celui-ci, dont aucune appréhension ne modifia la marche, ne la dépassât de nouveau et ne la laissât dans l'ombre. L'escouade d'attaque avait profité de ce rapprochement momentané pour s'élancer sur les bastingages et sauter sur le pont du vaisseau anglais.

La Dorade ignora quelque temps le caractère qu'avait pu prendre cet abordage et la lutte qui l'avait suivi ; quelques cris avaient bien retenti au milieu d'un bruit confus de pas précipités et de coups sourds, mais pas une amorce ne s'était enflammée, nulle explosion n'avait éclaté, aucun cri de victoire ne s'était fait entendre. Les marins restés à bord, les yeux attachés sur le point où l'Anglais leur avait échappé dans l'obscurité, se demandaient donc si l'on se battait encore, si notre troupe était triomphante, tuée ou captive, lorsque la joie et l'espérance éclatèrent dans tous les esprits. Les regards avaient aperçu, vague d'abord, puis bientôt plus distinct, le galbe du vaisseau, dont la silhouette s'accusa plus fermement à mesure que la marche allanguie de *la Dorade* fit disparaître la distance qui les séparait. Le vaisseau anglais *le Gange* était en panne, et notre escouade victorieuse.

Son triomphe avait même été plus prompt et beaucoup plus facile que le capitaine Serval n'eût osé l'espérer. L'équipage du *Gange* avait eu à subir les plus cruelles épreuves. Ravagé par une épidémie cruelle, il avait à peine conservé assez de matelots, convalescents la plupart, pour les nécessités du service naval. Le chargement, où les indigos abondaient, était de la plus haute valeur.

Jules Serval comprit que c'était un devoir d'humanité de rendre à leur patrie ceux de ses prisonniers dont la santé épuisée réclamait, plus peut-être encore que les secours de la science, les soins affectueux de la famille. Ce devoir était d'ailleurs facile à remplir. Les côtes d'Angleterre n'avaient cessé, la veille, de déchiqueter l'horizon de la ligne onduleuse de leurs collines ; le jour allait donc très-probablement en présenter le feston vaporeux.

Elles étaient plus voisines encore qu'on ne le supposait. Les premiers feux du jour éclairèrent à cinq ou six kilomètres de distance une terre élevée dont les pentes abruptes étaient couvertes par une végétation vigoureuse et sauvage, et la chaloupe du *Gange*, conduite par des rameurs anglais, nageant vers une anse de sable doré, le seul point abordable qu'offrît la grève hérissée de noirs rochers.

La Dorade et sa prise s'enfoncèrent dans le sud. Elles coururent dans cette direction jusqu'à ce qu'elles eussent complétement perdu de vue les côtes d'Angleterre. Faisant alors un profond crochet à l'est pour dévoyer les chasseurs qui pouvaient être lancés à leur poursuite, elles se séparèrent, *le Gange* pour aller verser le plus tôt possible son précieux chargement dans les magasins français, *la Dorade* pour reprendre la piste du convoi sur lequel elle comptait bien prélever, les nuits suivantes, de nouveaux tributs de butin.

Dès que la goëlette se retrouva en vue de la côte britannique et du convoi, Jules Serval fit reprendre les mesures de précaution qu'il avait prescrites la veille; les mâts de hune furent de nouveaux calés, et *la Dorade* se dirigea obliquement vers le convoi, qui doublait en cet instant cette jolie petite île de Portland dont une zone de récifs toujours blancs d'écume ceint de sa gaze éclatante les flancs gazonnés.

Un changement si frappant s'était opéré dans l'aspect de la flottille, que le commandant Serval crut quelque temps qu'elle s'était séparée, et qu'il n'en avait devant lui qu'une des divisions. Ce ne fut qu'après qu'un examen plus attentif et prolongé lui eût permis d'en distinguer le resserrement et la profondeur des lignes, qu'il put reconnaître qu'une concentration s'était opérée, et que, pour nous servir d'une expression scientifique qui rend avec exactitude et concision notre pensée, il avait gagné en masse ce qu'il avait perdu en volume. Il avança davantage pour tâcher de découvrir la cause de ce changement inopiné. Dans une inspection plus complète, il eut bientôt deviné la vérité, qu'il avait soupçonnée dès l'abord : la disparition du *Gange* avait produit cette mutation subite.

Le commodore, dès que l'absence du vaisseau retardataire lui avait été signalée, avait détaché un aviso à la recherche de ce grand et riche navire ; un accident, quelque grave avarie, pouvaient durant la nuit l'avoir retenu hors de vue : c'était là son espoir ; le retour de *la Mouche* l'avait dissipé. *Le Gange* avait été enlevé par un corsaire français du plus faible tonnage, qui s'était enfui à tire d'aile vers les côtes de Bretagne, emportant avec lui sa proie. Cette nouvelle, elle la tenait de la partie valétudinaire de l'équipage même que le corsaire avait déposée sur la limite des comtés de Dorset et de Devon. L'officier anglais s'était hâté de lancer une de ses corvettes dans la direction indiquée, et de porter ce sinistre à la connaissance des bâtiments placés sous sa protection, avec injonction nouvelle de se tenir ralliés sous son pavillon.

La crainte est un puissant mobile d'obéissance ; ce que les évolutions incessantes et les recommandations précises et réitérées n'avaient pu obtenir la veille s'opéra d'ardeur dès que les dangers de cette navigation imprudente eurent été constatés par un sinistre : les plus fins voiliers refrénèrent leur fougue, les plus lourdes barques hâtèrent leur engourdissement ou leur paresse, et le commodore avait eu aussitôt toute la flottille ralliée dans le diamètre que pouvaient parcourir ses boulets. Tourmenté par la responsabilité morale que la perte subie sur les eaux territoriales même de l'Angleterre, par les navires confiés à sa surveillance, faisait peser sur son commandement, le malheureux chef se portait sans cesse avec une inquiétude visible, tantôt en avant, tantôt en arrière, pour faire des recommandations ou donner des ordres, il offrait l'image d'une poule s'agitant anxieuse et menaçante au milieu de sa couvée, lorsqu'un oiseau carnassier lui a enlevé un de ses poussins.

La marche du convoi se trouva, par suite de ces précautions, singulièrement ralentie ; *la Dorade* ne se découragea pas ; elle le suivit avec circonspection et patience, espérant qu'avec le premier saisissement s'évanouirait cette prudence extrême. Son espoir ne fut pas déçu : le second vaisseau de la compagnie des Indes qui, comme *le Gange*, se traînait la veille péniblement à la suite du convoi, tomba d'abord dans l'extrême arrière de la ligne, et finit par laisser un espace toujours croissant entre lui et les conserves. La distance n'était cependant pas telle, la nuit suivante, que *la Dorade* pût prudemment tenter une attaque ou une surprise ; mais, au matin, cette distance était déjà tellement accrue que Jules ne put s'empêcher de dire à son lieutenant, avec un sourire confiant et joyeux :

— Très bien ! c'est pour ce soir...

Le convoi rangea à petite distance l'île de Wight ; il laissa ensuite arriver au sud du fanal qui éclaire les approches dangereuses du cap

Selscy. Le vaisseau retardataire ne suivit pas ce mouvement ; arrivé à la hauteur du bourg de Brading, il porta le cap au nord, au grand étonnement du capitaine Jules, et, à son plus grand regret encore, il pouvait être alors deux heures après midi, il gouverna sur l'île Spartsea ; à quatre heures, il entrait dans la baie de Portsmouth.

La déconvenue de Jules Serval fut extrême. Les yeux fixés sur le point où le vaisseau si ardemment convoité depuis deux jours venait d'échapper à ses regards, il laissait *la Dorade*, courant sous petites voiles, poursuivre sa marche pénible dans le détroit où elle s'était engagée, sans paraître songer que cette bordée la portait sur la rade de Southampton, lorsque l'apparition d'une voile sembla dissiper ses préoccupations sous le choc d'une pensée subite. Cette voile était cependant une humble et pauvre barque appartenant à la plus modeste industrie, un de ces petits sloops pêcheurs dont la navigation se poursuit le long des côtes dans les éclaboussures des lames. Le jeune capitaine l'observa quelques instants en silence, puis l'ayant vue se diriger vers la pleine mer, il fit prendre immédiatement à sa goëlette la bordée du large. Les deux embarcations coururent ainsi dans la même direction et presque dans la même ligne. La marche de *la Dorade* étant plus rapide que celle du bateau pêcheur, la goëlette devait sous peu d'instants se trouver portée dans ses eaux ; elle les sillonnait vers sept heures.

La nuit, dont l'éclat du croissant, plus large chaque soir, rendait chaque soir aussi les ténèbres plus transparentes, s'était étendue sur la mer. Sa surface assombrie, palpitant en petites lames invisibles dans l'ombre, offrait dans la direction de l'astre une longue traînée d'étincelles. *La Dorade*, dont on ne pouvait plus, de la terre, distinguer la manœuvre, laissa porter sur le sloop, qui, un instant après, était à sa remorque, tandis que les quatre matelots qui le montaient, debout devant le capitaine Serval sur l'arrière de sa goëlette, répondaient à ses interpellations.

— Je n'ai pas besoin de vous déclarer, leur avait dit le jeune officier quand on les avait conduits devant lui, que vous vous trouvez sur un bâtiment de guerre français ; que par conséquent vous êtes mes prisonniers...

— My God ! s'était écrié avec l'expression d'une douleur désespérée un vieux marin qui semblait le patron de la barque.

Jules Serval l'avait interrompu.

— Je vous comprends... vous êtes de pauvres pêcheurs et non des ennemis... d'accord... aussi ne suis-je pas éloigné de me départir de la rigueur de mon droit, et pourrais-je bien même vous rendre votre liberté et votre bateau.

— Milord ! reprit le vieux marin anglais avec un mélange de surprise, de joie et de reconnaissance.

— Écoutez auparavant, continua en l'interrompant de nouveau le commandant de *la Dorade*, car ma conduite dépendra du degré de franchise de vos réponses... Cette déclaration nette et précise parut glacer l'enthousiasme du patron ; ses traits s'assombrirent ; les yeux attachés sur les traits du commandant français, il sembla attendre ses questions avec une expression où se mêlaient l'indécision et la défiance. — Quels sont les bâtiments de guerre, reprit Jules Serval, qui se trouvent actuellement dans le port de Portsmouth ?

— Pour le moment, il y en a peu... La plupart de ceux qui s'y trouvaient ont accompagné la division de six vaisseaux partie il y a cinq jours pour l'Espagne... Une frégate, deux cutters de service, et quelques vaisseaux désarmés, voilà les seuls navires de guerre qu'offrent actuellement la rade et les bassins. Et se reprenant, il ajouta : Excusez... j'oubliais un vaisseau de la Compagnie, de trente canons, qui est venu cette après midi jeter l'ancre sur le mouillage forain.

— Comment ! reprit vivement le capitaine de *la Dorade*, ce vaisseau n'est pas entré dans le port ?...

— Non, commodore ; il est mouillé sous le canon de la grande batterie. Il ne vient, dit-on, que prendre des instructions, son chargement ayant un autre port de destination, et des renforts, son équipage, comme la plupart de ceux qui nous arrivent des Indes, ayant été ravagés par les fièvres du pays.

Ces réponses ayant ranimé les espérances de Jules Serval, il multiplia ses questions et obtint du vieux patron anglais des renseinements tels qu'il résolut d'aller relancer sa proie sous la protection même des canons où elle s'était remisée. La possibilité du succès ne lui parut pas douteuse, et, sans avoir encore arrêté les moyens de réalisation auxquels il confierait l'exécution de son projet, il ne balança pas à donner l'ordre de gouverner sur la rade même où il avait vu disparaître son ennemi. Il renouvela aux marins anglais la promesse qu'il avait faite à leur patron, puis il ordonna de les conduire provisoirement dans l'entrepont, et de les y garder à vue. Quelques hommes passèrent sur le sloop, et un instant après les deux embarcations voguaient de front, mais sous la plus faible voilure, comme si elles eussent craint d'imprimer une trop grande rapidité à leur erre, vers l'entrée du détroit dont elles avaient débouché peu auparavant.

Au moment où elles s'y engagèrent de nouveau, le croissant, descendu presque au niveau de l'horizon, semblait répandre dans le ciel une plus abondante effusion de lumière; la surface de la mer, effleurée par les rayons, les réflétait plus vivement dans les couches inférieures de l'atmosphère, jusqu'au moment où l'astre, ayant atteint la ligne du ciel et de la mer, sembla flotter un instant, lutter même sur le point qui s'embrasa à son contact avant qu'il y sombrât, vaisseau de feu, dans les flots bouillonnants. Tout s'éteignit aussitôt : le sillon d'étincelles que l'astre traçait sur les vagues et les reflets que la mer unissait aux clartés qu'il versait dans le ciel. Les ténèbres envahirent subitement les airs et les flots.

Jules Serval n'attendait que ce moment pour hâter sa marche. Ne pouvant plus être découvert par les sentinelles et les vigies, il fit déployer tout ce qu'il put offrir de toile au souffle de la brise, secondée elle-même par l'impulsion de la marée. La goëlette et le sloop, secouant la timide défiance de leur sillage, attaquèrent l'entrée de la baie de Portsmouth avec autant de résolution que d'ardeur.

Tout semblait se combiner pour favoriser leur projet. Le ciel, pur et clair jusqu'à cet instant, venait de se couvrir d'une brume légère qui ne laissait plus apercevoir les étoiles que comme des taches lactées. Si les deux navires n'eussent fait jaillir sous le tranchant de leurs étraves des lueurs phosphorescentes qui allaient s'étendre dans leurs sillages, la mer n'eût présenté aux yeux qu'une surface de poix.

Arrivés à l'ouverture de la rade, les deux bâtiments diminuèrent de nouveau leur voilure, et longèrent la côte que couronnait la citadelle, dont l'œil put bientôt distinguer vaguement la silhouette se dessinant en vigueur sur le ciel ; un moment après, la goëlette et sa conserve laissèrent tomber silencieusement leurs ancres, en achevant simultanément de serrer leurs voiles Jules Serval avait aperçu le vaisseau objet de son aventureuse expédition, prudemment affourché sous la volée des forts, et reposant sur leurs eaux assoupies, plein de confiance dans ses câbles et dans leurs canons.

Le commandant de *la Dorade* forma deux détachements de tous ses hommes disponibles, et prescrivit l'armement de la chaloupe et du sloop. C'était avec ces deux embarcations qu'il se proposait d'opérer l'enlèvement du vaisseau indien. Ces ordres donnés, il fit mettre sa yole à la mer, afin d'aller, pendant l'exécution de ces préparatifs, observer lui-même la position de l'ennemi et la manière la plus avantageuse de l'aborder. Au moment où la yole disparaissait dans l'ombre, un bruit étrange se fit entendre sur l'avant de la goëlette, comme si une lame eût clapé contre le bossoir opposé à celui d'où venait de déborder le commandant. Le calme de la mer rendait cette explication inacceptable.

— Tiens ! fit un matelot, est-ce que les marsouins anglais ne dorment pas ? on dirait qu'on vient d'en entendre un faire sa culbute.

— N'est-ce pas plutôt nous qui sommes venus le troubler dans son hamac ?... Mais, à propos de marsouins, qu'est donc devenu le père Bihan, qui rôdait justement le long du bord ?...

— En voilà un vieux congre, qui se bouline partout où il suppose quelque chose à renifler ! Quelle chasse je lui ai appuyée durant ma faction auprès des Anglais d'en bas... eh bien ! malgré cela, je n'ai pu l'empêcher d'être toujours à bouliner autour d'eux. Qu'il pique donc une tête, le bon débarras...

— Tout de même, reprit le premier marin, si c'était lui qui fût tombé à l'eau ? — Et, s'étant approché de la partie du bord d'où était venu le bruit, il regarda et écouta attentivement, puis ajouta :
— Rien... il n'aurait pas coulé comme un saumon de plomb.

— Allons donc ! le damné magot n'a pas assez de poids pour cela, il flotterait bien plutôt comme une bouée.

— Quel chien de boujaron il avalerait là... lui qui trouve le rhum trop velours.

— S'il était tombé à l'eau, soyez sans crainte, il ne boirait pas la lavure de ses chausses. C'est un vieux fraudeur qui vous tire la brasse comme un vrai gibier de misaine.

— Tant mieux ! ça ferait une triste infusion pour les soles.

Le faible canot, qui venait de déborder de l'avant de la goëlette, où ces observations circulaient à demi-voix, se dirigeait avec de telles précautions vers l'espace de mer qui s'étendait entre le vaisseau colonial et la citadelle, que ceux même qui le montaient entendaient à peine le frôlement de la mer sous les avirons.

La forteresse, dont la yole s'approcha d'aussi près que le permirent les écueils au-dessus desquels elle était construite, reposait dans un silence aussi profond que l'obscurité dont elle était enveloppée ; il était aussi impossible à l'oreille de saisir un bruit de pas, ou un son de voix, qu'à l'œil de distinguer d'autres lignes de son aspect que celles qu'elle profilait sur le ciel ; tout autre trait, glacis, épaulement, embrasures, édifices, se confondait dans l'uniformité d'une seule teinte : une obscurité mate. La yole se porta ensuite vers le vaisseau de la compagnie, dont elle fit le tour, à cent mètres tout au plus de distance. Le navire était aussi silencieux que la forteresse ; le regard n'y pouvait apercevoir aucune lueur, pas même la lumière de l'habitacle, cette lampe éternelle des vaisseaux. Tout dormait à son bord, hormis son pavillon, dont le souffle de la nuit déployait les couleurs éteintes ; ce bâtiment semblait avoir cédé à un sommeil profond, dont le bruissement des lames contre ses lignes de flottaison et le balancement léger que le roulis faisait décrire à sa mâture semblaient la respiration régulière.

Jules Serval se hâta de regagner sa goëlette ; cette exploration avait changé en certitude son espérance de succès, et sa résolution en impatience ; aussssi sa surprise fut-elle extrême lorsque son lieutenant, répondant à quelques mots qu'amenait cette conviction, lui dit :

— Avez-vous remarqué, commandant, les signes inquiétants que présente la citadelle?

— Que voulez-vous dire ?

— Je veux dire que, depuis quelques instants, on voit circuler des fanaux dans les batteries et sur les plates-formes.

— Voyons.

Le commandant se porta sur l'avant de *la Dorade*, et resta quelques instants les yeux fixés sur la forteresse, aidant de temps en temps ses regards d'une excellente lunette de nuit.

— Vous aurez aperçu le fanal d'une ronde.

— Le nombre et le mouvement agité des lumières ne peuvent le laisser supposer.

— Vous voyez pourtant... tout est rentré dans l'ombre, dans le calme....

— Commandant, vint dire un autre officier, on voit de la lumière à bord du navire...

Jules Serval, non moins surpris de cet avis que du premier, se hâte de s'assurer de sa réalité ; mais, quelque empressement qu'il y mît, cette lumière avait déjà disparu. Il observa quelques instants sans voir reparaître aucune lueur...

— Vous vous serez mépris, dit alors Serval... Ç'a été une illusion... un jeu de la vue fatiguée... — Et comme les assertions étaient aussi précises qu'affirmatives, il ajouta :— Ou peut-être bien, après tout, quelque lumière circulant pour une nécessité régulière du service.

— C'est possible.

— Tout est calme, voyez ; rien n'indique donc que l'ennemi ait conçu quelque défiance ou reçu quelque alarme.

— C'est juste...

— Profitons donc de sa sécurité. Tout nous favorise, messieurs ; que l'équipage ennemi ne se réveille que prisonnier.

— Si le succès nous échappe, commandant, ce ne sera pas, j'ose le dire, la faute de nos hommes ; jamais je n'ai vu équipage plus confiant et plus résolu.

— Mes ordres sont exécutés ?

— Tout est prêt.

— En barque, donc !

L'ordre fut transmis à voix basse, et les deux détachements armés prirent place sur le sloop et dans la chaloupe, qui se dirigèrent aussitôt vers la riche proie objet de leur compétition ardente. Telle l'avait examinée Jules Serval, telle elle apparut à leurs regards ; tranquille, sombre, et ne laissant entendre d'autres bruits que le murmure de la brise dans son gréement et le clapotement de la mer contre sa carène. Cet aspect rassurant, cette apparence manifeste de calme et de sécurité étaient loin pourtant d'affermir la confiance du commandant de *la Dorade* ; il la sentait s'affaiblir et s'ébranler ; les deux déclarations qu'il avait combattues lui revenaient sans cesse à l'esprit ; le doute du succès se glissait malgré lui dans ses pensées, et pour la première fois de sa vie son cœur éprouvait au moment d'un combat la froide étreinte d'un pressentiment sinistre.

Cependant les deux embarcations s'avançaient à la rame, sans qu'aucun bruit pût signaler à l'ennemi leur marche muette. Les avirons, garnis d'étoupe, manœuvrés avec adresse et prudence, leur imprimaient un sillage régulier et rapide, sans produire plus de bruit que les nageoires d'un poisson. Arrivées à une encâblure du vaisseau, à bord duquel leur approche n'avait pas excité le plus léger mouvement, les deux barques se séparèrent, le sloop se portant vers les haubans de misaine, la chaloupe entre le grand mât et le mât d'artimon. L'un et l'autre abordèrent à la fois l'ennemi, et, comme une lame qui jaillit et déferle en fusée d'écume sur le navire contre lequel elle se brise, elles lui lancèrent chacune un double jet d'assaillants.

Les bastingages furent atteints d'un bond, mais là des filets d'abordage et une fusillade meurtrière arrêtèrent et accueillirent les deux détachements. Un combat acharné à l'arme blanche succéda à ce feu terrible, auquel nos marins répondirent par celui de leurs pistolets ; mais ne pouvant atteindre un ennemi qui ne les frappait qu'à coups certains, ils s'efforcèrent en vain de briser et de couper le réseau qui avait comprimé leur élan ; ils furent renversés dans leurs barques. Jules, culbuté lui-même, voulut tenter un nouvel effort.

— Allons, mes braves, il y a plus que du butin à conquérir... c'est de la gloire ! Courage donc ! cria-t-il en s'élançant derechef sur le bord ennemi à ceux de ses matelots qu'il pouvait encore y entraîner ; il retomba dans la chaloupe frappé d'un coup de barre d'anspect en pleine poitrine.

Ce fut le signal de la retraite. Le vaisseau ayant alors hissé ses fanaux, put encore l'inquiéter par sa mitraille et ses boulets. Le sloop, sur lequel il sembla concentrer son feu, fut si fatalement atteint qu'il sombra avec les débris du détachement qu'il portait ; la chaloupe parvint péniblement à rallier la goëlette ; ce fut le dernier épisode de cette défaite. Au moment de l'attaque du vaisseau de la Compagnie, *la Dorade* avait été accostée elle-même par une péniche partie de la citadelle et dont les forces avaient étouffé toute résistance. La pauvre chaloupe vint donc se jeter tout épuisée entre les mains de l'ennemi.

IV

LES PONTONS ANGLAIS.

Il est au fond de la baie de Southampton un vaste et profond étang où la terre et les flots se livrent depuis des siècles une lutte mystérieuse ; un étroit chenal le met en communication avec la mer, dont il est une anse perdue.

Cette espèce de lac maritime, *Southampton lake*, comme l'appellent les Anglais, fut formé, à l'embouchure de l'une des rivières qui descendent des montagnes du Hampshire, par une irruption soudaine des flots ; à cette époque, antérieure aux temps historiques, où, d'après d'antiques traditions dont on retrouve la trace jusque dans les poëtes latins [1], les assauts de l'Océan ont si profondément modifié ces rivages.

La terre s'est efforcée depuis de reconquérir les usurpations de la mer en comblant, avec des sédiments fluviatiles le bassin où celle-ci étend sa nappe paisible et souveraine ; mais tous ses efforts ne sont parvenus qu'à charger ses plages d'alluvions limoneuses où toutes les végétations paludiennes se développent avec une rare exubérance, et à embarrasser de bancs de vase les eaux de ce petit golfe méditerrané ; mais en vain chaque siècle a-t-il joint sa couche de dépôts à la masse de ces strates putrides, il reste encore au milieu assez de profondeur d'eau pour que des vaisseaux de ligne puissent venir y jeter l'ancre.

C'était dans cette crique, cachée au fond de la baie de Southampton, placée elle-même à l'extrémité du bras de mer intérieur fermé par l'île de Wight comme par un môle immense, que l'Angleterre avait établi le principal dépôt de ses prisonniers de guerre. Neuf vaisseaux de ligne rasés, mouillés dans ces eaux fangeuses, étaient les prisons flottantes où elle entassait les malheureux que lui livrait le sort des armes.

La Dorade en franchit l'entrée vingt-trois jours après la nuit désastreuse où son équipage avait trouvé la captivité ou la mort. Quatorze de ses marins avaient seuls survécu à sa défaite, et sur

---

[1] Et penitùs toto divisos orbe Britannos.
VIRGILIUS MARO.
.... Et nostro diducta Britannia mundo.
CLAUDIANUS.

ces quatorze, huit avaient depuis succombé à la gravité de leurs blessures. Les six autres étaient encore à son bord, mais ce n'était plus comme officiers ou matelots, c'était comme prisonniers de guerre. Pour elle, c'était toujours cette jolie goëlette tenant du poisson par son corps effilé et de l'oiseau par ses voiles latines; aussi semblait-elle, fidèle à cette double nature, voler à fleur d'eau comme une de ces mouettes pêcheuses dont l'air n'est pas plus l'élément que la mer.

Le *transport-office*, charmé de ses qualités nautiques, se l'était attachée, et elle, insensible à ce changement de pavillon, sillonnait, le yack britannique à sa corne, aussi légère et aussi rapide, ces eaux fangeuses qu'elle eût fait le cristal vert des belles mers armoricaines, la flamme tricolore battant au haut de ses mâts.

A peine la goëlette eut-elle franchi la passe que les regards des prisonniers se portèrent instinctivement vers ces pontons redoutés où la plupart ne devaient trouver qu'une longue agonie. Les sombres carènes apparurent au fond, immobiles sur ces eaux stagnantes, et enveloppées, dans les brouillards pesants qui s'en dégageaient, comme dans une sorte de suaire. La vue générale des lieux était du reste en parfaite harmonie avec les idées funèbres qu'inspiraient l'aspect et le nom même de ces lugubres prisons navales.

Bien que l'on fût dans une des premières matinées de juillet, le temps était couvert comme dans un soir de novembre; un ciel grisâtre pesait sur ce bassin spacieux, et donnait à la froide verdure du paysage des tons glauques et bitumineux; la végétation des rives offrait des teintes noirâtres que faisait ressortir plus vivement la couleur blafarde de la mer.

Tous les yeux restèrent fixés sur cette triste perspective, sans qu'aucun des prisonniers songeât à associer son voisin à ses réflexions. Jules Serval seul continua à se promener sur le pont, indifférent à ce triste spectacle, ou du moins paraissant l'être. L'on pouvait déjà apercevoir distinctement les détails de la sombre masse des pontons lorsqu'il s'arrêta enfin derrière maître Laumel et Loïk

Yvon accoudés sur la lisse. Le vieux matelot et le jeune mousse se hâtèrent de s'écarter pour lui faire place.

— Ne vous dérangez pas, mes amis, leur dit-il avec un sourire d'abattement et de tristesse, nous avons tout le temps de bien voir.

— M'est avis, commandant, repartit Laumel en lui adressant un regard d'intelligence et à la fois de dévouement, que si vous avez refusé *la caution*, ce n'est pas par amour de la navigation sur ces gueuses de bouées, quoi ! Comme c'est fait, avec ça, pour nous inculquer l'amour de l'Angleterre, cette mare où pataugent ces vieux canards de pontons. Et comme Jules Serval sembla à son tour l'interroger du regard, il reprit :

— Si vous pouvez quelque beau jour leur brûler la politesse... faute d'autre aide, je me recommande à vous. Vous trouverez un gaillard qui n'a plus d'autre patron que saint Pierre ès-liens, quoi !

— Eh bien ! mon vieux... on pourra, quelque beau jour, comme vous dites, chanter à ce brave saint un bout d'antienne.

— Si vous aviez besoin, commandant, se hâta d'ajouter Loïk, de quelqu'un prêt à se faire désarrimer... pour la chose... songez, s'il vous plaît, à votre petit mousse... bien sûr qu'il n'embardera pas...

— Ne t'inquiète pas, mon enfant ; s'il pleut sur le capitaine, il dégouttera sur le mousse... comme sur le maître canonnier ; et il fit un signe de tête à ce dernier.

— Le tonnerre du bon Dieu l'élingue si le maître canonnier se met alors en sec ! reprit Laumel avec une énergie où vibrait déjà un espoir de liberté.

Jules Serval s'approcha du plat-bord et porta ses regards sur cette file de coques immobiles sous leurs chaînes de fer et dont l'aspect éveillait bien moins l'idée de vaisseau que celle de bières immenses. Rien ne rappelle plus en effet, dans cette masse difforme et flétrie, cette puissante et noble machine de guerre sous l'essor triomphal de laquelle l'Océan se courbait avec respect, ce chef-d'œuvre des sciences exactes et de l'art naval que la mer semblait bercer sur son sein avec amour.

Tout ce qui faisait sa beauté ou sa force a disparu : plus d'élégantes mâtures dont les voiles se gonflaient sous la brise ou pendaient aux vergues en gracieux festons : noble dunette, hauts bastingages, blanche ceinture qui serrait ses flancs comme une écharpe de commandement, tout a disparu ; les hideux stigmates d'une destination nouvelle, destination infâme ! ont remplacé toute cette grâce guerrière évanouie. Des barreaux et des treillages de fer aveuglent ces sabords où les canons montraient audacieusement leurs noires prunelles d'où, avec l'éclair, jaillissait la mort.

Des baraques de planches chargent et déforment de leurs honteuses excroissances les lignes martiales des gaillards et la pompe militaire du couronnement. De grossières pièces de bois sont ajustées à ses préceintes pour en consolider les contours corrodés par la pourriture et la carie, et toutes les maladies dont le temps développe les éléments de corruption dans les tissus du bois comme dans ceux des corps animés, les mousses et les hideux fucus, étendent leurs lèpres végétales sur ses bordages et jusque sur la cuirasse oxydée dont la mer bronzait à peine autrefois le brillant métal ; tout est pollué, flétri.

Ce vaisseau n'est plus même une noble épave ; ce n'est pas cette vieille carène qui, monument patriotique, peut du moins, dans sa glorieuse décrépitude, montrer avec fierté ses murailles dévastées par les lames ou déchirées par les boulets ; vénérable invalide représentant encore noblement l'homme de guerre. S'il est des cicatrices qui parent, des mutilations qui honorent, il en est d'autres qui avilissent, et ce sont de celles-là que portent ces vaisseaux devenus prisons, *prison-ships* ; carènes funèbres que souille à l'intérieur un machiavélisme féroce, et que ronge extérieurement une lèpre hideuse.

Les regards de l'ancien capitaine de *la Dorade*, en se détachant de ce triste spectacle, tombèrent sur une péniche qui semblait suivre la même direction que parcourait la rapide goëlette. Le nombre des hommes pressés à son bord annonçait que l'objet de son voyage était le même ; elle allait en effet jeter à l'un de ces sépulcres flottants son contingent de malheureux. L'avantage de marche que *la*

Dorade avait sur cette embarcation était tel que, bien qu'elle fût entrée dans ce golfe fermé bien avant cette dernière, elles atteignirent presque simultanément l'échelle du ponton *la Crown*.

Jules Serval tressaillit en apercevant parmi les prisonniers de la péniche un officier de marine dans lequel il crut tout d'abord reconnaître le capitaine Pierre Ballard. Vainement s'efforça-t-il de prolonger l'incertitude qui lui restait encore ; cela ne lui fut pas longtemps possible ; les regards des deux amis se rencontrèrent. C'était bien lui. Les deux embarcations s'accostèrent dans les eaux de *la Crown*.

— Eh bien ! dit le vieux corsaire à Jules en lui tendant la main gauche, l'ex-capitaine du *Rôdeur* portant en écharpe le bras droit très-profondément entamé par un biscaïen, avais-je raison ?

— Je ne discute plus, capitaine... je me rends, répondit Jules Serval en lui serrant cordialement la main.

— Et il ajouta aussitôt :

— Mais vous voyez que du moins je suis fidèle à nos engagements.

— Nous avons pris, crois-moi, le parti le plus sage. Dieu a reçu notre serment, il réalisera notre espoir.

— Qu'il vous entende !

— Il n'y a pas d'ailleurs de prison pour l'homme qui veut énergiquement être libre ; et nous le voulons, n'est-ce pas ?

— Comme nos poumons veulent respirer.

— Montez donc, vous ! dit brutalement à Pierre Ballard, en le poussant, le *master* de la péniche.

Le corsaire se retourna vivement, l'œil en feu et les traits enflammés. La vue de l'ignoble personnage d'où partait cette apostrophe grossière calma cet irrésistible mouvement de colère ; il regarda cet homme, dont la face rougie par l'intempérance, le front déprimé, les yeux saillants et la lèvre pendante comme la lippe du bouledogue, offraient le type le plus repoussant du matelot abruti par les excès, avec un mélange de dégoût et de dédain, haussa les épaules, et monta l'échelle en échangeant avec Jules un hochement de tête affectueux. Quelques instants après, les deux amis s'étaient rejoints sur le pont.

Un officier anglais, ou plutôt irlandais, comme l'annonçait son nom de sir John O'Garden, présidait à la réception des prisonniers, que des agents du ponton attendaient pour les conduire au greffe. Dès qu'on lui eut annoncé que tous les nouveaux hôtes du *prison-ship* étaient montés :

— Pierre Ballard ! dit l'officier d'une voix fortement timbrée.

— Présent ! répondit en faisant un pas l'intrépide corsaire.

— Jules Serval ! reprit le lieutenant anglais.

— Voici ! fit en s'approchant à son tour l'ex-capitaine de *la Dorade*.

— Bien ! attendez...

Et il s'occupa de la réception de leurs compagnons.

Cet officier, d'une taille élevée et d'une extrême maigreur, pouvait avoir quarante-cinq ou cinquante ans ; sa physionomie sévère ne manquait pas d'une certaine dignité, mais cette dignité froide et revêche inspirait tout d'abord un sentiment de répulsion et de défiance. Son teint, d'une pâleur extrême ; ses yeux, d'un vert lucide, sous des sourcils blond ardent comme ses cheveux, épais et taillés court, donnaient une expression étrange à ses traits d'une austérité cénobitique. Cette expression s'harmoniait parfaitement d'ailleurs avec l'accent âpre et saccadé de sa voix, ainsi qu'avec la roideur de tous ses mouvements. Cette roideur, quelque naturelle qu'elle pût paraître, était cependant encore augmentée par plusieurs blessures, et particulièrement par celle qui avait valu à l'austère lieutenant la jambe de bois dont son pantalon laissait voir le bout arrondi.

— Le commodore ne semble pas d'une humeur très-facile, dit à voix basse Jules Serval à Pierre Ballard.

— Que veux-tu ? il faut à l'amirauté pour ses *prisons-ships* des *gentlemen-prisons*.

Elle pourrait bien avoir trouvé son idéal dans le commodore de *la Crown* : il a l'œil d'un épervier et la majesté d'un hibou.

— Tant mieux, morbleu ! tant mieux !

— Comment! tant mieux?

— Sans doute, plus la captivité sera odieuse, plus aussi nous éprouverons d'impatience de nous en affranchir.

— Bravo! alors.

L'officier anglais s'étant assuré du nombre des prisonniers remis sous sa surveillance, pendant que les deux corsaires échangeaient ces propos, se dirigea vers eux et leur dit avec la roideur du flegme officiel :

— En l'absence du commodore Ross, dont je ne suis que le lieutenant, j'ai reçu des ordres qui vous concernent. Je vais vous les faire connaître... venez!

Et il se dirigea vers l'arrière. Les deux capitaines le suivirent.

— Ah! fit Jules Serval, nous n'avions affaire qu'à un subalterne.

— Si le commodore, répondit celui-ci, n'est pas plus poli que son lieutenant, le ponton qu'ils commandent peut bien se flatter d'avoir un état-major digne de lui.

— Ne craignez-vous pas de calomnier cette pauvre *Crown*?

— Les pontons, c'est comme les despotes, on ne les calomnie jamais.

Sir John O'Garden s'arrêta devant une clôture dont la ligne de madriers séparait l'arrière du reste du pont. Une porte s'ouvrit aussitôt devant eux. Quelques pas plus loin, ils se trouvèrent devant l'entrée de la dunette, dont l'intérieur avait été approprié à sa destination nouvelle. Le lieutenant O'Garden s'arrêta de nouveau.

— Passez, messieurs, dit-il, sans rien perdre de son air gourmé, aux deux prisonniers qui s'étaient arrêtés, étonnés de cet acte de politesse. Ils obéirent, l'expression rigide qui était restée comme stéréotypée sur les traits du lieutenant de *la Crown* leur ayant fait douter si cette invitation était un acte de politesse ou un ordre.

— Tout droit, messieurs, ajouta-t-il. Un couloir éclairé par la toiture les conduisit devant une porte que sir John O'Garden ouvrit, et où les deux officiers entrèrent sur une invitation nouvelle. Dans cette pièce, une table était dressée. La table offrait un déjeuner confortable et trois couverts. Les deux prisonniers se regardèrent avec surprise. — Vous n'avez fort probablement encore rien pris aujourd'hui, messieurs, ou du moins fort peu de chose? Et sans attendre leur réponse, le lieutenant ajouta : — Nous pouvons donc déjeuner d'abord. — L'expression et l'accent de sir John O'Garden s'étaient enfin un peu tempérés en prononçant ces derniers mots. Pierre Ballard et Jules Serval n'en hésitèrent pas moins à savoir s'ils devaient accepter cette invitation singulière. Le lieutenant le comprit et s'empressa d'ajouter : — C'est comme de braves officiers, des gentlemen, que je vous prie de me faire cet honneur ; tant que vous n'êtes point inscrits sur les registres de ce vaisseau, vous n'êtes point mes subordonnés.

Ces paroles étaient trop courtoises, quoique prononcées avec la froide solennité qui semblait former le fond de la nature de l'officier anglais, pour ne pas triompher de toute susceptibilité. Les deux amis ne crurent pas pouvoir refuser. Ils répondirent par une inclination d'assentiment, et prirent les places que sir John leur indiqua de la main en s'asseyant lui-même.

Leur surprise redoubla ; non-seulement le déjeuner était servi à la française, mais les vins qui leur furent servis étaient eux-mêmes des meilleurs crûs français ; leur hôte leur fit remarquer délicatement que ces vins remontaient au commencement du siècle, ayant été achetés durant la paix d'Amiens.

Jules Serval comprit son intention bienveillante, et l'en remercia par un regard reconnaissant, mais ce regard vint s'éteindre sur le flegme glacé dont les traits de leur hôte offraient l'immobilité impassible. La conversation, dans un tel déjeuner, ne pouvait que bien difficilement prendre son essor ; aussi s'était-il écoulé dans un silence qu'avaient seules interrompu les offres du service, les réponses de politesse mêlées de quelques rares réflexions, lorsque, le menu épuisé, sir John dit à ses convives :

— Si cela vous agrée, messieurs, nous visiterons le vaisseau, puis nous reviendrons ici prendre du café et des grogs? Pierre Ballard et son ami échangèrent un regard comme pour se demander l'explication de cette proposition imprévue. Le lieutenant de la

Crown poursuivit : — Cela vous convient-il ? — Comme il vous plaira, commodore, dit Jules, dont l'ex-capitaine du *Rôdeur* appuya la réponse d'un mouvement approbateur.

— Soit donc, messieurs, — repartit leur hôte en se levant. Ses commensaux l'imitèrent. Au moment où ils sortaient de la vieille dunette, disons mieux, du *gouvernement*, la baie avait pris un aspect moins triste. Les nuages s'étaient déchirés et laissaient apercevoir quelques lambeaux du ciel. Si les perspectives offraient toujours la froideur des paysages anglais, si les eaux limoneuses roulaient toujours en ondulations grisâtres, le soleil semblait pourtant communiquer à cette nature plus de lumière, plus de couleur et plus de vie. Les deux Français promenèrent un instant leurs regards sur la côte. — Vous voyez, leur dit sir John, que cette prison a de larges fossés.— Les regards de Pierre Ballard et de Jules Serval quittèrent simultanément la plage pour se porter sur les traits du lieutenant ; il continua, sans paraître avoir remarqué le sentiment causé par sa remarque imprévue. — Ce n'est pas cependant la distance qui rend cet espace de mer infranchissable, ce sont les bancs de vase à fleur d'eau qui le coupent. Trois de ces bans, où la marche et la nage sont également impossibles, séparent ces vaisseaux de la côte. C'est là que les évasions les plus heureuses vont s'ensevelir.

En prononçant ces derniers mots, il fit signe à un gardien, qui s'empressa d'ouvrir une porte près de laquelle il était assis. Cette porte, espèce de barrière, était celle de la clôture devant laquelle nous les avons déjà vus arrêtés. Elle était formée, comme la clôture elle-même, de planches épaisses de trois pouces, solidement boulonnées sur de fortes traverses en bois de chêne, et espacées de manière à pouvoir donner passage à un canon de fusil. Cette précaution avait été prise dans la prévision d'une révolte. Le cas échéant, les soldats anglais, inaccessibles derrière ce retranchement, pouvaient fusiller en toute sécurité les malheureux livrés à leurs balles. La barrière qui s'ouvrit devant le lieutenant et ses compagnons se referma aussitôt sur eux.

Jules Serval, quelque bien préparé qu'il fût par les traditions maritimes au spectacle qui l'attendait sur ce ponton, éprouva un immaîtrisable serrement de cœur à la vue des malheureux qui s'offrirent à ses regards. Les traits hâves et amaigris, les yeux ardents, sombres, l'empreinte de la misère plus encore que de la souffrance, étaient peut-être ce qui frappait le moins douloureusement en eux, car on sentait dans la plupart la réaction puissante que l'âme du prisonnier exerçait contre les effets matériels de cette captivité consomptive. Ce qui affectait le plus profondément, c'était la prostration, l'épuisement où s'était atrophiée dans beaucoup toute l'énergie morale, et qu'accusait un désordre extérieur complet : les cheveux incultes, rigides et pendants par mèches comme ceux des mendiants de Murillo, des visages terreux et squalides, des vêtements, sales haillons devant l'exagération desquels eût reculé le crayon de Callot ; c'était l'incurie, l'insouciance, l'abandon total du désespoir chronique, le plus navrant des désespoirs.

On sentait que ceux-là étaient bien frappés à mort ; si les plages riantes de la patrie devaient encore leur apparaître, c'était dans les rêves fiévreux de l'agonie : le sol glacé de la terre étrangère attendait leurs os. Assis, le dos appuyé au pavois, ou étendus sur le tillac, ils laissaient s'écouler dans une apathie morbide et voisine de l'insensibilité les instants qui leur étaient donnés pour rafraîchir et purifier par la respiration, dans l'atmosphère libre, les sources de la vie corrompues et empoisonnées par les miasmes de leur odieuse prison.

Les autres, du moins, avaient conservé toute l'énergie de la vie morale ; qu'ils causassent par groupes ou qu'ils se promenassent silencieux, c'était bien toujours la souffrance et l'abattement, mais la souffrance intelligente, et l'abattement que pouvait réveiller terrible un rayon d'espoir, comme une étincelle éveille la poudre.

Pierre Ballard et Jules Serval suivirent sir John à travers ces malheureux dont ils allaient bientôt partager la vie étouffée, vers le panneau où se trouvait l'escalier de l'entrepont. Ils y descendirent.

Ce ne fut pas une bouffée d'air corrompu qui frappa le visage des trois visiteurs lorsqu'ils pénétrèrent dans l'atmosphère chaude, épaisse et fétide qui régnait dans cette galerie funèbre, ce fut une vapeur suffocante. L'officier anglais, habitué à la respirer dans ses inspections journalières, y plongea sans paraître y prêter attention ; Pierre Ballard, familiarisé avec ces miasmes par une détention antérieure, n'en fut pas plus affecté. Il en fut tout différemment de Jules Serval ; aveuglé par le passage du grand jour à la demi-obscurité qui régnait dans cette ancienne batterie, et pris à la gorge par la vapeur où se confondaient tous les gaz de la décomposition putride, depuis ceux des eaux croupissantes au fond de cette vieille carène dévorée par la pourriture, jusqu'aux émanations écœurantes provenant de l'accumulation d'un si grand nombre de malheureux dans des conditions de misère indescriptibles, il dut chercher un point d'appui. Sa main rencontra celle de Pierre Ballard.

— Qu'as-tu, Jules ? lui dit celui-ci en lui saisissant le bras.

— Je ne sais... ces ténèbres... cette odeur fétide...

— Songe donc que cet Anglais semble nous épier.

L'ex-capitaine de *la Dorade* tressaillit à cette pensée. Il comprima par une réaction morale énergique la révolution matérielle qui s'était soudain opérée en lui.

— Ce n'était rien, reprit-il, c'est passé... marchons.

Cet incident échappa à O'Garden, qui avait été forcé de s'arrêter lui-même devant la foule qui encombrait sur ce point la batterie.

Cette foule était telle qu'il semblait complétement impossible que l'espace où elle se pressait pût encore recevoir les prisonniers alors sur le pont. Elle s'écarta cependant à la vue du lieutenant, et lui ouvrit un assez large passage, qui s'allongea aussitôt progressivement devant lui.

— Venez, messieurs, — fit-il en se retournant vers ses deux compagnons. Les deux corsaires le suivirent. — Voici, ajouta-t-il, à proprement parler, la prison.

— C'est proprement parler d'une chose qui ne l'est guère, murmura Jules Serval à Pierre Ballard, avec ce gai stoïcisme si naturel au caractère français.

— Ces crochets, poursuivit le lieutenant en indiquant à ses convives les crampons de fer fixés aux barreaux du pont supérieur, servent aux prisonniers à pendre leurs hamacs ; mais comme l'espace et le nombre en sont insuffisants, une partie de ces hommes couche sur le plancher de la batterie.

— Sur ce plancher? dit Jules Serval, sous les hamacs?

— Oui, monsieur.

— Je vous ferai observer, commodore, que ceci n'est plus de la captivité, mais de la torture.

— Nous n'en sommes pas à réclamer, messieurs, reprit sir John avec sa gravité impassible ; je dois même dire que l'amirauté, sur ces réclamations, a mis de nouveaux vaisseaux à la disposition du *transport-office*, mais le nombre des prisonniers grossissant toujours, aucun changement n'a été possible.

— C'est la vie alors qui ne l'est pas.

Une grande agitation éclata dans ce moment au milieu de cette foule. Jules Serval regarda Pierre Ballard avec un frémissement d'espoir qui jaillit de son regard en étincelle joyeuse. Celui-ci secoua tristement la tête.

— Que ce bruit ne vous surprenne pas, messieurs, dit l'officier anglais ; il se renouvelle trois fois chaque jour. Ces hommes vont monter sur le pont avant que les autres ne descendent. Le *master* s'assure, par le nombre des prisonniers, qu'aucune tentative d'évasion n'a eu lieu. Cette circonstance va nous permettre de mieux voir et juger cet entrepont.

Sir John s'étant dirigé, après ces dernières paroles, dans l'embrasure grillée d'un sabord :

— Cet animal, fit Pierre Ballard à son ami, entend-il nous faire longtemps encore les honneurs de sa galère? Où diable veut-il en venir ?

— C'est un singulier dessert qu'il nous réservait là.

— Quel quart d'heure de digestion ! Fût-il, avec son déjeuner et sa vieille coque, sous vingt brasses d'eau à faire le cicerone aux poissons !

— Vous voyez, continua O'Garden avec la sévérité stéréotypée sur ses traits, que les précautions n'ont pas été négligées.

Et il leur indiquait de la main le sabord dont il s'était approché.

— Comment ! dit Jules Serval, trois rangs de grillages !

— Trois rangs... Cette armature d'abord... ces barreaux ensuite, enfin ce treillis.

— Comment donc ! repartit l'ancien commandant du *Rôdeur* avec un ton ironique qu'il crut de sa dignité d'opposer à cette exploration inventorielle, mais l'amirauté britannique fait les choses avec luxe. Et ces hommes, poursuivit-il en indiquant quelques agents de la prison qui venaient de descendre, qui sont-ils ?

— Le mécanicien et ses aides. Ils viennent, pendant que l'on compte les prisonniers, s'assurer qu'aucune des grilles n'a été sciée, rompue ou attaquée.

— Nous voyons, fit Jules, que la prévoyance britannique égale sa prodigalité... de barreaux.

— Quelques tentatives d'évasion, déjouées cependant la plupart, quelques-unes mêmes déjouées par des catastrophes...

— D'autres heureuses sans doute, répondit en interrompant cette longue parenthèse Pierre Ballard.

— Peu...

— Quelques-unes enfin, répondit-il.

— Quelques-unes.

— Ah !

— Quelques tentatives d'évasion, reprit sir John, ont rendu ces précautions nécessaires.

— Les heureuses ?

— Les unes et les autres.

— Soit.

— De nouvelles dispositions, je dois vous le dire, rendent aujourd'hui tout projet de cette nature d'une difficulté qui égale son danger.

— L'administration doit alors y gagner en sécurité ce que le prisonnier y perd en espérance.

— Vous avez dû remarquer que presqu'au niveau de l'eau règne autour de chaque *prison-ships* une galerie en claire-voie. Eh bien! pensez-vous qu'il soit facile d'échapper à la vigilance des factionnaires qui y veillent jour et nuit, les armes chargées?

— Nullement, commodore, dit Pierre Ballard Vous signalez trop manifestement les difficultés pour qu'on puisse les nier.

Un bruit tumultueux de pas et de voix annonça la fin de l'appel.

— Nous n'avons pas besoin de traverser ce tumulte, dit le lieutenant en voyant apparaître le premier flot des prisonniers, nous pouvons sortir par ici.— Une cloison séparait cette partie de la batterie des magasins de l'administration placée sous la dunette. Sir John s'en approcha et frappa quelques légers coups sur une porte, dont le guichet s'ouvrit aussitôt. Un instant après, le lieutenant anglais et ses deux convives avaient repris place devant la table, où des flacons de spiritueux avaient remplacé les bouteilles de vin, et sur laquelle des tasses de café brûlant exhalaient, devant eux, une vapeur rousse et parfumée. — Messieurs, leur dit sir John, les deux poings posés sur la table et le torse appuyé contre le dossier de sa chaise, vous connaissez maintenant ce que, vous, Français, vous nommez nos pontons.

— Un peu comme ce qu'apprennent les écoliers... — fit Jules Serval en agitant le sucre qu'il avait mis dans sa tasse ; et il ajouta, en jetant un regard et un demi-sourire au lieutenant surpris de cet air d'indifférence, —malgré nous.

—Nous connaissions du reste l'hospitalité britannique, reprit Pierre Ballard.

Le capitaine de *la Dorade* se hâta d'ajouter, pour adoucir ce que cette réflexion avait d'amer :

—Que nous ne confondons pas, commodore, avec votre bienveillant et courtois accueil.

Sir John salua, et reprit avec l'air flegmatique dont il ne s'était pas départi un instant :

—Il est pourtant un fait qui peut vous être inconnu et qu'il m'est possible de vous révéler. — Les deux amis échangèrent de nouveau un regard interrogateur. — Permettez d'abord, fit l'officier anglais en prenant deux flacons. Voici de l'eau-de-vie... elle est un peu jeune... je me la suis procurée par la dernière licence venant de la Rochelle... Ce rhum, lui, est très-vieux et excellent.

— Voyons ce rhum ! dit Pierre Ballard en tendant son verre.

— Moi, dit Jules Serval, je vous demanderai de l'eau-de-vie.

Les verres emplis, le lieutenant de *la Crown* reprit avec une nouvelle solennité :

— Chaque pays, vous le savez, a ses caractères avilis, ses natures vicieuses, l'Angleterre comme la France. — La remarque était trop aphoristique pour soulever une contradiction ; l'officier anglais put donc continuer sans être interrompu : — Chaque situation a également ses nécessités ; or une police active et nombreuse a paru une nécessité du service à l'administration des *prison-ships*, et nulle part, grâce à l'habileté spéciale de son commodore, cette police n'a été plus efficacement organisée qu'à bord de *la Crown*.

— Ah ! fit Jules Serval avec un air d'indifférence railleur.

— Le commodore Ross jouit à cet égard, ajouta sir O'Garden, d'une réputation très-bien méritée.

— Je ne l'en félicite pas, répartit Pierre Ballard.

— Moi-même, dit sir John, je n'apprécie pas le fait, je le constate. — Et il ajouta : — Cette efficacité provient de ce que les agents sont presque tous choisis, sur ce vaisseau, parmi ceux de vos compatriotes qu'une vie désordonnée ou leur abjection native a fait tomber dans la classe des perversités dont nous parlions à l'instant.

— Mais, commodore... dit le capitaine Ballard en portant interrogativement sur le lieutenant anglais les yeux qu'il tenait auparavant fixés sur le verre dont il faisait tourner le pied entre ses doigts, permettez-moi de vous faire une question ?

— Faites, monsieur, faites.

— Eh bien ! puisque vous me le permettez, reprit le loyal corsaire, dans l'esprit duquel se heurtait inintelligible et confus tout ce qu'il voyait et qu'il entendait depuis qu'il avait mis le pied sur ce ponton,

4.

je vous dirai, commodore, que nous sommes pénétrés de reconnaissance pour la réception confortable que vous voulez bien faire à deux pauvres diables d'officiers bleus que la fatalité des armes à fait tomber sous votre écoute; que nous sommes charmés, poursuivit-il, en regardant avec complaisance son verre de rhum, qu'il avait élevé dans un rayon de soleil, dont la lumière faisait resplendir la liqueur comme une topaze en fusion, que nous sommes charmés de la courtoisie avec laquelle vous nous avez fait faire connaissance avec les bancs de vase, entrepont, literies, grilles, grillages, chenapans et autres agréments de ce pseudoparadis, mais où diable voulez-vous en venir ?

Et en prononçant ces derniers mots, il le regarda fixement.

— C'est ce que je me propose de vous dire à l'instant, repartit l'officier anglais avec sa gravité imperturbable.

— Nous vous écoutons.

— A vos santés donc, messieurs !

— A la vôtre, commodore ! repartirent en heurtant leurs verres contre le sien les deux officiers français.

— Et nous sommes tout oreilles, ajouta Pierre Ballard.

— Eh bien ! messieurs, j'en voulais venir à ceci : à vous faire reconnaître l'impossibilité d'une évasion du bord de *la Crown*.

— Impossibilité, non ! repartit le commandant Ballard.

— Y a-t-il, commodore, reprit le capitaine Serval, bien des choses impossibles à un homme qui veut énergiquement ?

— Très-grande difficulté, au moins.

— Pour cela, d'accord ! répondit Pierre Ballard ; une évasion est une entreprise d'une difficulté extrême, et, si cela vous convient, je reconnaîtrai même qu'elle est d'un extrême danger.

— Très-bien ! très-bien ! — fit le lieutenant O'Garden avec une expression de traits qui dut paraître un rayon dans les nuages glacés de sa physionomie habituelle. Et, reprenant ses deux flacons :

— Que vous offrirai-je, messieurs ?

— Je reviens au rhum.

— Et moi, dit Jules, j'y arrive.

— Je suis flatté... beaucoup, dit le lieutenant après avoir rempli les trois verres, que vous jugiez ainsi la position.

— Nous ne faisons, commodore, reprit le capitaine Ballard, que reconnaître un fait.

— Très-bien. Chargé par le *transport-office* de vous proposer de nouveau la liberté sur parole dans la ville de Southampton ou de Portsmouth, j'ai cru devoir vous faire bien connaître la vie de ces *prison-ships* avant de vous soumettre cette proposition.

— Nous vous remercions de cette galanterie, commodore, dit en souriant Jules Serval.

— Vous nous en voyez profondément reconnaissants, ajouta son ami.

— Ainsi, reprit sir John en levant son verre pour leur porter un toaste, vous acceptez.

— Nous n'avons pas dit cela, répondit vivement Pierre Ballard.

— Nous avons formellement déclaré le contraire au *transport-office*.

La surprise du lieutenant de *la Crown* fut telle qu'il faillit renverser son verre en le reposant sur la table.

— Je ne comprends pas, fit-il.

— C'est pourtant bien simple.

— Et bien clair, continua le capitaine de *la Dorade*; nous ne voulons pas de la liberté sur parole.

— Vous préférez la vie dans cette prison?

— Mille fois!

Pour le coup l'impassibilité des traits du lieutenant anglais était brisée, et c'était sur les traits du commandant Ballard qu'elle semblait avoir passé.

— Réfléchissez-y bien, messieurs, vous êtes en ce moment maîtres du choix; une fois inscrits au nombre des prisonniers, ce sera bien différent... vous serez les hôtes de cette prison jusqu'à la paix: il y a longtemps déjà que cette guerre dure, et pourtant, vous ne l'ignorez pas, la paix n'a jamais paru moins prochaine; réfléchissez-y donc bien.

— Nos réflexions sont bien faites, commodore; elles l'étaient même avant de prendre la mer.

— Vous ignoriez alors ce qu'étaient ces prisons, et Dieu me damne ! il faut que vous l'ignoriez encore.

— Je la connais si bien, moi, repartit Ballard, que je l'ai déjà partagée.

— Vous ? vous auriez déjà été prisonnier ?

— Sur un ponton anglais, sur un des pontons de Chatham, même.

— Est-ce bien possible !

— Vous êtes, commodore, un parfait gentleman, toute votre conduite à notre égard en est la preuve. Confidence pour confidence : vous nous en avez fait une, je vais vous en faire une autre qui vous fera apprécier la fermeté de ma résolution, et vous pouvez croire que celle de mon ami n'est pas moins inébranlable.

— Le commandant, dit Jules Serval, peut répondre de moi comme de lui-même.

— Je suis, commodore, un vieux loup de mer à qui notre rude métier n'a guère de nouvelles émotions à offrir. Officier de la marine républicaine, je fus pris en 1804 par une frégate de Sa Majesté Britannique, à qui notre canonnière sauta un beau soir entre les doigts. Comme un brave aspirant, qui avait été recueilli ainsi que moi parmi les débris, j'acceptai la caution, et nous voilà établis citoyens de Londres. Les jours et les mois se succédaient dans le désœuvrement et l'ennui, lorsque descendit dans l'hôtel où nous avions pris pension un célèbre médecin hollandais, opérateur très-habile, ce que vous nommez à la fois, vous, *physician* et *surgeon*. Ce médecin, dont les cheveux grisonnants annonçaient la maturité, avait une jeune femme dont la beauté s'épanouissait dans sa première fleur printanière. Le mari, fort occupé, la laissait très-fréquemment seule à l'hôtel. Nous nous rencontrâmes au parloir, et nous fûmes bientôt au mieux. Un jour qu'elle venait d'y descendre, un grand bruit retentit dans le corridor. C'était son mari que l'on rapportait expirant. Le cheval de son cabriolet s'était emporté, et le célèbre *medical-doctor* se trouvait dans un état qui lui eût laissé peu d'espoir de salut à lui-même si toute connaissance ne l'eût abandonné ; il expira le jour même sans l'avoir recouvrée. Je laissai s'exhaler la première douleur de la jeune veuve, puis, un jour qu'elle me confiait son embarras pour retourner dans son pays, je lui fis part du projet que j'avais mûri. Les pièces constatant le décès de son mari obtenues et soigneusement serrées, les autres papiers lui restaient. Qui pouvait empêcher que je ne fusse pour quelques jours son mari disparu, et que mon ami ne représentât son domestique. Personne... pas même elle. Nous fîmes les dispositions du départ, qui s'exécuta avec autant de célérité que de prudence. Tout nous seconda. Nous étions déjà à Chatham ; notre passage était retenu sur un bâtiment qui appareillait le soir même, lorsqu'une gazette me tomba sous la main. Notre évasion y était racontée en termes odieux. Le journaliste, après avoir outrageusement flétri notre manque de foi, provoquait toutes les rigueurs de l'administration contre les autres prisonniers français sur parole. Mon compagnon était dans une chambre voisine, je l'appelai... la lecture de la feuille lui fit partager mon émotion et ma résolution. Trois jours après, malgré les résistances, les supplications et les larmes de la jolie veuve nous nous étions reconstitués prisonniers. Cette fois, nous réclamâmes la prison commune, celle des pontons. — L'Anglais le regarda avec son calme habituel, mais à travers lequel brillait l'expression du sentiment le plus sympathique. — Le ciel bénit notre détermination, car deux mois plus tard nous étions en France.

— Vous avez été échangés ?

— Non, commodore.

— La paix était faite ?

— Elle n'eut lieu que l'année suivante.

— Vous vous êtes donc évadés ?

— A votre santé, commodore ! dit Ballard en lui présentant son verre avec un salut d'assentiment.

Les trois commensaux trinquèrent.

— Ainsi, reprit sir John après qu'ils eurent vidé leurs verres, vous espérez encore vous évader?

— Quel est le prisonnier, répondit Jules Serval, qui ne l'espère pas?

— Mais les difficultés ici sont tout exceptionnelles.

— Le mérite de les avoir vaincues n'en serait que plus grand.

— Et le danger?

— Quand il s'agit de sa liberté, commodore, répliqua Pierre Ballard, le danger compte-t-il?

— Encore pourtant faut-il avoir des chances d'y échapper.

— Avec de la résolution on en a toujours.

— Mais ces sentinelles qui, jour et nuit, veillent, leurs armes chargées, sur la galerie à fleur d'eau.

— Que voulez-vous? fit le capitaine Serval, on est exposé à recevoir une balle; mais n'est-ce pas notre métier, à nous, soldats?

— Et ces eaux coupées de bancs de vase qu'il faut franchir.

— Dame! reprit le commandant du *Rôdeur*, on est exposé à s'y noyer, mais n'est-ce pas notre métier, à nous, marins?

Le flegme sympathique de sir John O'Garden avait pris graduellement une expression plus triste, qui donnait à ses paroles une accentuation progressivement plus sévère:

— Je vois, en effet, dit-il, que votre résolution est invariablement arrêtée.

— Invariablement.

— Soit! Un mot encore, reprit-il plus brusquement après une courte pause; malgré les suppressions, il y a encore deux cabines de la demi-prison vacantes, ou du moins ne servant que de lieu de dépôt; une cabine est pour le prisonnier un gîte assuré pour la nuit, et pour le jour une faculté d'isolement dans la vie commune. Comme officiers, vous y avez des droits; faites-en la demande, mais au plus tôt.

Ce disant, le lieutenant de *la Crown* posa sa serviette sur la table. Les deux officiers français se levèrent en le remerciant de son avis.

Un instant après, ils réclamèrent ces deux cabines à l'agent même qui les inscrivait sur les registres d'écrou. Sir John intervint, reconnut la justice de leur demande, et leur fit donner provisoirement ces deux réduits. Il fit mieux; redoutant quelques difficultés, il expédia immédiatement leur réclamation au *transport-office*, et y obtint une réponse favorable par le retour du canot.

Dès le soir même, et à leur insu, leur position se trouva ainsi régularisée. Bien leur en advint, car si leur demande eût été remise au lendemain, elle fût tombée dans des mains qui l'eussent très-probablement moins chaleureusement servie.

Au moment, en effet, où finissait la première inspection de nuit, vers dix heures, un cutter accosta l'échelle du ponton. C'était une des embarcations de service qui ramenait au bord du *prison-ship* le commodore, sa famille, quelques passagers, agents du ponton, et un Français. Ce Français n'était autre que le père Bihan.

Dès que le commodore Ross fut installé dans son appartement, il fit appeler le *master*, et peu après Bihan. Au sortir de cet entretien secret, Bihan fut inscrit au greffe, puis introduit dans la batterie, où il dut chercher dans l'obscurité, et au milieu des murmures et des menaces de ceux dont il interrompait le repos, un lieu où il pût s'étendre et se livrer lui-même au sommeil.

V

LA VIE DES PONTONS

Leur première nuit de captivité fut, pour les deux officiers français, la plus calme qu'ils eussent passée, l'un et l'autre, depuis qu'un inévitable revers les avait fait tomber au pouvoir de l'ennemi. Sur le pont de *la Crown*, ils s'étaient sentis sur le terrain de la lutte ; c'était le premier pas fait dans une voie à l'extrémité de laquelle apparaissait pour eux une lueur sereine. Le duel à outrance qu'ils avaient voulu engager avec la détention étouffante de ces prisons funèbres allait enfin commencer ; ils en connaissaient les difficultés et les dangers ; ils connaissaient les divers cercles de cet enfer : geôliers féroces, pontons infects, fangeux abîmes ; mais ils en connaissaient aussi le prix, et ils hésitaient moins que jamais à tenter de les franchir, certains d'ailleurs d'échapper à cette captivité meurtrière, au pis aller par la mort.

Jules Serval dormait encore à cinq heures du matin, lorsque le grincement d'une clef dans sa serrure l'arracha à son sommeil. Sa porte s'ouvrit, et il put reconnaître, à la clarté douteuse qui pénétra dans son cabanon, sir John O'Garden dans le personnage qui en franchit le seuil.

— Ne vous dérangez pas, — lui dit celui-ci d'un ton sec et impérieux. Le nouveau prisonnier ne s'en mit pas moins sur son séant.
— Le commodore Ross est de retour, poursuivit du même accent le lieutenant de *la Crown*; je dois lui remettre ce matin même le commandement du vaisseau, et j'ai besoin de quelques renseignements.

— Je suis à vos ordres.

— Vous pouvez, si cela vous convient, prendre parmi les prisonniers un ou deux hommes de service, sauf, pour leur rétribution, à vous entendre avec eux. Ils pourront communiquer avec vous de sept heures du matin à sept heures du soir.

— Je vous remercie, commandant.

— Il faut, poursuivit-il, que j'aie leurs noms, ce matin, avant huit heures.

— Je puis vous les donner à l'instant même.

— Bien ! repartit le lieutenant en prenant un carnet d'où il tira un crayon. Ces noms ? ajouta-t-il en se disposant à les inscrire.

— Loïk Yvon, mon ancien mousse, répondit Jules Serval après un instant de réflexion.

— En désignez-vous un second? fit John après avoir pris le nom de Loïk.

— Oui, lieutenant, si cela m'est facultatif.

— Qui alors?

— Pacôme Laumel.

— C'est bien. Je vais donner des ordres pour qu'ils puissent communiquer avec vous dès aujourd'hui même.

— Merci, commodore; cette démarche...

— Salut, monsieur!...

L'officier anglais prononça les derniers mots, par lesquels il coupa court aux remercîments de l'ex-commandant de *la Dorade*, avec la raideur qu'il eût pu mettre à répondre à des réclamations inopportunes ou à des reproches, et il sortit.

La porte se referma sur ses pas avec le même bruit de clefs qui s'était fait entendre lorsqu'elle s'était ouverte. Jules Serval, tout surpris du brusque dénoûment de cette visite imprévue, était resté assis sur son lit, misérable assemblage d'un étroit et mince matelas d'étoupe et d'une couverture de feutre à demi usée, le coude appuyé sur une valise qui contenait une partie de ses effets et dont il s'était fait un oreiller pour la nuit.

— Singulier homme! murmura-t-il avec un sourire de reconnaissance, après quelques instants de silence et de réflexion.

Ses yeux se promenèrent alors sur les cloisons qui formaient son réduit. Familiarisés avec l'obscurité qui y régnait, ils purent en distinguer l'aspect et la forme à la lueur blafarde filtrant à travers un petit globe de verre enchâssé dans le plancher supérieur. C'était un cabanon dont la forme cubique offrait environ six pieds en tous sens.

La courbe de l'un des côtés laissait deviner qu'il était établi dans un des bossoirs; ce côté, comme les ponts qui formaient le plafond et le parquet, avait cette couleur noire et cette humidité visqueuse qu'offre toujours le bois des vieux vaisseaux; les autres parois, faites en planches de sapin à l'époque où la noble machine de guerre était devenue un vil instrument d'incarcération et de torture, portaient dans leur couleur fauve la date manifeste de leur récente rigine. Ce cabanon, d'une nudité absolue, ne présentait aucun autre objet usuel qu'une petite malle renfermant la partie de la garde-robe du prisonnier que ne contenait pas la valise, et le triste grabat sur lequel il se rejeta en attendant la réouverture des communications entre les diverses parties de la prison.

Ce ne fut que plus d'une heure après qu'un bruit tumultueux lui annonça l'appel de la première bordée des prisonniers sur le tillac; presque au même instant maître Laumel et Loïk entrèrent dans sa cabine, celui-ci une petite casquette dont la couleur primitive avait contracté une teinte douteuse dans de compromettantes fréquentations, celui-là un gros bonnet de laine bleue à la main.

— Nous voici, commandant! dit le vieux marin avec un air et un ton de respect plein d'une touchante dignité dans le changement de position survenu entre eux.

— Eh bien! mes amis, j'ai à vous faire part d'une nouvelle que vous apprendrez peut-être avec plaisir. Une occasion s'est offerte de conserver dans ce ponton des relations particulières entre nous; je n'ai pas besoin de vous dire que je l'ai vivement saisie.

— Ah! merci, commandant! fit avec l'accent d'une joie profonde maître Laumel en serrant et secouant brusquement dans ses mains son vieux bonnet breton. Une étincelle de joie jaillit des yeux de Loïk.

— Voici, reprit Jules Serval : on m'a fait connaître que je pouvais désigner parmi les prisonniers une ou deux personnes qui pourraient communiquer avec moi pour mon service personnel à tous les instants de la journée. Mon service! reprit avec un sourire le capitaine de *la Dorade* en jetant un coup d'œil sur les tristes lambris de son cabanon; avec un pareil domicile, deux hommes, c'est bien du luxe! c'est égal, j'ai accepté et je vous ai désignés. Ce sera du moins un prétexte pour nous voir.

— Vous ne pourrez pas nous rendre plus heureux, commandant, que de nous ordonner quelque chose. Quoi que ce soit, nous sommes à vos ordres.

— Moi! je ne cède pas mon service, toujours! fit Loïk en redressant résolûment la tête. Je suis le mousse du commandant !

— Soit ! dit affectueusement Jules Serval, et, s'adressant à maître Laumel, nous, provisoirement, nous nous verrons chaque jour, et si, comme j'en ai l'espérance, quelque bonne chance se présente, je compte sur votre concours.

— Je ne vous répète pas, commandant, ce que je vous dis hier. Un Breton n'a qu'une parole, et par saint Gaud ! patron de ma paroisse, vous pouvez compter sur la mienne, quoi !

— C'est dit, mes braves... Ainsi, provisoirement, je vous attends ici chaque matin.

Maître Laumel et Loïk se retirèrent. Jules Serval n'avait donc pas encore quitté la pauvre couche sur laquelle s'était si rapidement écoulée cette première nuit passée sur *la Crown* qu'il avait déjà fait les premiers pas pour en sortir ; quel que fût le mode d'évasion qu'il dût choisir, il s'était associé des compagnons de travail, de danger et de fortune ; il se leva le cœur plus libre, la tête plus légère, l'esprit plus serein. Son seul désir, son unique préoccupation était de parcourir, d'explorer, d'étudier ce vieux ponton désormais son ennemi, pour découvrir ses parties faibles et vulnérables, les points sur lesquels il pouvait être attaqué avec quelque espérance de succès.

Il fit part de ces faits et de ses espérances à Pierre Ballard ; l'ex-capitaine du *Rôdeur* avait également reçu la visite du lieutenant de *la Crown*. Il avait accueilli avec une extrême froideur ses offres obligeantes, en ayant méconnu le caractère sous l'âpreté de formes dont les avait revêtues le flegmatique Irlandais. Ils convinrent, en attendant que le digne corsaire pût réparer sa faute, de poursuivre chacun de leur côté l'exploration que Jules s'était proposé de commencer à l'instant même.

Il monta d'abord sur le tillac. Le premier visage qui s'y offrit à ses regards fut la figure large, rougeaude et bourgeonnée du père Bihan.

— Comment ! vous ici, commandant, s'écria ce dernier en accourant, l'air radieux, vers son ancien capitaine ; ma damnation !

vous avez donc échappé aussi, vous, à cet abominable tremblement.

— Comme tu vois.

— Que Notre-Dame de Kervan en soit bénie, commandant! Tenez, je ne serais pas plus content quand ce grand hostier me dirait, — et il indiqua à l'ex-officier le master du ponton, espèce de colosse au regard farouche et à la démarche brutale, qui se dirigeait vers l'arrière : — « Père Bihan, voilà ta feuille de route, des guinées du roi Georges et délivre-toi de ma présence. »

— Mais toi, reprit Jules Serval, n'étais-tu pas à bord du sloop?

— Un peu, mon commandant. Quand je dis un peu, c'est beaucoup que je devrais dire. Quelle bordée nous avons couru là, bonne sainte Vierge!

— On nous avait assuré que le sloop avait été coulé par les boulets, et que personne n'avait échappé au sinistre.

— Ils le croyaient... et moi qui avais tiré ma brasse vers la côte, je ne demandais pas mieux, vous vous l'imaginez bien, que de les laisser dans leur erreur et dans leur abomination de pays. Mais, les gueux!... ils m'ont pincé au moment où je m'étais emparé d'un canot et où je godillais au large avec ma prise... et me voilà!... — En prononçant ces derniers mots, il leva les yeux au ciel avec un profond soupir. — Mais vous, commandant, poursuivit-il, comment vous trouvez-vous donc à bord de cette vieille carcasse?...

— C'est tout simple!... je n'ai pas voulu me séparer de ceux de mes hommes qui sont tombés comme moi au pouvoir des Anglais. Nous avons partagé les mêmes dangers, nous partagerons la même fortune.

— Connu!... — fit le rusé gargotier en lançant un sourire anguleux et un regard oblique à son ancien chef. Et d'une voix plus basse il ajouta, avec un mouvement d'épaule d'intelligence : — N'est-ce pas moi, capitaine, qui avais préparé et servi ce fameux punch... Vous vous rappelez... dans le chenal de Chausey... ce serment...

— Chut!

— Je ne m'écriai pas, moi, continua-t-il d'une voix étouffée : « Je le jure, » comme ce moussaillon de Loïk... mais ce serment, je le fis bien au fond de mon cœur, allez... Redevenir libre, bon Dieu ! revoir notre vieille chère Bretagne, nos landes de genêts, nos champs de sarrasin, nos plants de pommiers ! Oh ! tenez, rien que d'y penser, j'en pleure comme un failli-chien, comme une poule-mouillée... Mais c'est égal, il y a du cœur là, commandant... et, s'il le fallait, sur cette espérance, ma damnation !... on ne sait pas ce que je pourrais faire...

— Eh bien ! ne te désole pas mon vieux... ça pourrait bien arriver... qu'est-ce qu'on sait ?...

— Ça pourrait bien arriver, mon commandant ?... Je pourrais revoir ma vieille mère... reprendre mon petit commerce, que j'ai eu si grand tort de quitter?... Vous ne savez pas tout le bien que vous m'avez fait rien qu'avec ces mots. Oh ! capitaine, si vous avez jamais besoin de moi, dites une parole, tout mon sang est à vous.

Jules Serval lui tendit affectueusement la main : le vieux Cancalais la saisit dans les deux siennes, et sembla la serrer avec attendrissement et reconnaissance.

— Père Bihan ! lui dit en le quittant le jeune officier, le dernier mot de cela n'est peut-être pas dit.

Et il s'éloigna joyeux : c'était un nouvel auxiliaire pour leurs projets, à l'exécution desquels tout dès le début semblait sourire. Son exploration s'ouvrait donc sous les plus favorables auspices, lorsqu'il s'arrêta au son d'une cloche qui sembla éveiller un sentiment de curiosité anxieuse parmi tous les prisonniers.

— Qu'y a-t-il donc ce matin? fit l'un d'eux; il y avait longtemps que cette maudite crécelle n'avait ainsi tinté hors des sons réglementaires.

— Le commodore de Satan serait-il donc de retour? reprit un autre.

— Mais on l'assure. On dit qu'il est revenu hier soir en catimini, comme un loup dans son repaire.

— Nous allons bientôt le savoir, car voilà la buse au perchoir. Que va nous glapir ce laid animal ? Approchons donc.

C'était le master, qui venait de paraître sur une petite plate-forme, débris des passavants, maintenue à bâbord sur l'extrémité de la clôture faisant séparation entre le tillac des prisonniers et l'arrière. Il donna lecture à haute voix d'une liste de prisonniers appelés auprès de sir Daniel Ross; puis il remit la liste à un agent chargé spécialement de l'exécution de la mesure. Les noms qu'elle contenait étaient ceux des prisonniers qui avaient été frappés de quelques pénalités durant l'absence du commodore. Cette lecture fut suivie d'un long murmure formé des diverses interpellations que s'adressaient les prisonniers sur l'objet d'une telle mesure.

— Que signifie cet appel? fut la question qui jaillit de vingt bouches à la fois.

— Le vieux chacal a jeûné trop longtemps, répondit un des prisonniers; n'ayant rien de mieux à se mettre sous la dent, il va se reprendre à ronger les os que son grand lévrier écossais a déjà mâchonnés.

Jules Serval comprit qu'il s'agissait de quelques mesures de sévérité, et, le cœur froissé, il reprit sa marche et l'exploration préalable et préparatoire de l'accomplissement de son projet. Un coup d'œil rapide avait suffi pour le convaincre que c'était ailleurs que sur le pont, sans cesse sillonné par les agents administratifs et les surveillants de la détention, que devaient tendre ses recherches.

Ce fut donc vers l'entrepont qu'il dut porter ses pas et ses investigations.

Cette ancienne batterie offrait alternativement deux physionomies bien distinctes, bien tranchées. La nuit, nous l'avons dit, le pont inférieur, couvert d'une jonchée de misérables matelas, au-dessous d'une autre couche de literie formée par les hamacs accrochés aux traverses du pont supérieur, présentait une telle accumulation d'obstacles que toute circulation devenait impossible. Au coup de sept heures, matelas et hamacs disparaissaient avec la rapidité d'un changement de décors à vue; l'entrepont semblait, comme un estomac fatigué, les rejeter ainsi que la moitié des hommes qui l'obstruaient; sa longue galerie prenait alors l'aspect d'un champ de foire.

Cent échoppes s'y dressaient aussitôt. Des rues se formaient entre deux lignes de petites boutiques et de petites tentes; un atelier, une académie ou un bazar s'organisait devant l'embrasure grillée de chaque sabord, et chacun reprenait spontanément ses occupations : étude, art, industrie ou trafic.

L'un vivait de son passé : l'officier devenait professeur; l'autre préparait son avenir; combien de jeunes gabiers en sont sortis prêts à passer leurs examens de patron ou de capitaine au long cours; la plupart reprenaient un ancien métier ou se créaient une profession nouvelle.

On s'empressait et se pressait dans les étroits espaces laissés pour la circulation, et qui formaient les ruelles de cette bourgade étrange. Celui du milieu, que les deux officiers avaient parcouru la veille avec le lieutenant du ponton, en était l'artère principale.

L'impression physique que Jules Serval avait éprouvée en pénétrant pour la première fois dans ce milieu de ténèbres et de miasmes ne lui avait guère permis d'en remarquer l'aspect; cette fois il y plongea résolûment, et, quelque méphitique qu'en fût l'atmosphère, il s'efforça d'examiner jusque dans tous ses détails les secrets de ce monde ténébreux. Après en avoir parcouru la voie centrale, la grand'rue comme l'appelaient les prisonniers, il pénétra dans les venelles latérales, étudiant avec le soin le plus scrupuleux, l'attention la plus active, leurs détours et leurs recoins, comme aussi les aménagements bizarres, grossières tentures et cloisons volantes qu'y avaient dressés leurs habitants pour leurs commodités personnelles ou pour les nécessités de leurs industries ou de leur commerce, aménagements que venaient régulièrement bouleverser plusieurs fois par jour les inspections réglementaires et le passage des rondes.

Plus Jules Serval examinait attentivement ces lieux exposés à tant de vicissitudes et surveillés avec une vigilance d'autant plus grande que cette surveillance à courtes périodes n'était pas continuelle, plus il regardait comme absolument impossible d'y trouver un point auquel on pût s'attaquer avec quelque espérance de succès. Presque tout le jour s'écoula dans cette investigation; chaque fois qu'il revenait examiner un point déjà observé, il s'en éloignait plus

soucieux et plus abattu, car il n'en découvrait aucun où la réussite
d'une tentative d'évasion lui parût non probable, mais possible.

Il errait ou plutôt il s'abandonnait avec découragement au courant de la foule qui se pressait dans une de ces étroites allées, lorsqu'il se trouva porté devant un angle obscur où l'un des prisonniers avait établi un atelier de chapeaux de paille et de bouleau.

Cet atelier, dont le directeur occupait cinq ou six ouvriers, s'étendait d'une petite loge où se tenait le gardien de faction au pied de l'escalier à l'ouverture du sabord le plus voisin. Il se rappela que la dernière ronde ne l'avait pas visité. Quelle probabilité que ces laborieux industriels s'avisassent de préparer des moyens de fuite sous les yeux mêmes de l'un des surveillants officiels !

Ce souvenir ranima ses espérances. Si l'on pouvait s'entendre avec l'actif entrepreneur, soit sur le prix auquel il consentirait à céder son établissement, soit même sur le projet dont l'exécution avait inspiré la pensée de cet acquêt, l'ouverture d'un trou dans ce recoin ténébreux lui parut réalisable. Restait pourtant encore à vérifier si, ce trou percé, il déboucherait sur un point de la muraille du vaisseau qui n'appelât pas trop les regards et où l'évasion fût possible.

Il y avait à cela une légère difficulté, en cet instant du moins : pour opérer incontinent cette vérification, il fallait gagner l'embrasure du sabord voisin dont l'accès était obstrué par une foule de travailleurs. Il n'était guère possible de les déranger de leur ouvrage par un simple motif de curiosité, et le motif réel n'était pas avouable. L'officier corsaire crut heureusement reconnaître dans l'un de ces laborieux matelots un marin qui avait antérieurement servi sous ses ordres. Celui-ci n'avait garde de l'apercevoir, religieusement occupé qu'il était à creuser, au moyen d'un canif à forte lame, une planchette qu'il semblait découper avec autant de complaisance que d'ardeur. Jules Serval le regarda plus attentivement. Il n'en put bientôt plus douter, ce laborieux sculpteur n'était autre que le père Jacques Roussin. C'était un brave et solide matelot qu'il avait eu comme timonier sur *le Goëland*, jolie péniche attachée à l'île de

Brehat, et dont, enseigne de vaisseau, il avait reçu le commandement.

— Mais, si je ne me trompe, c'est vous, père Roussin ? lui dit-il en s'approchant du groupe de travailleurs.

— Comme vous voyez !... fit le digne homme en se levant à demi et en soulevant également à demi un mauvais couvre-chef, tenant à la fois par sa forme hybride du bonnet et de la casquette, mais bien plus encore, pour cause de vétusté, de la loque. Faites excuse, ajouta-t-il en regardant plus fixement son interlocuteur, mais pour le moment je ne vous remets pas.

— Comment ! vous ne vous souvenez pas de l'enseigne de vaisseau du *Goéland ?*

— Oh ! que si, bourne !... Bourne ! était le plus gros ou plutôt l'unique juron que se permît le père Roussin, excellente nature et, comme on le verra, caractère naïvement mais essentiellement religieux. En prononçant ce mot, il s'était complétement levé et totalement découvert. — Mais voyez-vous, commandant Serval, les yeux s'usent vite à travailler dans ces vieux coffres... Pardon, excuse, vous autres ! fit-il à ses voisins, faites-moi place, sans vous commander, que j'aille troquer quelques raisons avec mon ancien capitaine.

— Ne vous dérangez pas, père Roussin : si les camarades le permettent, c'est moi qui vais passer près de vous. — Et ce disant, il s'empressait de profiter de l'espace que chacun se hâta de lui faire pour se glisser auprès de son ancien matelot. — Comme cela, poursuivit-il en arrivant près de lui, nous pourrons causer un moment sans interrompre votre ouvrage ni gêner la circulation.

— Vous allez vous asseoir, commandant ! s'écria le père Roussin en se levant de nouveau pour lui céder son siége.

Jules Serval le força de se rasseoir, et, se plaçant dans l'ouverture du sabord, par laquelle il jeta un premier regard sur le lac ou la baie de Southampton, il repartit :

— Tenez !... je suis au mieux comme cela,... et je ne dérange

5.

personne... Reprenez donc votre travail, et causons de vous d'abord... Comment vous trouvez-vous de cette maudite barque ?

— Dame ! commandant... on pourrait être mieux, sans être parfaitement... Mais en voyant tant de camarades plus malheureux que moi, je bénis le bon Dieu, qui ne m'a jamais abandonné, de m'y trouver encore aussi bien que vous m'y voyez... Grâce à quelques petites *menusseries*, à quelques petits *nivelages*, je vivote.

— Et ces menusseries, ces nivelages, comme vous dites, que sont-ils ?

— D'abord, comme vous voyez, je fabrique des violons.

— Des violons !...

— Un peu, mon commandant.

Et, se retournant, il écarta une tenture formée d'une vieille couverture percée, tira de derrière un instrument ayant à la rigueur quelque ressemblance avec un ancien rebec, et le fit fièrement résonner sous un archet tenant beaucoup plus de celui d'un mécanicien que de celui d'un luthier.

Le son ne fut pas des plus flatteurs ; l'honnête marin le comprit.

— Dame ! fit-il, on pourrait mieux réussir... Mais que voulez-vous ? je ne suis pas né là-dedans. Je remercie donc le bon Dieu de n'avoir pas donné des oreilles plus fines aux Anglais, qui me payent encore cela cinq schellings, quand après tout ça ne vaut que quinze sous de déboursés et dix-huit jours de travail.

— Père Roussin, une once de tabac en poudre !

— Tout de suite, mon enfant, fit le brave homme.

Il replaça le violon derrière la modeste tenture, et prit sur l'étalage où il le déposa une petite cruche en grès et une balance formée aux dépens d'une planchette et d'une pelotte de ficelle, plus quelques pièces de monnaie remplissant l'office de différents petits poids.

— Voici mon autre industrie, dit-il au jeune officier en procédant consciencieusement au pesage. J'achète de vieilles chiques, et, à l'aide de râpes que je me suis confectionnées, j'en fais ce que vous voyez... Une fameuse poudre... que je dis !... Dame ! ce n'est pas du macouba, et ils s'en trouvent bien, eux. De pauvres diables de prisonniers n'ont pas le moyen d'avoir des nez de bourgeois. J'espère, mon garçon, que je te fais bon poids... Où est ton sou ?

— Le voici... tenez... un vrai sou français... et en métal de cloche encore !... Ça ne vaut-il pas bien cinq liards ?

— Tiens, prends une prise dans la buire... et voilà ta marchandise. Voilà, commandant, reprit-il, mes petites ressources... Eh bien ! avec cela, j'arrive à me faire mes neuf à dix sous par jour. Ce n'est pas la mer du Sud... quoi !... mais, ajouta-t-il plus bas, ça me met à même de boulotter et de pouvoir de temps en temps glisser une pièce de vingt sous dans la main d'un plus malheureux que moi ; et j'en remercie le bon Dieu !...

— C'est une bonne philosophie ; il faut remercier le bon Dieu de tout.

— D'abord, voyez-vous, commandant, il m'a toujours protégé. Tenez... au combat du 22 juillet, par exemple, là ousque ce brave capitaine de Guédon se laissa griller sur son banc de quart comme un vrai saint Laurent ; moi, bourne ! j'attrapai une balle ; c'est-à-dire que ce fut moi qu'une balle attrapa, à telles enseignes qu'elle me traversa le poignet... voyez plutôt... Eh bien ! mon commandant, est-ce que ce ne fut pas une bénédiction du bon Dieu ? Supposez qu'au lieu d'une balle, c'eût été un boulet, il n'y a pas à dire mon bel ami, je serais manchot. A Trafalgar, ça fut la même chose. Là, je ne fus que blessé... Il est vrai que je restai quarante-deux jours sur les cadres... mais enfin ne pouvais-je pas être tué comme tant d'autres ? Je vous dis que le bon Dieu m'a toujours protégé. Ils rient... eux, quand je le remercie... mais je vous le demande à vous, mon commandant, qui êtes un... mathicien, est-ce que je ne serais pas un ingrat si j'étais un seul jour sans l'en bénir !

Pendant que l'excellent homme exposait naïvement cette résignation chrétienne, qui était tout simplement le sublime de la philosophie et de la vertu, Jules Serval, tout ému par cette franche et noble parole, n'en poursuivait pas moins du regard l'enquête qui l'avait conduit près du vieux marin. Chaque instant faisait surgir à ses yeux une difficulté nouvelle.

Ce qui attira d'abord son attention fut la présence d'une barque circulant sans cesse autour du vieux ponton, immobile sous ses chaînes ; son office était évidemment d'envelopper d'une surveillance continuelle sa surface extérieure ; il ne fut pas longtemps non plus à se convaincre que le trou en projet déboucherait dans la partie des murailles du vaisseau la plus découverte et la plus apparente, à quelques mètres au-dessus de la partie de la galerie courante où semblaient se concentrer les regards de toutes les sentinelles de bâbord. Son espoir s'évanouissait donc encore ; une impossibilité absolue s'opposait à toute tentative d'évasion sur ce point.

Ce fut une nouvelle désillusion dont l'effet navrant pénétra jusque dans son cœur ; il retomba de l'espérance où il s'était bercé quelques instants dans un découragement plus profond.

Ce fut dans cette disposition d'esprit qu'il quitta le père Roussin, après lui avoir serré la main avec affection. Il remonta sur le tillac, où il rencontra Pierre Ballard, l'air tout aussi déconvenu qu'il l'avait lui-même.

— Eh bien ?

Jules Serval ne crut rien devoir ajouter à cette question laconique, dont son accent et sa physionomie furent d'ailleurs le plus explicite commentaire.

Pierre Ballard hocha la tête en serrant les lèvres et ajouta :

— Ce sera difficile.

— Difficile, oui, mais possible ?

— A coup sûr... — Et après une pose dont l'embarras contredisait manifestement ce catégorique *à coup sûr*, il ajouta : — Il faut en convenir pourtant, ce maudit commodore a singulièrement compliqué la surveillance... Cet homme a le génie de la prison.

Le son de la cloche qui le matin avait frappé l'attention de Jules Serval retentit de nouveau en ce moment, et retentit pour la seconde fois en dehors des prescriptions du règlement. Ce son parut exciter une sombre et douloureuse préoccupation parmi les prisonniers ; les physionomies étaient visiblement plus tristes que de coutume, les fronts plus soucieux. Tous les regards se portèrent vers la petite plate-forme des anciens passavants, que les prisonniers nommaient le *perchoir*.

— Quel oiseau va venir ramager cette fois? demanda un prisonnier. Voyons donc.

— Tiens! c'est le gros perroquet rouge... Une bonne apoplexie ne lui fera-t-elle pas rendre au diable la laide âme qu'il lui a soufflée?

C'était le commodore que les prisonniers désignaient sous ce nom, et, il faut l'avouer, cette qualification métaphorique n'était pas sans quelque justesse. Replet et court, avec son uniforme écarlate, sir Daniel Ross, balançant lentement d'une épaule sur l'autre sa grosse tête vermeille et rejetée en arrière, rappelait au premier aspect les volatiles exotiques dans la famille desquels l'avaient classé les matelots.

Le commodore pouvait, du reste, avoir quarante-cinq ans; une blessure grave, qui avait entraîné l'amputation du bras droit, l'avait fait sortir de la marine, et lui avait valu le commandement de *la Crown* comme poste de retraite. Malgré ce passé sanglant, on pouvait parfaitement douter, à la vue seule de l'ancien capitaine de corvette, qu'il eût jamais été un habile marin ou grand homme de guerre, sa figure ronde, joufflue, colorée; ses lèvres minces et toujours souriantes; ses yeux gris, roulant avec langueur, lui donnaient plutôt l'air d'un moine italien que d'un officier de marine armée; son corps trapu semblait bien moins taillé pour l'uniforme militaire que pour le froc de nos anciens bénéficiaires.

Il promena un instant ses petits yeux à demi fermés sur les prisonniers, dont tous les regards assombris par le mépris ou allumés par la haine s'étaient fixés sur lui. Il resta quelque temps dans cette contemplation silencieuse, les traits épanouis par un sentiment d'aise, et tambourinant des doigts de sa main unique sur le point de l'estomac où commençait la courbe très-prononcée de la protubérance abdominale.

Un sourd murmure commençait à s'exhaler de la foule lorsqu'il prit la parole.

— Mes bons amis, dit-il du ton le plus affable et de l'air le plus paterne, je vous remercie de tout mon cœur du calme et de l'excellent esprit dont vous avez fait preuve pendant mon absence ; vous m'en voyez profondément pénétré. Je sais que cette tranquillité, cette soumission vraiment exemplaires ont subi quelques exceptions ; ces exceptions sont punies, n'en parlons plus ; si j'ai ajouté quelques légères répressions à leur châtiment, c'est pour que vous appréciez mieux les éloges que je donne à votre bonne conduite.

— Quelles légères répressions ! fit un des prisonniers, un mois de cachot dans ces fosses de la cale d'où l'on ne retire souvent que des cadavres.

— Le bandit !

— Passons donc, reprit le commodore ; c'est d'une infraction plus grave que j'ai à vous parler. Il s'agit d'un de vos camarades qui me met dans la pénible nécessité de lui infliger une punition sévère. Jean Berault, arrêté ce matin par le capitaine d'armes, a encore tenté de percer les murailles de ce vaisseau dans le but de s'évader. Ainsi les catastrophes qu'ont produites de telles entreprises sont encore des enseignements insuffisants. Quelle a donc pu être son espérance ? Est-il une seule de ces entreprises insensées qui depuis deux ans ait réussi ? Cent trois ont été prévenues ; onze ont été punies dans l'exécution même par la mort de leurs principaux auteurs. Un seul prisonnier est parvenu à franchir le triple cercle de surveillance qui entoure ce vaisseau, et pour aboutir où ? à ces bancs de vase, où le fugitif a trouvé une mort horrible. Il faut enfin que ces folies cessent ; quelque douloureux qu'il me soit de prononcer des peines sévères, je dois aux obligations que m'impose ma charge, je dois à l'humanité, je dois même au vif intérêt que je vous porte à tous, de prévenir, même par la terreur, ces désertions sinistres. Ce sont ces motifs qui m'ont fait condamner Jean Berault à recevoir ici, en votre présence, cent coups de corde.

Le sentiment d'indignation péniblement contenu qui s'était fréquemment dégagé en murmures des lèvres des prisonniers, faillit à ce moment d'en jaillir en une explosion de violence. Des réflexions irritantes sillonnaient de tous côtés cet ondoyant murmure, comme les éclairs qui déchirent en tous sens un nuage orageux.

— Mais cette condamnation est un odieux assassinat!

— Cent coups de cordes! il n'en supportera pas la moitié sans périr. L'amirauté n'autorise certainement pas de telles tortures; ce sont là d'abominables sévices; bien sûr qu'elle les ignore!

— Ces supplices ne sont pas de notre temps. Si on veut le tuer, qu'on le fusille ou qu'on le pende, mais qu'on ne nous rende pas témoins de pareilles horreurs.

Ces réflexions passaient sur les esprits comme le vent sur la flamme; les rumeurs grossissaient, le tumulte allait croissant. Il fallut toute l'activité et toute l'autorité des captifs les plus influents pour arrêter et comprimer cette effervescence.

— Soyons prudents, camarades; ne voyez-vous pas qu'on vous tend un piége? Pourquoi nous rendre témoins de cette exécution odieuse, sinon pour nous pousser à quelque excès qui motive une répression féroce?

— Veillons sur nous et faisons en sorte de ne pas leur procurer ce misérable triomphe.

Ces remarques et vingt autres calmèrent progressivement l'irritation générale, la refoulèrent au fond des cœurs, et rappelèrent dans les esprits un peu de résignation et de patience.

Sir Ross, sans paraître faire attention à l'espèce de fermentation tumultueuse qu'avaient développée ses paroles, donna quelques ordres au lieutenant O'Garden, et, s'adressant de nouveau aux prisonniers :

— Mes bons amis, reprit-il. — L'agitation et le bruit où tombèrent et se perdirent ces paroles furent quelques instants à se calmer. — Mes bons amis, répéta-t-il d'un air affectueux et d'un ton d'excuse, si la garnison assiste à cette exécution et si je lui fais préalablement charger ses armes, ne croyez pas que ce soit par un sentiment de défiance de vos bonnes dispositions et de votre caractère paisible ; mais le règlement exige que nous nous mettions en garde contre les surprises, contre les entraînements où quelques têtes effervescentes pourraient emporter les meilleurs esprits. Vous savez tous combien il me serait cruel d'avoir recours à une répression sanglante, mais vous connaissez aussi mon respect inflexible pour mes devoirs, et vous n'ignorez pas que si vous me mettiez dans cette douloureuse nécessité, je vous ferais fusiller comme des chiens. Vous serez donc sages, dans notre intérêt à tous. — Les erniers mots s'éteignirent dans une recrudescence de murmures ; la haine et l'outrage s'étaient montrés si manifestes dans la phrase injurieuse et provoquante qui les avaient précédés, que les prisonniers durent se demander pour quel motif il affectait d'envelopper ses sentiments dans un voile de protestations hypocrites, si ce n'était pas un raffinement de cruauté ayant pour but de rendre ses sévices plus irritants en acérant la férocité par l'ironie. — Master, dit-il après une courte pause, faites exécuter la condamnation.

Un instant après, Jean Berault fut conduit sur le pont par le master, accompagné de quatre agents de forte corpulence et de figure patibulaire. C'était un beau jeune homme de vingt-cinq ans au plus, d'un extérieur simple et noble à la fois ; taille svelte, front haut, maintien calme et ferme.

Il jeta sur le commodore, qui affectait de causer de l'air le plus souriant et le plus ouvert avec un de ses agents, un regard de froid mépris, qu'il détourna aussitôt avec dégoût.

Ce regard n'échappa point à sir Ross. Sans paraître l'avoir remarqué, le commodore se tourna du côté de l'officier subalterne chargé de l'application de la peine, et lui fit un léger signe de tête.

Le master se dirigea aussitôt vers le condamné. Mais, devant l'attitude que prit celui-ci et surtout devant l'expression menaçante dont s'enflamma son visage, l'argousin jugea prudent de s'abstenir. Il s'adressa à ses agents, qui se ruèrent sur le patient. Malgré sa résistance, Jean Berault fut terrassé, dépouillé de ses vêtements en lambeaux, et attaché sur un vieil affût disposé pour ces exécutions.

Celle de Berault commença aussitôt, au milieu d'un silence si complet, que le bruit d'un souffle ne se mêlait pas même au son retentissant d'abord, puis au clappement mat de la corde sur les chairs sanglantes. Au vingt-huitième coup seulement, la douleur arracha au malheureux un faible gémissement, qui se renouvela à chaque coup jusqu'au quarantième. Alors la souffrance ne se trahit plus que par un mouvement convulsif chaque fois que la corde retombait de toute la force de l'exécuteur dans les chairs broyées, dont elle faisait jaillir des lambeaux avec des éclaboussures de sang. Au quarante-huitième coup, tout mouvement avait cessé.

La barrière s'ouvrit alors, et sir John O'Garden poussa brutalement le chirurgien du ponton sur le tillac des prisonniers, où s'accomplissait l'exécution, et referma vivement la barrière sur lui.

Le commodore parut aussi surpris que contrarié de cet incident ; le chirurgien, l'air assez étonné lui-même, s'avança bon gré mal gré vers le patient, lui prit la main et consulta le pouls. Après une constatation attentive, il déclara timidement, sur l'interpellation du commodore, que la vie du condamné serait compromise si l'on poussait plus loin l'exécution.

— Très-bien, dit le commodore, l'humanité avant tout. — Les prisonniers respirèrent ; sir Daniel continua : — Que l'on porte le condamné à l'hôpital... le complément de la peine est remis après sa guérison.

Ces derniers mots ne furent heureusement entendus que de quelques prisonniers ; dans l'état de surexcitation auquel la compression des plus douloureuses impressions avait porté le plus grand nombre, ils eussent assurément provoqué une explosion violente, et inévitablement une catastrophe. Jules Serval avait été un de ceux qui les avaient recueillis.

Il était encore sous l'impression que lui avaient causée ces atroces paroles, quand, la retraite sonnée, il dut regagner sa cabine. Il y rentra le front aussi sombre et le cœur aussi froissé qu'il en était sorti, le matin, la tête légère et l'âme sereine. Il se jeta sur son lit, en proie aux préoccupations les plus anxieuses et à l'abattement le plus profond.

La vie des pontons lui apparaissait sous son aspect le plus oppressif et le plus hideux. Ce n'est pas cette vie en dehors de toutes les nécessités de l'organisation humaine, cette vie de privations, étouffée dans une atmosphère de miasmes entre les ponts humides et les murailles suintantes d'une vieille coque pourrie, qui brisait toute son énergie ; cette vie, il l'avait acceptée, il s'était résolûment jeté au milieu de ses épreuves, et il était toujours disposé à en subir, à en braver toutes les rigueurs ; mais c'était l'oppression impudente et féroce à la merci de laquelle les prisonniers étaient abandonnés qui faisait éclater dans son âme les déchirements les plus cruels, les expansions les plus violentes. Et c'était au moment où toutes ses espérances de liberté pâlissaient devant les formidables difficultés d'une évasion que cette odieuse captivité se révélait à ses yeux et à son esprit sous les couleurs les plus sinistres.

Cependant, disons-le, l'irritation qui se déchaînait dans son cœur en transports indignés et en ardeurs fiévreuses n'avait point pour inspirateur un sentiment d'intérêt personnel. Ce n'était pas la menace qu'étendait sur ses projets l'atroce sévérité qui venait de frapper l'insuccès d'une tentative semblable qui agitait ainsi son cœur et sa pensée. Il oubliait sa position et ses compagnons pour ne penser qu'à la scène sauvage qui s'était passée sous ses yeux. L'idée que ce malheureux jeune homme, porté mourant à l'hôpital, n'en devait sortir que pour venir expirer dans de nouvelles tortures, ne pouvait sortir de son esprit.

C'était cette idée navrante qui bouleversait tous ses sentiments et qui roulait dans son esprit en mille projets impuissants ou impossibles. La résolution de dénoncer au *transport-office* et à l'amirauté le supplice barbare dont le ponton venait d'être le théâtre, et les atroces paroles qui en annonçaient le renouvellement mortel, lui rendit un peu de calme ; il ne pouvait admettre que l'administration d'un peuple civilisé, d'une nation généreuse, informée de telles infamies, pût en assumer la flétrissante solidarité. Sa pensée se reporta alors plus ardemment à la recherche des moyens de se soustraire lui-même à cette révoltante tyrannie ; mais, dans ces retours obstinés, elle venait toujours se briser contre cette conclusion inébranlable : impossible.

Le découragement, comme une de ces pluies fines et pénétrantes qui imprègnent à la longue le corps des frissons d'une humidité glacée, envahissait lentement, mais irrésistiblement son âme, quand il se redressa vivement, comme s'il eût reçu la décharge d'une pile de Volta.

Une pensée imprévue venait d'illuminer son esprit. Il réunit sur cette pensée toute la puissance de ses facultés intellectuelles et toute sa virtualité intuitive, pour en saisir la réalité et la valeur. Plus il réfléchit, plus cette pensée prit dans son esprit de consistance et d'éclat... Il n'en doutait plus : la voie qu'il avait découverte devait les conduire, lui et ses compagnons, à la liberté, à la patrie !

Cependant la crainte d'une déception nouvelle le faisait se raidir contre cette conviction et résister à l'entraînement de ses espoirs ; il comprimait leurs élans ; il voulait auparavant, par un examen réel, s'assurer que l'exécution de son projet ne rencontrerait aucun obstacle ; il attendit avec une impatience fiévreuse que le jour lui permît de s'assurer de la possibilité de ses combinaisons. A peine la clef de l'agent de service eût-elle tourné dans la serrure de son cabanon, qu'il en ouvrit précipitamment la porte.

— Dans un instant je suis à vous, dit-il à Pierre Ballard qui suivait, à quelques pas, le gardien. Attendez-moi dans ma cabine, je reviens.

Et après lui avoir révélé du regard l'importance de la communication qu'il avait à lui faire, il courut se livrer à son enquête.

VI

MARIE DE KERNOUVILLE

Dix minutes s'étaient à peine écoulées que Jules Serval rentrait, l'air rayonnant, dans son étroite cabine. Il y retrouvait Pierre Ballard seul, comme il l'avait laissé en lui souhaitant une si brusque bienvenue; l'ex-capitaine du *Rôdeur*, le front pensif et les mains derrière le dos, attendait, en se promenant lentement et à petits pas dans l'étroit espace que la libéralité de l'amirauté britannique accordait à ses prisonniers privilégiés, l'explication de ce départ énigmatique, où il entrevoyait quelque illusion.

— Loïk et maître Laumel ne sont-ils pas venus? dit Jules avec étonnement.

— Pardon.

— Eh bien?

— Venus et repartis.

— Pourquoi cela?

— Par une raison bien simple: parce que je les ai renvoyés.

Jules ne put contenir le mouvement de contrariété que lui causa cette réponse.

— Cela te surprend? fit Pierre Ballard avec un sourire dont l'ironie s'éteignait dans l'affection.

— Mais après ce que je vous ai dit...

— C'est là justement le motif qui m'a fait les éloigner.

Ces mots n'étaient pas plus que ne le furent les suivants de nature à dissiper la surprise du jeune officier à qui ils étaient adressés; Pierre Ballard poursuivit en effet:

— J'ai craint quelque imprudence de ta part.

— Pour le coup!... s'écria le lieutenant.

— Doucement! — repartit le capitaine en prévenant ses protestations par une interruption amicale; — n'as-tu pas trouvé, ou du moins ne crois-tu point avoir trouvé un moyen d'évasion? — Jules e regarda avec un étonnement encore plus manifeste. — Eh bien! de deux choses l'une: ou ton projet est mauvais, et c'eût été jeter à ces pauvres diables des illusions qui les eussent d'ailleurs rendus défiants pour toute autre tentative où leur confiance absolue peut nous être nécessaire; ou il est praticable, et de pareils projets ne se communiquent légèrement nulle part et moins encore dans ces odieuses carcasses que partout ailleurs.

— Mais leur concours peut nous devenir indispensable.

— Ce sera alors le moment de nous les associer. Crois-en ma vieille expérience, elle m'a coûté assez cher pour que je t'en épargne le prix, si c'est possible. Le plus grand ennemi que nous ayons ici, c'est l'enthousiasme : sang-froid et résolution, voilà les conditions absolues de notre liberté. Cela dit, asseyons-nous, et conte-moi ton affaire. — Il prit siége sur l'étroit et chétif grabat, modeste causeuse où Jules Serval s'assit lui-même. — Sois bref, reprit-il alors, car ton mousse et ton matelot peuvent à chaque instant nous retomber sur les bras.

— Eh bien ! capitaine, dans un mois nous pouvons être en France.

— Tu ne m'apprends rien de nouveau ; n'est-ce pas pour cela que nous sommes sur cette coque maudite ?

— Sans doute... mais, je puis l'avouer maintenant, hier je commençais à désespérer de notre évasion.

— Moi, pas ; et aujourd'hui ?

— J'en suis certain...

— Moi, pas...

— Ou du moins, se hâta de reprendre Jules interrompant son flegmatique interlocuteur, je suis convaincu de sa possibilité et plein de confiance en son succès.

— A la bonne heure... voyons.

— Cette nuit, je veillais sur cette méchante galette, profondément agité par les souvenirs de l'horrible scène qui eut lieu sur le pont de *la Crown*; je cherchais dans ma tête le moyen de prévenir cette répression sauvage dont sir Daniel Ross a annoncé le renouvellement, lorsque mon attention a été subitement frappée par des bruits qui avaient retenti plusieurs fois à mon oreille sans éveiller aucune pensée dans mon esprit. Ma réflexion, ayant cherché instinctivement quelle pouvait être la cause de ces bruits, a fait jaillir de ces recherches une étincelle qui a été pour moi tout un rayon de lumière. Notre liberté m'est alors apparue comme certaine.

— Explique-toi...

— J'avais aperçu une maille manquant dans le filet dont sir Daniel Ross enveloppe les prisonniers mis sous sa surveillance machiavélique.

— Pas de phrase... au fait...

— Cette cabine, qui saillit dans la partie de l'avant exclusivement affectée, comme l'arrière, à l'usage de l'administration et au logement des hommes de service, devait être placée non loin des *bouteilles* de bâbord, dont l'accès est interdit aux prisonniers. Je ne me trompais pas.

— Ah! fit Ballard dont l'œil s'anima à ces derniers mots.

— Je conjecturai également que cette circonstance devait affaiblir la surveillance sur ce point; j'étais pourtant encore loin de soupçonner la vérité.

— Comment cela?

— La surveillance n'est pas seulement affaiblie sur ce point, elle y est interrompue.

— Vraiment?

— La galerie qui entoure le vaisseau, un pied tout au plus au-dessus de sa ligne de flottaison, n'existe pas dans cette partie, sur un développement de deux ou trois mètres.

— En es-tu bien sûr?

— Sûr comme quelqu'un qui vient de le voir, de le voir de ses yeux, ce que l'on appelle voir, comme dit Molière. — Et comme le vieux corsaire semblait encore hésiter à croire cette déclaration si précise, Jules ajouta : — Venez plutôt vous en assurer vous-même.

— Reste ici, j'y vais seul; ce fait est trop important pour appeler dessus l'éveil de l'administration par une démarche imprudente.

Pierre Ballard ne fut absent que quelques instants. Lorsqu'il rentra, le nuage de tristesse qui voilait habituellement son front s'était dissipé. Un regard jeté indifféremment sur l'espèce de lac maritime que formait cette baie close lui avait suffi pour reconnaître l'exactitude de l'observation de son ami.

— Eh bien? lui dit Jules Serval.

— Tu as raison.

— L'évasion est-elle possible?

— A moins d'accidents imprévus, elle est certaine... Malheureusement, les accidents imprévus sont trop communs.

— Enfin le succès est possible?

— Il est probable.

— A l'œuvre donc! s'écria Jules en se levant.

— Pas encore. C'est ici que le proverbe italien, *piano, sano*, s'applique de rigueur. Cherchons d'abord le mode d'évasion le plus sûr; arrêtons-en bien le plan; nous en préparerons les moyens d'exécution ensuite; alors seulement viendra le moment d'agir, et, selon le besoin, de nous adjoindre des aides.

Ces observations ne pouvaient soulever de discussion, mais aussi le projet et sa réalisation se resserraient dans les limites d'une possibilité trop étroite pour que la décision des deux amis pût flotter longtemps dans l'incertitude.

Le plan fut arrêté d'un commun accord, après un court examen des lieux; le mode d'évasion choisi était le plus commun à bord des pontons, *un trou*, comme disaient nos marins. Un trou était une espèce de sabord creusé dans la muraille du vaisseau-prison.

La couchette ou, comme la désignaient les prisonniers, la galiote, sur laquelle était posé le dur et mince matelas d'étoupe où Jules Serval avait passé si différemment ces deux nuits, était assez mobile pour qu'en l'attirant elle laissât entre elle et le bord du vaisseau un espace où il fût possible de se glisser. Ce fut dans cet espace, qui se dérobait de lui-même à la vigilance des rondes et à l'exploration des visites, que les deux amis convinrent de pratiquer leur trou. Les outils qu'ils pouvaient employer à ce travail consistaient dans les instruments tranchants qui leur avaient été laissés : deux couteaux, trois rasoirs; il était nécessaire qu'ils en conservassent un sur les quatre qu'ils possédaient pour un usage plus spécial et plus personnel; enfin un grattoir et deux canifs.

Tout se trouva donc arrêté sur l'heure; aucun obstacle ne semblait s'opposer à l'exécution d'un projet conçu dans des conditions si particulièrement favorables. Le moment d'agir était déjà arrivé.

— Si tout d'abord, dit Jules Serval, nous nous assurions des difficultés que peut offrir le percement du bord ?

— Inutile ; ce sont celles que présente le percement de toute muraille de vaisseau ; on les connaît. Or, tout ce qui est inutile est dangereux.

— Que faire, alors ?

— Prendre nos dispositions pour qu'une fois à l'œuvre rien n'interrompe notre travail, et que tout alors, même nos actes les plus indifférents, n'ait qu'un but, notre évasion.

— Dans ce cas, j'ai une tâche à remplir dont libre je ne pourrais me rappeler l'omission sans remords ; je vais m'en occuper à l'instant.

— Et cette tâche ?

— Lorsque l'idée de notre évasion m'a soudainement éclairé l'esprit, je m'occupais, je vous l'ai dit, de ce pauvre diable dont l'intervention du médecin...

— Dis plutôt du major.

— Ne semble devoir que prolonger l'agonie. Il est impossible que de pareils actes de barbarie soient ordonnés par l'amirauté, soient connus même du *transport-office*. Je veux les leur faire signaler par une protestation de tous les prisonniers de ce ponton. Si cette protestation n'empêche pas le retour de semblables horreurs, elle en fera du moins peser la responsabilité sur le gouvernement, qui par sa tolérance en assumera la honte.

— Très bien ! très bien ! c'est moral et c'est utile à la fois.

— Vous m'approuvez donc ?

— De toute mon âme.

— Je m'y mets de suite.

— Quand ce ne serait pas un devoir d'humanité, ce serait encore un acte d'excellente politique. — Et, complétant sa pensée, il ajouta : — Ce n'est pas le tout de trouer cette vieille carène, il faut encore qu'on ne nous en suppose pas le projet, ou du moins le projet actuel.

— Sans doute.

— Il est donc bon qu'on nous voie partout ailleurs que là, où s'accomplira notre travail, et qu'on nous y voie surtout occupés de démarches qui semblent en exclure la pensée; plus d'ailleurs ta démarche préoccupera l'administration, moins elle nous supposera d'autres desseins. Ce sera, comme disait mon pauvre docteur, un dérivatif. Moi, pendant ce temps, je pousserai activement la besogne.

— Je n'en mettrai que plus d'ardeur à ma chasse aux signatures.

— C'est cela : occupe-toi de ta pétition à moi de jouer des couteaux. Tes deux hommes vont venir à l'instant, je me charge de les instruire.

— Et de les mettre à l'œuvre.

— C'est dit; c'est mon soin.

De ce moment les deux officiers eurent provisoirement chacun leur pensée et leur occupation spéciales : Jules Serval sa protestation, Pierre Ballard son trou ; si ce dernier laissait assez fréquemment Loïk et maître Laumel dans le cabanon, où ils se succédaient à la poursuite de leur travail clandestin, ce n'était que pour dévoyer plus complétement la surveillance, en secondant l'ex-lieutenant dans sa besogne.

La protestation se couvrit rapidement de signatures et de noms avec croix approbatives. L'administration du vaisseau-prison, manifestement inquiétée d'abord par cette énergique dénonciation de ses sévices, se ravisa ensuite et sembla se résigner à ne mettre aucune entrave à cet appel à l'autorité. Les gardiens, au lieu d'épier le menaçant vélin d'un œil sinistre, le regardaient circuler avec le sourire ironique du dédain.

Sir Daniel Ross n'était-il pas sûr de l'approbation de ses supérieurs, dont il ne faisait qu'exécuter scrupuleusement les ordres? Que pouvait lui attirer un tel factum, sinon des félicitations? C'était là le langage qu'affectait de tenir le commodore, et dont les gardiens se faisaient naturellement les serviles échos.

Ce n'était pas que la dénonciation préparée par les prisonniers ne

6

l'eût profondément troublé, mais il avait pensé que le moyen le plus sûr de détourner le coup qui le menaçait était de lui opposer une sécurité apparente et de borner tous ses efforts à supprimer cette Pièce, résultat que devait faciliter cette sécurité apparente. C'était dans cet esprit qu'avaient été conçues les recommandations qu'il avait faites au master. C'était cette pensée qui avait dicté tous les ordres qu'il avait donnés et qui avait présidé à toutes les mesures qu'il avait adoptées. Le commodore, informé journellement des démarches du lieutenant Serval, avait pris toutes précautions pour que cette protestation ne quittât les mains des prisonniers que pour tomber dans les siennes.

Cependant le travail du capitaine Ballard et de ses aides rencontrait des obstacles qui dépassaient toutes les difficultés prévues. Telle était la dureté du bois sur lequel ils avaient à agir que les couteaux ne parvenaient à l'entamer qu'avec une désespérante lenteur. Dès le premier jour, on avait dû renoncer à l'emploi des rasoirs; les lames des canifs et des grattoirs s'étaient successivement brisées sur ce bois, dont la nature était d'une essence inconnue, à laquelle le temps semblait avoir donné la dureté du fer.

Pierre Ballard s'obstina plusieurs jours sur ce travail immobile, sans avouer à Jules Serval la stérilité de ses efforts. Sa réponse constante à la question que dans leurs rencontres et à ses retours lui adressait imperturbablement son ami :

— Eh bien ! ça va-t-il ? était imperturbablement aussi :

— Ça va... mais lentement... lentement... Réponse dont l'expression, d'abord insouciante, prenait chaque fois, à la fin, un accent plus sombre, si sombre même que, malgré la morosité habituelle du capitaine, Jules Serval en fut frappé.

— Comme vous dites cela, commandant ! Se présenterait-il quelque obstacle imprévu ?

— Je t'avoue que nous rencontrons tant de résistance dans ce bois, que semble avoir calciné l'âcre humidité de l'air maritime, que je commence à désespérer de venir à bout de notre projet avec les instruments dont nous disposons maintenant.

Et il lui fit connaître en détail les accidents qui les avaient réduits à l'unique emploi de deux mauvais couteaux.

— Vous aurez sans doute voulu brusquer le travail.

— Tu peux te convaincre par la nullité des résultats de la patience avec laquelle nous avons procédé tour à tour.

— Vous vous rebutez trop aisément.

— Fais mieux, toi !

— J'essayerai du moins.

— Soit ! et réussis !

— Demain je tenterai.

— A demain donc.

Il était six heures du soir lorsque les deux capitaines corsaires échangèrent ces paroles. Demain était un terme bien éloigné pour que Jules Serval pût ajourner jusque-là l'expérience qu'il voulait faire de son adresse. A peine fut-il enfermé dans son cabanon que, au lieu de se jeter sur son lit pour y trouver quelques heures de repos et d'oubli, il attira doucement la galiote, et, s'étant glissé dans la ruelle qu'il forma ainsi entre elle et le bord, il s'assura par le toucher de l'état où avait porté le trou un travail de six jours.

Ce travail était à peine sensible aux doigts.

Jules resta consterné. Ce découragement ne dura qu'un instant ; prenant un des couteaux, il voulut s'assurer si la confiance qu'il avait en ses efforts ne serait pas justifiée par plus de succès ; il se mit à l'œuvre avec une énergie qui était la réaction de la volonté contre le découragement dont il s'était senti atteint dans le premier instant.

La dureté du bois résista comme un ivoire à la pointe, que tous les efforts de Jules ne purent faire pénétrer dans son tissu ligneux ; elle échappait comme si elle eût glissé sur une plaque d'acier, ou fléchissait de manière que le lieutenant s'arrêtait dans la crainte de briser la lame. La sueur baignait son front lorsqu'il renonça à cet essai en se répétant, comme consolation :

» On ne peut rien faire la nuit. »

Le jour vint ; il se remit à l'œuvre. Il ne fut pas plus heureux.

C'est qu'en réalité l'ouverture que les deux amis voulaient pratiquer dans le flanc de *la Crown* était une entreprise absolument irréalisable avec les moyens d'exécution qu'ils y appliquaient.

Un pareil trou à creuser dans la muraille d'un vaisseau est toujours pour le prisonnier une entreprise ardue, car il ne s'agit de rien moins que de couper un membre d'un pied d'équarrissage, fait d'un des bois les plus forts ; puis de tailler une baie d'un pied et demi de diamètre dans des bordages de huit à dix pouces d'épaisseur, et cela sans percussion ni retentissement qui trahiraient infailliblement l'opération ; mais là où le tentaient les deux officiers français l'exécution s'en compliquait de difficultés exceptionnelles. Dans ce cabanon, les *alonges*, parties supérieures des membres, avaient reçu, dans un radoub que *la Crown* avait subi sur les côtes du Mexique, un revêtement de planches d'un de ces beaux arbres intertropicaux dont le bois, assez tendre pendant sa verdeur, contracte en vieillissant une dureté toute métallique.

C'était contre ce revêtement que venait se heurter le projet des deux amis.

Le lendemain, aussitôt les cabanons ouverts, Pierre Ballard entra dans celui de l'ex-capitaine de *la Dorade*, l'air moins soucieux que la veille.

— Je crois, lui dit-il pour tout salut de courtoisie, que si ta tentative ne réussit pas, j'ai trouvé un moyen d'attaquer avec succès ce bois maudit. Il lui montra un des tronçons de canif dont il avait aiguisé la lame rompue en pointe de burin.

— J'ai déjà essayé, répondit Jules d'un ton triste.

— Et ?

— J'ai échoué.

— Moi, j'ai confiance dans ce nouvel outil, sauf à nous procurer des lames plus longues.

Et il lui expliqua de quelle manière il se proposait de s'en servir ; il comptait en user comme d'un instrument de forage. Une ligne de trous pratiquée autour de l'espace qu'ils voulaient ouvrir leur permettrait d'enlever les bouts de planches qui le fermaient, et les mettrait aux prises avec le membre et le bordage, dont le bois, probablement bien moins dur, n'aurait rien qui pût rebuter leurs efforts.

La confiance était revenue dans les traits des deux officiers, quand l'arrivée de maître Laumel vint y jeter de nouveaux nuages.

— Ah! fit le capitaine Ballard, tu nous arrives de bonne heure ce matin.

— Oui, commandant, mais ce n'est pas pour mouiller dans vos eaux.

— Pourquoi cela? reprit vivement le lieutenant.

— C'est que, voyez-vous, je me trompe s'il n'y a pas de la bourrasque dans le temps, et m'est avis que si nous ne voulons pas nous exposer à des avaries majeures, il faut rudement veiller au grain, quoi!

— T'est-il arrivé quelque chose de nouveau? Explique-toi, voyons.

— Eh bien! capitaine, je vous dirai donc qu'hier au soir, à notre arrivée dans la batterie avec Loïk, les camarades nous soufflèrent qu'on nous avait appelés plusieurs fois dans la relevée, le moussaillon, sauf votre respect, et moi. « Plusieurs fois? leur dis-je. — Oui donc, répondirent-ils, plusieurs fois. » Je sentis que nous barbottions dans les cailloux; il fallait sortir de ces parages au plus tôt. Loin de fuir devant le temps, je présentai l'avant à la lame, et me voilà que je monte sur le pont, Loïk à la remorque. Bon! je me trouve nez à bec avec le gros perroquet rouge, comme disent les autres. « Moi, bien contente de rencontrer vous, me dit-il en clignant de l'œil avec sa petite voix de vent alisé et dans son baragouin de malheur.

» — Je ne vous en dirai pas autant, commodore, que je lui glisse en douceur; j'aimerais mieux, sauf votre respect, rencontrer notre recteur sous le vent de l'église de la Fosse-Ingand, quoi!

» — Vous, continua-t-il, n'avoir pas répondu à l'appel ce soir, vous, et ce... ce petite-là.

» — Parce que, commodore, moi et ce petite-là nous en sommes exempts comme hommes de service du capitaine Serval. »

— Bien, dit Ballard.

— Ça lui cassait un peu sa pipe, au vieux congre. Son habit rouge semblait en déteindre sur sa face. Le nuage montait; mais je me sentais ferme sur mes ancres. J'attendis. Il ne perdit pas pourtant son ton doucereux; le venin était resté dans ses yeux. « — Mais, repartit-il en écorchant toujours le français comme je voudrais l'écorcher, lui, le vieux caïman, où vous étiez-vous, toute l'après-midi, qu'on ne vous a trouvés nulle part? — Dame! commodore, probablement là où vous ne nous avez pas cherchés, quoi! » Je m'aperçus, à la manière dont il regarda le grand escogriffe qui l'accompagne toujours, que j'avais fait une fausse embardée.

— Au fait, dit Jules, la réponse était un peu normande, pour un vieux Breton.

— Je sentis bien que je ralinguais; aussi arrivai-je brusquement à plein. « — Est-ce que par hasard, que je dis, il n'est pas permis à un ancien qu'a jeté son loch dans plus de mers que vous n'en avez vues vous autres sur vos cartes, de donner de l'éducation à une garçaille? quoi!... J'étais donc dans la batterie, tonnerre de Brest! où j'apprenais à ce mousse comme quoi les mathématiques nous enseignent, par l'*hypothénusse* et le *cosinusse*, à déralinguer géométriquement un Anglais. Faudrait-il donc que cet enfant, qui deviendra un vrai gabier, restât ignorant comme vos peltas d'officiers? quoi! — Peltas! peltas! répondait le vieux phoque, qui n'avait entendu que du bruit dans tout le reste, mais qui ne pouvait s'arrimer dans l'esprit ce mot encombrant, que signifie cela? — Peltas, que je repris, mais ça signifie tout bonnement pékin, ou comme qui dirait, dans votre langue, gentleman. — Oh! gentleman, bonne, bonne, *very well!* » Les autres bêtas s'étant mis à rire, il me regarda de côté et ajouta avec son patelin de sourire habituel : — « Mais, comme moi ne pas aimer, mon ami, les mots... comment dirais-je... excentriques; j'ai de la peine beaucoup de vous... » Le vieux sournois clignait de l'œil; j'en étais pour quelques coups de corde ou pour un temps de fosse aux lions, quand est arrivé le grand brutal... le grand blond... vous savez.

— Le major O'Garden ?....

— Juste ! Heureusement il était de service. « Ne vous occupez pas de ces drôles, commodore, a dit le grand blond ; je savais où ils étaient. Et vous, a-t-il ajouté en se retournant vers moi avec son air de boule-dogue, pour vous apprendre à répondre plus respectueusement à vos chefs, vous ne remonterez pas sur le pont aujourd'hui. » La bonne farce ! tout le monde devait descendre une demi-heure après.... Je l'échappais belle ! aussi ai-je filé mon câble en douceur. Mais toujours est-il, commandant, qu'on nous surveille et que nous naviguons pour le quart d'heure dans des eaux malsaines. Voilà ! quoi !

— Tu as raison, il nous faut plus de prudence que jamais ; tu ne vas faire aujourd'hui, comme Loïk, que ton service auprès du commandant Serval ; vous allez retourner ensuite avec vos camarades. Nous tiendrons les travaux suspendus jusqu'à nouvel ordre.

Cet ajournement était, en effet, une nécessité. Dès que les longues absences de Laumel et de Loïk avait été remarquées, ils ne pouvaient les renouveler sans mettre l'esprit défiant de l'administration sur la voie de la vérité.

Les deux officiers, restés seuls, sentirent combien ce nouveau danger rendait leur position critique. C'était au moment où les difficultés de leur entreprise leur imposaient un plus long et plus rude travail qu'ils voyaient des nécessités de prudence réduire le temps qu'ils pouvaient y consacrer.

On devait évidemment, même l'ajournement expiré, renoncer à la pensée d'user du concours des deux marins aussi largement que par le passé. Provisoirement, le poids de l'exécution retombait exclusivement sur le lieutenant et Pierre Ballard.

Celui-ci n'en éprouva qu'un plus vif désir de s'assurer de l'effet et de la puissance de l'instrument qui avait ranimé ses espoirs. La couchette fut attirée, et il se mit incontinent à l'œuvre. Jules Serval s'occupa de préparer la protestation, complétement signée, qu'il devait remettre le soir même entre les mains d'un des bateliers du bord.

Cet homme avait promis, moyennant une guinée, de jeter secrètément cette dépêche à la poste. L'ancien lieutenant de la flotille crut pouvoir négliger, pendant les courts instants que demandait cette expédition, la surveillance qu'un homme de vigie exerçait toujours dans le couloir du cabanon pendant qu'on travaillait au percement du trou, objet de leurs préoccupations et de leurs aspirations communes. Un bruit de pas, retentissant dans le couloir même, lui révéla tout le danger de cette imprudence.

— On vient, murmura-t-il d'une voix étouffée à Pierre Ballard, qui cessa aussitôt son travail et se tapit silencieux au fond de la ruelle.

Jules avait tout laissé sur le lit pour s'élancer au-devant de l'importun visiteur. Il se heurta presque avec le major O'Garden sur le seuil de la cabine.

— Monsieur le capitaine Ballard? demanda l'officier anglais.

— Je ne l'ai pas vu ce matin, commandant, répondit Jules Serval. N'est-il pas dans son logement?

— J'en viens, monsieur, il n'y est pas; mais je n'insiste pas pour le voir ; je ne suis pas de service.

— Où peut-il être?... sur le pont, peut-être, fit Jules Serval comme se parlant à lui-même.

— Je vous dis, monsieur, que je ne suis pas de service.

Le ton sévère avec lequel il répéta cette déclaration avait une signification qui troubla Jules Serval sans toutefois l'alarmer, car s'il résultait de cette déclaration que le major avait au moins des soupçons, elle impliquait aussi, malgré le ton sévère avec lequel elle avait été prononcée, que sa visite n'ayant aucun caractère officiel, il n'avait pas à approfondir le mystère de cette absence. C'était le digne Irlandais tel qu'il s'était toujours montré à travers son âpreté : rudesse de forme et noblesse d'âme.

Jules Serval cherchait à échapper à son embarras par une diversion, lorsque l'idée de sa protestation lui vint à l'esprit. Ce n'était point sans un certain sentiment de défiance qu'il la remettait au batelier dont la fidélité pouvait lui paraître suspecte. Il n'était pas douteux que si l'honorable major consentait à s'en charger, elle ne fût bien plus en sûreté dans ses mains. Le lieutenant conçut la pensée de la lui faire accepter.

— Eh bien commandant, puisque ce n'est pas comme chef de service, mais comme gentleman que vous nous faites l'honneur de nous visiter, permettez-moi de vous demander en cette qualité, et comme à un loyal Anglais, un service qui n'intéresse pas seulement l'humanité, et ce serait déjà assez pour l'obtenir de vous, mais qui touche encore à l'honneur britannique.

— Je suis à votre disposition, monsieur, pour recevoir toutes vos réclamations ; je n'ai pas en cela un service à vous rendre, j'accomplirai un devoir.

Jules se retourna, prit la protestation déployée sur sa couchette, et, la présentant au quartier maître du vaisseau :

— Il s'agit, lui dit-il de cette protestation dont vous avez entendu parler, sans doute.

— Ah !... fit-il, oui, oui.

Une étincelle brilla dans ses yeux d'un bleu pâle habituellement terne, et sembla, comme la lueur qui éclaira ses traits, produite par le dégagement d'un éclair de satisfaction intérieure ; mais cette lueur et cette étincelle s'éteignirent aussitôt dans son expression de froideur habituelle, comme un météore qui plonge dans la mer.

— Je vous prie, au nom des prisonniers de ce ponton, de vouloir bien la remettre au chef du *transport-office*.

— Je la reçois comme gentleman, puisque c'est à ce titre que vous me la remettez, mais je l'eusse également reçue comme officier de Sa Majesté Britannique attaché au service du vaisseau *la Crown*. Le directeur du *transport-office* l'aura ce soir. Vous, monsieur, voulez-vous transmettre au capitaine Ballard la réponse de l'administration à la demande qu'il a formée ?

— Rejetée, sans doute.

— Non, monsieur ; il peut désigner un ou deux prisonniers pour être attachés à son service ; ils recevront aussitôt l'autorisation de communiquer avec lui.

— Merci pour lui, commandant. Quant à moi, je ne sais comment...

— Monsieur, en recevant votre protestation je ne fais que mon devoir....

Jules Serval renonça à témoigner à son obligeant visiteur la reconnaissance dont il était pénétré, dans la crainte de provoquer quelque tressaillement de cette singulière nature, que toute expression sympathique ou courtoise semblait blesser ; il se contenta de répondre par une inclination silencieuse au froid salut verbal sur lequel le major le quitta.

— Digne homme ! murmura l'ex-lieutenant en le suivant des yeux.

Lorsque sir John O'Garden, revenant sur ses pas, lui dit avec sa froideur officielle :

— Comme la démarche que vous m'avez fait l'honneur de me confier peut vous faire désirer de me voir en dehors de nos rapports d'administration, voici une passe avec laquelle vous pourrez toujours venir à mon appartement.

Et, lui ayant remis un petit carton jaunâtre qu'il tira de son portefeuille, il le quitta de nouveau, après le même échange de saluts.

— Hein ! vois-tu où pouvait nous conduire un moment d'imprudence ? fit Ballard se relevant de sa prostration.

— Au fait, nous l'échappons belle.

— A quelque chose malheur est bon : nous sommes sûrs maintenant d'avoir un allié.

— Et de nouveaux auxiliaires ; tu as entendu ?

— Cela vient à point. Nous ne serons pas forcés de suspendre nos travaux ; ayant un roulement de quatre aides, nous ne les tiendrons pas assez longtemps chacun pour exciter la méfiance de nos gardiens.

— Mais, reprit plus sérieusement le jeune lieutenant, avez-vous songé d'avance sur qui porter votre choix ? Qui comptez-vous attacher à votre service ?

— Ma foi ! je serais assez embarrassé pour le moment de désigner un seul homme. J'aurais bien pu choisir maître Restour ou maître Rimbaud, mais l'un est aux fers et l'autre à l'hôpital. Toi, n'aurais-tu pas quelqu'un de confiance et sur le concours de qui l'on pût compter ?

— Ces hommes-là sont assez rares.... Il y a pourtant le père Bihan, qui ferait assez notre affaire.

— Prenons-le. Et puis ?

— Et puis.... c'est que je n'en connais pas d'autre.... Attendez donc.... j'oubliais le meilleur.

— Et qui ?

— Mais le père Roussin, qui a tout pour être choisi : d'abord c'est un brave et digne homme s'il en fut jamais, et qui, avec ses ciseaux et ses gouges, pourra nous être d'une utilité décisive.

— Comment ! un homme qui a des ciseaux et des gouges.

— Avec quoi donc voudrais-tu qu'il fît ses violons !

— Et tu n'en avais pas encore parlé ! mais il n'y a pas à balancer un instant, il faut nous l'adjoindre. Voilà notre personnel au complet.

— Seulement, va-t-il vouloir, lui ?

— Vouloir s'évader ! vouloir être libre !

— Dame ! c'est que c'est un drôle de corps ; se trouvant bien dans toute position, même dans cet infâme ponton ; bénissant Dieu de tout ce qui lui arrive, même quand ce sont des biscaïens ou des boulets.

— Allons donc ! il ne refusera pas. Va lui parler ; pour moi, je le porte d'avance sur ma liste.

Jules Serval se rendit sur le tillac. Aucun des hommes qu'il cherchait ne s'y trouvait. Il descendit dans l'entrepont. La première personne qu'il rencontra au pied de l'escalier fut le père Bihan.

Pour lui, ce fut l'affaire d'un instant. Proposition faite, proposition acceptée, et avec un débordement d'invocations qui s'étendirent à toutes les Notre-Dames de la côte de Bretagne, depuis le havre du Solidor jusqu'à l'île de Bréhat.

Mais ce n'était pas la difficulté ; la négociation semblait devoir être tout autre avec le père Roussin. Le brave marin n'était pas moins industrieux que résigné. Grâce à ses talents de luthier, grâce aussi à ses transmutations de vieilles chiques renaissant en poudre sternutatoire, il avait damasquiné d'assez d'or sa chaîne de prisonnier pour qu'il regardât à deux fois à changer cette vie de tabac fallacieux et de naïfs violons contre les dangers d'une évasion dont le succès avait pour alternative un odieux supplice.

C'était à craindre. Jules allait bientôt le savoir, car le père Roussin était à son sabord, occupé de ses travaux transformateurs.

— Pourrait-on vous dire un mot, père Roussin? lui cria le capitaine Serval, sans essayer de percer le cercle qui se pressait à la lumière, *adstantium corona*, comme disent les thèses de philosophie scolastique.

— Un mot, commandant! répondit vivement le père Roussin; non pas un, mais tous les mots possibles! Il n'en est pas, bourne! que je n'affrontasse pour vous être agréable.

Et en commettant ce calembour candide, qui doit lui être d'autant plus indulgemment pardonné qu'il n'en avait pas la conscience, il se faisait faire place par tous ceux qui le séparaient de son ancien officier. Il le joignit enfin.

— Me voici à vos ordres, commandant, fit-il, le revers de la main à son bonnet.

— Nous serons plus à notre aise au bout de la batterie, je pense; j'ai à causer un instant avec vous.

— Au fait, ici, répondit le père Roussin, nous serions un peu comme deux bouées dans les lames.

— Allons là-bas. — L'extrémité de la batterie vers laquelle ils se dirigèrent était d'autant plus libre qu'elle était plus obscure; il n'y avait pour le moment que cinq ou six pauvres diables assis dans les angles ou couchés sur le pont, dans un état de maigreur et d'exténuation extrêmes. C'était moins la maladie qu'un système diététique poussé à ses dernières limites qui les avait réduits à cet état. Comme les Anglais, dans les échanges, choisissaient généralement les hommes étrangers à la navigation, ou les matelots les plus faibles et les plus malingres pour constituer le nombre de prisonniers qu'ils devaient rendre, beaucoup de marins, désespérés par les angoisses de la vie de ponton, se privaient presque de toute nourriture pour se faire comprendre dans ces échanges, au point que trop souvent ils payaient leur liberté de leur vie. — Eh bien! père, dit Jules Serval à Jacques Roussin, dès qu'ils eurent atteint un espace libre, vous trouvez-vous toujours bien dans cette vieille et affreuse batterie?

— Au fait, ce n'est pas flambant comme celle du *Bucentaure*. C'était ça qu'était un vaisseau, bourne!... Mais que voulez-vous! ne doit-on pas se trouver bien, quelque mal qu'on soit, quand on a la chose de penser que si le bon Dieu eût voulu on serait encore pire. Aussi, quand ils viennent se plaindre à moi, histoire d'attraper quelques patards anglais : « Le biscuit est plein de vers, » par ci, « on ne donne pas assez de vivres, » par là ; « Et si on ne vous en donnait pas du tout ? » que je leur dis...

— Vous leur dites cela, père Roussin! lui fit Jules Serval d'un ton de reproche.

— Et oui, bourne! oui, que je leur dis cela. Pourquoi se plaindre quand on n'y peut rien ?... Ne vaut-il pas mieux prendre le temps comme il vient, puisque c'est le bon Dieu qui nous l'envoie... ce qui ne m'empêche pas, quand il y a possibilité, de leur glisser quelques pennys dans la main.

— A la bonne heure !... Mais vous, père Jacques, là! est-ce que, quand vous vous rappelez ces bonnes soirées d'hiver, à Baccilly ou à Genest, faisant cercle sous la cheminée, la bourrée pétillant dans le feu, le cidre perlant dans les verres, les châtaignes dorées dans l'âtre... notre eau croupie ne vous paraît pas bien fade et notre biscuit pourri bien amer?

— Oh! commandant, ne me parlez pas de cela!... causez-moi plutôt des sauvages de la mer du Sud, des bournes d'indécents qui vont tout nus et qui mangent les marins cuits aux feuilles dans de grands trous; ou bien encore de la côte des Barbaresques; alors je bénirai le bon Dieu de ce qu'il ne m'a pas fait tomber dans les mains de ces particuliers-là... Mais ne me parlez pas du pays... du pays! fit le brave homme en dévorant une larme qui était venue lui baigner les yeux... Avec ce mot-là, voyez-vous, vous ne savez pas les folies que vous me feriez faire !...

— Allons ! ne vous emportez pas, père Roussin, lui dit en souriant le capitaine Serval, qui avait compris à l'émotion du bon marin qu'il pouvait aborder directement la question ; il n'y a pas de folie à faire, et, dans un mois, nous pourrons héler les amis sur les côtes de France.

— Que dites-vous là ? commandant... dans un mois !

— Dans un mois.

— Et j'en serais, moi aussi ?

— Vous aussi, père Jacques !

— Ah ! commandant, si ce n'est pas vrai, ne me dites pas ça... Vous ne savez pas...

— Je vous le dis, père Roussin, parce que nous avons une affaire qui se monte dans des conditions presque sûres. Mais vous savez nager !

— Sans me vanter, je puis dire qu'autrefois un poisson et maître Roussin ça faisait la paire. Dame ! j'en ai peut-être perdu un peu l'habitude depuis... mais pour ce qui est de cela, tout de même, soyez tranquille ; car, bourne ! ce ne sera pas cette goutte d'eau qui fera obstacle.

— Alors, c'est bien. Voici ce que nous allons faire d'abord. Le capitaine Ballard...

— Oh ! bourne ! un dur, celui-là !

— Le capitaine Ballard donc est autorisé à choisir deux hommes de service parmi les prisonniers : vous allez être un de ceux qu'il va désigner. De cette manière, vous pourrez venir dans nos cabines ; là, on vous apprendra tout.

— C'est dit, commandant.

Les deux auxiliaires étaient trouvés. Le concours de ces nouveaux aides était un élément de succès trop sérieux pour que les deux officiers français perdissent un instant à l'assurer à leur entreprise. Un retard ne pouvait que susciter des difficultés et créer des obstacles ; il fut résolu que Jules profiterait de la passe qu'il avait reçue du major irlandais pour obtenir de sa brusque obligeance l'exécution immédiate de l'autorisation, due à son intervention personnelle.

Cette carte fut pour l'ex-capitaine de *la Dorade* le « Sésame, ouvre-toi ! » du conte oriental. Tous les gardiens s'inclinèrent, toutes les barrières s'ouvrirent devant elle. Il arriva jusqu'au seuil du *gouvernement* sans qu'on lui eût demandé aucune explication ni fait aucune remarque.

Là seulement, il fut arrêté par le gardien de service :

— Le major n'est pas chez lui, lui dit cet agent de la police du ponton.

— Et où est-il ?

— Au greffe.

— Pensez-vous qu'il y soit longtemps ?

— Il y est déjà depuis quelques instants ; il ne peut tarder à en sortir.

— C'est bien ; faites-le prévenir que j'attends sur cette plate-forme.

La plate-forme qu'indiquait l'officier prisonnier était le couronnement de la dunette ; il avait été disposé comme poste d'observation générale, et comme lieu de promenade pour l'état-major du *prison-ship*. C'était là que ses officiers venaient prendre l'air, parfois même des grogs ou du thé, quand le permettait l'inclémence de ce climat septentrional. De ce point, les regards s'étendaient sur toute la baie, et sur le frais mais froid paysage dont cette Méditerranée en miniature voyait les perspectives s'enfoncer et s'évanouir dans ses lointains vaporeux.

L'air avait en ce moment la pureté qu'une légère brise du nord-est lui donne seule, au printemps, dans ces latitudes élevées. L'aspect de cette contrée dans toute la puissance de sa végétation était celui des campagnes accidentées du littoral du Cotentin ou du Bocage : mêmes teintes, mêmes mouvements de terrain, mêmes lignes d'horizon, même caractère.

Jules en fut brusquement frappé. L'image du pays, le sentiment, comme dit Chateaubriand, de la patrie absente, saisit irrésistiblement son esprit et son cœur en présence de cette nature connue, de cette nature aimée. Il crut revoir les doux sites où s'était écoulée son enfance : les vallées du Tohar, de la Sée ou de la Vire, avec leurs versants boisés et leurs gras pâturages, où les boutons d'or et les houppes pourprées des trèfles, les fleurs ailées des iris et les bouquets odorants de la reine des prés se mêlent aux aigrettes flottantes des foins mûrs.

Il s'était laissé involontairement emporter par le charme de cette impression et de ces souvenirs, lorsqu'un incident imprévu vint en compléter les illusions et comme en réaliser le prestige.

Les sons d'un clavecin s'étaient fait entendre ; aux accords capricieux qui s'en étaient élevés d'abord, avaient bientôt succédé une mélodie variée, dans les ondulations de laquelle avait flotté par instants un doux air de sa jeunesse, air voilé de tristesse et où l'on sentait palpiter un regret ; c'étaient comme les soupirs d'un adieu, les âpres morosités de l'absence ou les mornes angoisses de l'exil. Ce cantilène, dont le motif ne s'ébauchait en quelques notes plaintives que pour s'évanouir dans de sombres octaves qui rappelaient le *Super flumina* de Marcello, se formula enfin en une romance depuis assez longtemps en vogue de l'autre côté de la Manche. Une voix fraîche, de timbre et de jeunesse, pure et vibrante, laissa exhaler les paroles françaises :

> Fleuve du Tage,
> Je fuis tes bords heureux...

Le doux langage du pays, ce chant de ses jeunes années pénétrant en un pareil moment dans son âme, et y pénétrant avec les accents d'une voix fraîche, jeune et sympathique, y produisirent un effet si puissant que l'intrépide marin sentit ses yeux se remplir de larmes, et que le chant avait cessé depuis assez longtemps lorsque la voix du major de *la Crown* vint l'arracher, par les mots suivants, à l'absorption profonde où son impression l'avait plongé :

— Je suis à votre disposition, monsieur... car c'est à moi, m'a-t-on dit, que vous désirez parler ?

— C'est bien à vous, major ; mais excusez, de grâce ! je viens d'éprouver une surprise... Une voix que je viens d'entendre... m'a causé un si profond saisissement, que j'ai vraiment peine à me remettre de cet ébranlement subit.

— Vraiment !... la voix de miss Marie de Kernouville...

— Comment ! de Kernouville ? Mais c'est là un nom de mon pays, un nom breton-normand... un vrai nom armoricain !

— Certainement ! Miss Marie de Kernouville n'est que depuis quelques années en Angleterre, où son père, un vieux gentilhomme breton, s'était réfugié après une des dernières tentatives d'insurrection des départements de l'Ouest.

— Comment peut-elle se trouver sur ce ponton !

— La chose est fort simple : le vieil émigré à qui sir Daniel Ross, alors capitaine d'un cutter attaché à l'escadre du canal, avait eu occasion de rendre quelques services, mourut quelque temps après avoir touché le sol anglais. Par une clause de son testament, il priait son nouvel ami de vouloir bien accepter la tutelle de la jeune fille qu'il laissait orpheline, et provisoirement presque sans fortune, sur la terre d'exil. Le commodore accepta ce mandat pieux. Voilà l'explication de la présence de miss Marie de Kernouville sur ce vaisseau-prison, dont sir Daniell Ross, blessé depuis dans un engagement avec la flottille de Boulogne, a été nommé commandant.

— Cette existence pour une jeune femme doit être horrible.

— Le commodore, on doit en convenir, fait tout pour lui en adoucir les ennuis. Miss Marie est entourée sur *la Crown* de tout ce qui peut rendre la vie douce, sinon agréable, confortable sinon heureuse... il est vrai...

Et comme sur ces derniers mots il se taisait, Jules Serval reprit :

— Auriez-vous quelque restriction à faire ?

— Pas précisément... Il est cependant quelques bruits... assez menaçants pour la position et peut-être même pour l'avenir de cette jeune fille.

— Y aurait-il indiscrétion à vous interroger, major ?

— Nullement.

— C'est que, voyez-vous, je ne connais que très-vaguement la famille de Kernouville... mais les circonstances singulières dans lesquelles vous venez de me révéler la présence ici de l'un de ses membres, l'effet étrange que vient de produire sur moi la voix de cette jeune fille, un je ne sais quoi qui me dit dans le cœur que je puis lui être utile, m'inspirent en ce moment le plus vif intérêt pour elle.

— J'ai bien peu de chose à vous dire ; la rumeur publique, assez justifiée il est vrai par les apparences, est que sir Daniel Ross éprouve pour sa pupille d'autres sentiments que ceux d'un tuteur.

— Que voulez-vous dire ?

— Que les Bartholos ne sont pas tous des personnages de comédie, ou plutôt que quelques personnages de comédie sont les types de vices et de ridicules très-communs encore de nos jours. Le commodore, visiblement, est jaloux de la pauvre enfant !

— Lui !... allons donc !...

— Et voilà le motif, en grande partie, du luxe, des superfluités, dont il l'entoure sur *la Crown*. Il ne néglige rien pour l'y retenir. Aussi ne peut-elle se rendre que bien rarement à Southampton, où elle vivait avec son père. Si elle quitte parfois le ponton, c'est pour aller faire de rapides séjours dans un cottage isolé que le commodore a loué pour elle au fond de la baie.

— Triste position ! Et cette jeune fille est-elle jolie ?

— Jolie autant que bonne, et pour la bonté c'est un ange. Mais le hasard vous sert à souhait, c'est lui qui se charge de vous répondre : la voici qui se rend à l'infirmerie pour s'acquitter de la visite qu'elle y fait chaque jour.

Elle venait en effet d'apparaître sur le seuil du *gouvernement*. C'était une grande jeune fille, mince et svelte, au visage de laquelle de grands yeux très-doux, un nez qui eût été fort, s'il n'eût été très-mince, une petite bouche à lèvres aussi fines de modelé que de ton, donnaient une distinction et une grâce infinies. On sentait qu'elle appartenait par le sang aux vieilles races septentrionales ; c'était bien la fille du ciel kimry, dont elle portait l'azur à reflets verdâtres dans ses yeux, et aux nuages duquel ses cheveux semblaient avoir emprunté leurs teintes flaves.

La grâce noble et pudique avec laquelle elle répondit aux saluts du major et du prisonnier français, en passant devant eux, permit à Jules Serval de remarquer la finesse de ses traits, comme il avait déjà pu admirer l'élégance de sa taille et la noble simplicité de sa tournure.

— Oh ! major, s'écria Jules Serval aussitôt que la porte de l'infirmerie se fut fermée sur ses pas, si elle est aussi bonne que belle, vous aviez bien raison de dire que c'est un ange... Mais j'oublie l'objet de ma visite.

— Voyons.

— Vous m'avez chargé d'annoncer au capitaine Ballart que le *transport-office* avait accueilli sa demande.

— Eh bien ?

— Je viens vous apporter les noms des deux prisonniers qu'il désire attacher à son service.

— Donnez-les-moi.

— Les voici.

Et il lui offrit un carré de papier sur lequel ils étaient inscrits.

— C'est bien. Dès ce soir je vais faire accomplir les formalités qui les mettront à ses ordres.

Dès le lendemain, maître Bihan et Jacques Roussin étaient attachés au capitaine Ballard. Ils connurent, le jour même, le concours que l'on attendait d'eux.

Le lendemain, Jacques Roussin était à l'œuvre. Non-seulement il mettait à la disposition de l'entreprise ses gouges et ses ciseaux, mais encore son esprit inventif.

Les travailleurs se trouvèrent bientôt armés d'instruments qui facilitèrent et simplifièrent leur besogne. Ce furent des espèces de forets, fabriqués avec des tronçons de fleurets rompus. La pointe, fortement appuyée contre le bord qu'ils devaient trouer, était mise en mouvement par un archet dont la corde enveloppait leur tige, avec une rapidité si grande que le bois ne pouvait résister à cette pression et à ce mouvement réunis. Seulement, le travail, s'accomplissant sur un bois d'une extrême dureté, ne pouvait s'effectuer sans bruit; c'était là l'inconvénient.

Cette circonstance imposait de nouvelles obligations. Il fallait nécessairement tenir tout visiteur à distance du cabanon où il s'opérait. Jules Serval, malgré la gracieuse image qui traversait sans cesse sa pensée, malgré les préoccupations nouvelles qui s'étaient emparées de son cœur, trouva un moyen sûr d'écarter le danger.

Il possédait un remarquable talent en peinture; il songea à reprendre cette occupation aimée de sa première jeunesse, mais à la culture de laquelle les nécessités de sa vie militaire ne lui avaient laissé la possibilité de consacrer que bien peu de loisirs.

Grâce à l'avidité commerciale qui forme le fond du caractère anglais dans toutes les classes sociales, dans l'homme de race comme dans le prolétaire, dans l'apôtre de l'anglicanisme comme dans le négociant, à plus forte raison dans l'espèce rapace des geôliers, ces vampires des prisons, il était facile de se procurer, contre finances, tout ce qui ne menaçait pas la sûreté du vaisseau-prison. Toile, palette, couleurs, brosses, chevalet, tout l'attirail du peintre fut fourni au jeune lieutenant avec un empressement dont le vide pratiqué dans sa ceinture eût expliqué l'ardeur et la rapidité merveilleuses.

Il installa d'abord son chevalet à l'entrée du couloir, sous prétexte d'obtenir un jour convenable pour son tableau, en sorte que, lui peignant, toute circulation dans le couloir était impossible. Le travail dans sa cabine pouvait donc s'exécuter avec sécurité.

Il fit de rapides progrès. L'adresse que chacun acquérait par l'expérience était attestée par le nombre des trous percés chaque jour; ce nombre, de deux ou trois d'abord, s'éleva bientôt jusqu'à dix; encore pouvait-on les espacer davantage, grâce à un nouvel outil inventé par le père Roussin. L'ingénieux marin était parvenu à façonner un fragment de cercle de fer enlevé à un baquet en une petite scie, au moyen de laquelle on détruisait les intervalles des vacuoles creusées par les forets.

Cette dernière opération avait un inconvénient, un danger : un bruit plus strident encore que celui des forêts ; mais on attendait pour l'exécuter le moment employé chaque matin par les gardiens à briquer la partie du pont réservée au service administratif. Au bout de dix jours, le revêtement intérieur était enlevé. On se trouva en présence de la membrure. Ce qui s'offrit aux regards des prisonniers était de nature à décourager tous autres que des cœurs dont l'amour de la liberté exaltait les aspirations. Ce n'était pas seulement une pièce de bois, c'était le membre et son allonge jumelés, formant presque un massif d'un pied d'épaisseur. Pierre Ballard, qui était venu aider Loïk à enlever le panneau découpé dans le revêtement, resta immobile et silencieux, les regards fixés sur ce nouvel obstacle.

Ce douloureux saisissement ne fut pas long. Ayant voulu s'assurer de la dureté du bois, le ciseau avec lequel il essaya de l'entamer y pénétra avec tant de facilité qu'il ne put retenir un cri de joie. Le membre et son allonge étaient dévorés par cette pourriture blanche qui consomme le bois comme la rouille le fer ; quelques faibles parties de l'allonge avaient seules résisté à l'action corrosive de cet oxyde végétal. Ce travail, qui eût coûté plusieurs mois, ne demanda que quelques jours.

Le bordage présentait de plus grandes difficultés, moins toutefois par sa dureté, qui n'offrait rien d'extraordinaire, que par son épaisseur qui dépassait dix pouces. Mais la partie de l'opération la plus difficile, et celle qui d'après toutes prévisions devait demander de plus longs efforts, était accomplie. On se mit à l'œuvre, dans l'ardeur de ce double succès, avec une résolution et une énergie dont le travail ne cessait de fournir des résultats heureux ; chaque soir les fronts devenaient plus sereins, les visages plus joyeux ; car chacun sentait qu'un nouveau pas était fait vers la liberté.

C'était bien encore la vie de prison et ses froides ténèbres, mais dans son obscurité flottaient déjà les lueurs crépusculaires du jour prêt à poindre, et les rêves prenaient leur essor comme les alouettes qui, dès l'aube, montent dans le ciel, et que la plaine, encore dans l'ombre, voit tout à coup rutiler dans les premiers rayons du soleil.

On était donc enfin arrivé au dernier travail. Encore un jour, deux jours au plus, et le trou serait à point, et l'heure de la délivrance aurait sonné. Maître Laumel était à l'ouvrage et le poussait avec vigueur. Jules Serval, debout devant son chevalet, la palette au pouce et la brosse aux doigts, achevait un petit tableau antique, épique et très-académique, dans le style et le goût de l'époque : c'était un Spartacus offrant aux dieux vengeurs ses fers brisés.

Son chevalet, placé à l'entrée du couloir lorsque les forets et les burins attaquaient un bois dont la dureté ne cédait sous la pointe d'acier qu'avec un bruit métallique, s'était successivement rapproché jusqu'à l'entrée de sa cabine, depuis que le travail ne nécessitait plus cette mesure de prudence. Ayant cependant entendu un léger bruit d'outil, il venait d'éloigner son appareil de travail d'environ un mètre, lorsque son attention fut appelée par une marche sautillante que, sans sa lourdeur, on eût pu prendre pour celle d'un enfant.

Il écouta.

Elle était accompagnée d'un bruit de pas plus réguliers. On se dirigeait vers le couloir. Il devina la visite qui le menaçait. Il vit presque aussitôt apparaître le commodore accompagné de son acolyte habituel.

Il avait l'air affectueux et souriant qu'on trouvait toujours dans ses traits, même à travers le voile de tristesse hypocrite dont il feignait l'expression lorsqu'il ordonnait quelque châtiment cruel.

— Ah ! monsieur, dit-il à Jules Serval dans ce langage de français anglicanisé dont maître Laumel nous a donné un spécimen et dont nous épargnerons au lecteur l'ennui de la reproduction textuelle, je suis content, très-content de vous trouver à votre travail.

Le lieutenant de la marine impériale s'inclina.

— On dit que vraiment vous faites des choses très-belles...
— Et s'étant approché du tableau... — Oh ! très bien ! *very well! very well!*

— Vous êtes trop indulgent...

— Non certainement, monsieur... c'est très-bien... et j'en suis d'autant plus heureux que votre refus de la *caution* me faisait craindre que vous n'eussiez des intentions tout autres que des idées de retraite et de travail.

— Vous pouvez reconnaître, commodore, si vous êtes dans l'erreur.

— Je le reconnais et m'en applaudis d'autant plus qu'il m'eût été plus pénible, plus douloureux d'avoir à faire appliquer à un gentleman comme vous les châtiments sévères que nos règlements, trop rigoureux sans doute, prononcent contre toute tentative d'évasion ; tentative bien naturelle pourtant.

— C'est cependant, dit Jules Serval en examinant son tableau sous divers aspects comme pour se rendre compte de l'effet général, au zèle avec lequel vous surveillez ces tentatives, à la sévérité avec laquelle vous les réprimez, que vous devez la haute réputation dont vous jouissez jusqu'au delà des mers, monsieur le commodore.

Sir Daniel Ross, qui ne se méprit pas sur la valeur de ces paroles amères, affecta cependant de les recevoir avec une feinte modestie.

— Monsieur !... fit-il en s'inclinant légèrement les yeux baissés.

— Oh ! vous êtes célèbre, monsieur, et vraiment vous le méritez. Vous êtes un homme spécial... vous avez le génie de la prison...

Jules Serval tressaillit au moment où il prononçait ce dernier mot ; un bruit, semblable à celui d'une mèche de fer sur un corps plus dur qu'un bois ordinaire, fit entendre son grincement métallique. Il remua le pied de son chevalet d'un air impatienté, comme s'il eût produit ce bruit imprévu.

Le commodore, qui était resté attentif, sembla admettre l'explication résultant de cette pantomime, et, poursuivant la conversation :

— Du génie ? Non, monsieur, mais l'esprit de mes devoirs... Et, quels qu'ils soient, je les remplis.

— Oh! avec zèle... pour cela, vous y mettez tout votre cœur.

— Vous vous méprenez sur mon caractère... C'est avec un grand regret, monsieur, que j'exécute les ordres que je reçois et qu'on m'impose... Vous auriez pu en avoir la preuve... Que n'avez-vous envoyé la dénonciation que vous avez préparée?

— Mais, commodore, qui vous dit qu'elle ne soit point partie?

— Partie? — Le même bruit retentit une seconde fois. — Ah! qu'est-ce cela?... Avez-vous entendu?

— Très-bien, répondit l'officier français visiblement troublé... c'est ce maudit chevalet... dont la charnière... — Et l'agitant avec un mouvement d'irritation affectée, et de manière que le bruit avertît maître Laumel du danger, il ajouta : — Je vous demande pardon, commodore, mais ce bruit est tellement agaçant que la patience m'échappe.

— Ah! votre protestation, votre dénonciation est partie!... reprit sir Daniel, à qui cet incident avait permis de se remettre de la surprise et de l'émotion que lui avait causées cette déclaration imprévue.

— Je n'ai pas dit cela, commodore; je vous ai répondu seulement que le contraire était une simple supposition de votre part.

— *Very well! very well!...* Vous verrez donc, monsieur, quelle réponse vous fera le *transport-office*... ou l'amirauté... que sait-on? vous vous êtes peut-être bien adressé au roi Georges... *very well! very well!...*

Et il se retira, le sourire toujours sur les lèvres, mais l'inquiétude dans le regard et la crainte dans le cœur. Son trouble, qui n'échappa point à Jules Serval, contribua puissamment à lui persuader qu'il était parvenu à donner le change au sentiment de défiance que le second grincement du foret avait d'abord excité dans l'esprit du commandant, et que la préoccupation anxieuse sous le coup de laquelle il s'était éloigné avait achevé d'effacer dans son esprit la trace instantanée de son impression précédente.

— Eh bien! nous l'échappons belle! fit-il à maître Laumel, qui se présenta en cet instant à l'entrée de la cabine.

— Eh! comment cela, commandant?...

— Vous ne nous entendiez donc pas?... le commodore était à l'instant avec moi... ici même !

— Bah! pas possible, capitaine !

— Si possible qu'il a parfaitement entendu les deux grincements de votre foret.

— Que dites-vous là?

— Mais qu'il a parfaitement cru aussi que c'étaient des grincements de la charnière de mon chevalet.

— Ah! la bonne farce !... Étonnez-vous après cela que les requins avalent des saumons de plomb pour des dorades. Nous devons tout de même un beau cierge à Notre-Dame du Lihou, car nous échappons là à une fameuse bourrasque. Et dire qu'on a manqué sombrer corps et biens à l'entrée du port, quoi !... car, commandant, je venais vous dire que la besogne est bâclée. Tout est paré... voyez !

— C'est-à-dire... que le panneau est toujours en place.

— Tonnerre de Brest ! je n'ai pas fait la bêtise... mais il ne tient plus que par le mitan des quatre côtés. Dans un quart d'heure, avec la scie à main, l'affaire sera faite, quoi !

— Veille donc un instant, que j'examine.

Et, pendant que le vieux marin était en vigie au bout du couloir, le lieutenant vérifiait l'exactitude de ses déclarations. Tout était à point. La jonction des deux bordages à l'un des angles du trou avait hâté ce résultat heureux; les quatre languettes de bois qui retenaient encore l'espèce de mantelet de sabord taillé dans le flanc de *la Crown* étaient même si minces qu'un choc eût pu le jeter à la mer.

Jules Serval replaça comme d'habitude le revêtement intérieur, dissimula adroitement le travail au moyen d'un mastic formé de de graisse, de sciure de bois et de charbon pulvérisé ; puis replaça la galiote contre le bord.

La partie périlleuse et difficile de leur entreprise était exécutée : le trou était à point, sans qu'aucun bruit, une lame qui se rompt, une pointe qui se brise, un nœud de bois qui éclate sous un foret, la scie grinçant sur un clou, sans qu'aucun bruit, aucun incident imprévus eussent éveillé la défiance ; sans qu'aucun oubli, un vide incomplétement ou maladroitement dissimulé, une alvéole mal bouchée, un débris quelconque, un instrument laissé ou tombé à l'écart, eussent frappé l'œil des surveillants, attiré le regard des rondes, excité la vigilance inquiète des geôles ; sans qu'enfin leur vie retirée, la fréquence de leur isolement, la permanence journalière de l'un des hommes attachés à leur service dans leur cabine, eût même provoqué l'attention ombrageuse de leurs gardiens ou l'indiscrète curiosité de leurs compagnons d'infortune ; tous les dangers étaient affrontés, les obstacles surmontés, toutes les difficultés vaincues. Le trou était prêt.

Vînt maintenant l'heure propice, et ce trou s'ouvrait pour eux sur la liberté, sur le bonheur, sur la vie ! Il le croyait du moins ; sans songer que, dans ces entreprises si périlleuses, c'est trop souvent à l'angle du succès que, hideuse et sinistre, veille la trahison.

Pierre Ballard apprit à son retour où l'on en était. La joie que lui causa cette communication fut inquiétée et assombrie par ce que Jules lui dit de la visite du commodore. L'impression des bruits révélateurs qu'il avait entendus, effacée dans son esprit par l'effet révulsif d'une préoccupation plus vive, pouvait y renaître sous l'empire sédatif de la réflexion. Il pouvait ordonner des perquisitions spéciales ; il pouvait même, ainsi qu'il l'avait fait quelquefois sur un simple soupçon, donner aux prisonniers un autre logement pour que le démeublement de leur cabine en permît une exploration plus complète.

La conclusion du vieux corsaire fut qu'on devait hâter le plus possible les préparatifs d'évasion, et saisir l'occasion favorable la plus prochaine d'échapper aux perplexités de leur situation. Cette occasion, d'après ses prévisions, ne pouvait tarder à naître. La sérénité dont on jouissait depuis quelques jours ne pouvait manquer d'amener des orages ; de plus, la lune, comme dit Lucain, était favorable, *Phœbe secundâ*; son croissant tardif laissait aux nuits la plus propice obscurité. En tout cas, il ne fallait pas laisser se développer la lune nouvelle sans avoir quitté ce ponton maudit.

En attendant on convint de faire immédiatement tous les préparatifs, de prendre toutes les dispositions nécessaires pour qu'à toute opportunité l'évasion fût possible.

VII

LE PÈRE BIHAN

Le trouble que Jules Serval croyait avoir jeté dans l'esprit de sir Daniel Ross était plus profond encore qu'il ne le supposait. Il y avait plus que de l'inquiétude, il y avait de l'irritation. Il redoutait bien une enquête sur les actes tortionnaires au moyen desquels il avait obtenu l'ordre apparent que son machiavélisme, contraire à ses instructions, bien plus que le zèle intelligent recommandé par l'administration à tous ses agents, faisait régner à bord de *la Crown*, mais il reconnaissait en même temps l'insuffisance de ce réseau de surveillances officielles et mystérieuses dont il croyait avoir complétement enveloppé le ponton, puisque ses mailles, qu'il avait tout particulièrement resserrées autour de Jules Serval, n'avaient pu arrêter les rapports qu'il tentait de nouer avec l'extérieur, et c'était là surtout ce qui l'agitait, car il ne lui restait pas même l'excuse du succès.

La scène qui se passa quelques jours après cette visite dans le cabinet de travail du commodore prouve cependant combien était dangereuse la sécurité dans laquelle avait jeté l'ex-capitaine de *la Dorade* la conclusion tirée par lui de cette agitation inquiète. Elle va nous démontrer, en effet, qu'en croyant avoir trompé cet hommeprison sur la cause et la nature des bruits accusateurs provenant de sa cabine, Jules Serval n'était arrivé qu'à se tromper lui-même.

Vers dix heures du matin, sir Daniel Ross était encore affranchi de son uniforme rouge, de son chapeau à plumes de coq et de ses bottes à retroussis, qu'une pensée de fashion, — nous devrions dire une idée de coquetterie, — plus que la rigueur des règlements, lui imposait dans tous ses rapports, même les plus intimes, après les premières heures de complet isolement qu'il consacrait chaque matin au travail. Assis dans un grand fauteuil de tapisserie, devant un bureau de bois de rose chargé de papiers et de cartons, il exécutait ou contrôlait avec un soin et une ponctualité scrupuleuse tous ses rapports et tous ses travaux de greffe, dont la parfaite régularité avait puissamment contribué à lui conquérir la confiance dont il jouissait auprès de l'administration supérieure.

Une houppelande de basin, un madras noué autour de sa tête, et des pantoufles de castor, remplaçaient encore la défroque militaire dont il allait bientôt se revêtir, quand le master introduisit Bihan dans cette pièce.

— Ah! c'est toi!... fit sir Daniel Ross, après avoir jeté un regard rapide sur l'intrus, tout en continuant d'écrire.

— Moi-même, mon brave commodore, pour vous servir, si j'en étais capable.

— Eh bien! reprit le commandant du ponton après avoir achevé de tracer sa phrase, as-tu du nouveau? Explique-toi.

— Ah! ma damnation! oui que j'en ai du nouveau, et de l'important, je m'en flatte... Mais par où commencer?... car à aller de tribord à bâbord on fait de fausses embardées, et on n'arrive pas; vous parlerai-je d'abord de la Bretagne, ou du trou?

— Aurais-tu déjà reçu des nouvelles de ton pays?

— Qu'est-ce que je vous disais, mon digne chef?... C'est que je ne me suis pas adressé à un rien du tout... Ça vous prouve, dit-il en prenant une lettre dans son paletot, qu'on est un homme et qu'on sait à qui se confier. C'était un expert, comme on l'appelle, un *mesuroux* de terre, un malin, que j'avais chargé de la chose.

J'étais bien sûr qu'après qu'il aurait senti l'haleine du bonhomme, s'il n'avait rien appris, il eût fallu renoncer à l'affaire.

— Qu'a-t-il appris ? Voyons...

— Eh bien ! mon digne gentilhomme, ce qui est sûr maintenant, c'est que maître Hirou, l'ancien concierge du château, est bien resté chargé des affaires de M. le comte au pays. C'est à lui que, avant de s'embarquer pour l'Angleterre, M. de Kernouville a confié l'endroit secret du parc où on assure qu'il a enterré son argenterie, toutes les valeurs qu'il ne pouvait emporter avec lui, et, dit-on aussi, la somme nécessaire pour racheter le domaine s'il venait à être vendu.

— Comme cela, il ne l'a pas encore été ?

— Non, mon bon commandant ; les autres biens seulement ont été mis en vente... Mais monsieur le comte était si aimé dans toute la contrée, qu'il ne s'est pas présenté d'acquéreur. Le château et le domaine ne doivent être passés en adjudication que le mois prochain.

— La fortune du comte était, comme cela, très-considérable ?

— Ma damnation ! une fortune de prince. Le domaine seul et ses fermes produisaient plus de vingt mille livres de rente nette.

— Et c'est ce domaine et ces fermes que maître Hirou serait chargé de racheter ?

— C'est le bruit.

— Le bruit ! le bruit ! et c'est tout cela qu'a découvert ton habile homme, ton expert, ton malin, comme tu dis ? Il ne lui a donc pas fait voir ma lettre, la lettre que je lui ai écrite comme tuteur de miss Marie.

— Pardon, excuse, milord ; mais ça n'a pu le décider. Le bonhomme, qui ne sait lire que l'écriture moulée, a répondu qu'il n'avait rien à apprendre dans ce grimoire.

— Ah !

— Ça a tout de même fait réfléchir notre rusé compère, qui a supposé que maître Hirou pouvait avoir reçu de monsieur le comte des recommandations particulières.

— Ainsi, toutes ces grandes nouvelles, toutes ces découvertes ne sont que des rumeurs ou des suppositions.

— Ma damnation, mon amiral ! vous filez plus vite que le vent. Prenez, s'il vous plaît, un ris, ou nous ne pourrons naviguer de conserve.

— Allons, parle, explique-toi.

— La supposition lui a fait faire des recherches, et ces recherches ont amené la découverte que voici : c'est que monsieur le comte, qui dans sa position pouvait être l'objet de toutes sortes de demandes et de réquisitions, a expressément recommandé à son vieux concierge de ne souffler mot de ses affaires qu'à ceux qui lui montreraient comme preuve de leur mission un petit portrait de lui ou de mademoiselle ; que, hors ce cas, tout ce qu'on lui dirait serait supposition et mensonge, de n'y pas croire, et de s'en garder comme d'autant de piéges.

— Cela, au moins, est-ce sûr?

— Prenez plutôt cette lettre. Vous y verrez qu'il l'a appris de la nièce même du vieux grigou, placée chez lui comme servante, et qui le savait, elle, pour avoir entendu son oncle le confier à voix basse au recteur de Kernouville.

Sir Daniel Ross lut attentivement la lettre.

— Je puis la garder? demanda-t-il à Bihan après un instant de réflexion dont il avait fait suivre sa lecture.

— Faites-en ce que vous jugerez bon, mon supérieur ; elle est à vous.

— Bien, fit-il en la mettant sous un presse-papiers avec plusieurs autres pièces d'écriture. Maintenant, revenons à *la Crown* : où en est le trou?

— On est arrivé au moment décisif...

— Il est fini?

— Fini depuis trois jours.

— Comment! depuis trois jours, et je n'en suis prévenu qu'en ce moment.

— Ma damnation ! mon digne maître, je n'en ai eu connaissance que ce matin; je viens de l'apprendre du capitaine Ballard, un vrai jacobin, celui-ci; et encore ce n'a-t-il été qu'en me prévenant que nous dérapions cette nuit. C'est bien pour cela que vous me voyez à cette heure, autrement je serais venu comme d'habitude, sur les dix heures du soir; en jour, on peut être vu, c'est trop dangereux.

— L'heure du départ est-elle fixée ?

— Nous devons être à sept heures, nous autres matelots, dans la cabine de nos officiers, où nous allons porter un change d'habits. Il paraît que c'est vers onze heures qu'on va se réunir chez le capitaine Serval; le trou va être aussitôt ouvert, et bon voyage !

— Si on les arrêtait ! dit Ross à l'agent de service qui avait introduit Bihan, qu'en dites-vous, master Michel ?

— Je dis, commandant, qu'il vaut mieux laisser s'effectuer l'évasion que de la prévenir.

— C'est grave ! c'est grave ! L'évasion opérée, c'est déjà un succès; le succès encourage, et pour la punition, d'après le règlement, elle est la même.

— D'après le règlement, oui... Mais, commodore, d'après l'opinion publique, et, allons plus loin, pour le *transport-office* ou pour l'amirauté, c'est tout différent. Que les prisonniers aient le désir de s'échapper, personne n'en doute : qu'ils cherchent à le faire, on doit s'y attendre; punir sévèrement de tels désirs ou de tels actes ce serait peut-être justifier ces cris, ces protestations... qui pourraient quelque beau jour être écoutés... car pour le public et l'administration elle-même ce sont là des infractions à la discipline du bord, de légères contraventions intérieures; mais que l'évasion soit effectuée, qu'il y ait coups de fusil, prise d'armes, que la rade soit mise en émoi, qu'une alarme nocturne inquiète la ville, que la paix publique enfin soit troublée... oh ! alors, toute répression devient légitime.

— Vous avez peut-être raison ; vous pensez donc...

— Qu'il faut laisser l'évasion s'opérer... Nos embarcations

seront parées, on placera en sentinelle un homme de confiance... le poste sera prévenu de se tenir prêt.

— Vous parliez de coups de fusil... je pense en effet comme vous qu'une balle ou un coup de baïonnette donneraient plus de caractère à cette équipée.

— Ce n'est pas douteux... On peut donner ordre à la sentinelle de tirer sur le dernier qui sortira du sabord.

— C'est à toi, dit le commodore à Bihan avec une familiarité joyeuse, à ne pas te laisser devancer par les autres.

— Une parole, sauf votre respect, mon brave commandant.

— Parle.

— Nous sommes six à nous évader, n'est-ce pas?

— Six... oui.

— Si vous donniez tant seulement l'ordre de tirer sur le cinquième, il me serait plus facile de rester le dernier que de passer avant les autres.

— On le peut.

— Et puis, ma damnation! je n'aurai plus besoin de me jeter à l'eau... Je serai tout naturellement arrêté par le coup de feu... car, l'alarme donnée, plus d'évasion possible, ça va tout seul, n'est-il pas vrai, mon noble amiral?

— C'est arrêté ainsi... Master, prenez vos mesures et donnez des instructions pour qu'il n'y ait aucune méprise possible... Et toi, s'il y avait quelque chose de changé, fais-nous-le savoir de suite. Tu sais qu'il y va de dix guinées.

— Ma damnation! mon généreux commodore, ce ne seraient pas dix misérables guinées qui me feraient agir... oh! pour cela, bien sûr!... si ce n'était pas pour la bonne cause... Mais ces gueux, voyez-vous, à commencer par cette petite couleuvre de Loïk, et à finir par le capitaine Ballard, un vrai terroriste, sont tous des *patauds* ou des partisans de l'usurpateur. C'est donc bien comme je le disais, servir le roi et...

— Et ta bourse.

— Il faut bien, mon illustre supérieur, que le pauvre monde vive.

Le lendemain, l'air, le ciel, la mer, tout était d'une sérénité complète L'aspect de ces côtes, habituellement si tristes, — avec les eaux pâles et ternes de cette espèce de *Léman*, les brumes qui voilent ses bords fangeux et couverts d'une végétation sombre, ses lointains ardoisés, son ciel grisâtre, — semblait s'être complétement transformé sous la lumière dorée dont un soleil presque méridional baignait tous ses plans. Les vagues calmes et aplanies avaient pris la teinte azurée du ciel, les tons de la végétation des plages s'étaient éclairés et s'offraient dans la douce harmonie des nuances variées que la nature de ces latitudes revêt dans les tableaux des paysagistes flamands ; au delà, ces masses riantes de verdure fuyaient en perspectives bleuâtres aux ombres carminées si douces au regard.

Jules Serval et Pierre Ballard virent avec peine cette sérénité dont une petite brise fraîche, soufflant du nord, semblait présager la persistance. L'orage de la veille, dont ils avaient prévu le retour périodique, si habituel dans nos climats, était une des conditions du succès de leur entreprise. Les vents et la pluie devaient retenir les sentinelles anglaises, très-peu familiarisées avec les intempéries, dans l'abri de leurs guérites, et l'obscurité d'un ciel nuageux devait envelopper leur évasion de son ombre propice ; or ces prévisions s'évanouissaient dans la sérénité.

L'ardeur que prit le soleil vers dix heures vint leur rendre leurs espérances. A onze heures, l'élévation de la chaleur était telle qu'on sentait sur le pont une odeur de goudron à laquelle, depuis longtemps, on n'était plus accoutumé sur *la Crown* ; le vieux vaisseau sentait ses articulations s'assouplir, sa séve se ranimer sous les caresses des rayons.

Vers midi, les horizons perdaient leur transparence, le ciel sa pureté, la mer plane et stagnante sa teinte vive. De tous côtés d'ardentes vapeurs montaient dans l'air, et la chaleur augmentait toujours.

A quatre heures, ces vapeurs se condensèrent en nuées jaunâtres ;

on sentait déjà frémir dans l'atmosphère les fluides orageux ; le soleil, à son déclin, embrasa les nuages de teintes rougeâtres et sulfureuses d'un aspect sinistre ; pas une ride sur la mer, pas un souffle dans l'air. La nature semblait recueillir ses forces pour une crise.

Déjà l'on entendait rouler dans le lointain de mornes grondements ; les nuées, longtemps immobiles à l'horizon méridional, où elles s'entassaient, s'ébranlèrent et montèrent dans le ciel ; des éclairs se succédèrent, suivis de longs coups de tonnerre ; de larges gouttes d'une pluie tiède commencèrent à tomber vers la chute du jour ; un vent fiévreux se leva peu après, avec une force progressive ; il donna bientôt par rafales, et finit par éclater en tourmente. La pluie tomba alors par torrents. A dix heures du soir, l'orage était dans toute sa violence ; le ciel ne formait qu'un tourbillon de feu ; le bruit de la foudre qu'un fracas non interrompu d'explosions. Le temps eût obéi aux vœux des deux officiers français qu'il n'eût pas été plus favorable à leurs projets.

Ces souffles de l'orage n'avaient pas dissipé toutes les préoccupations qui agitaient le cœur de Jules Serval ; il avait beau s'armer de raison et de volonté, il ne pouvait songer à l'évasion qui allait, la nuit même, l'emporter loin de *la Crown*, sans éprouver un profond et irrésistible regret. Par instants même, ce regret prenait en lui l'accent d'un reproche. Cette jeune fille dont la voix l'avait si profondément ému, dont l'image traversait si souvent sa pensée, était la cause de ce reproche et l'objet de ce regret. Étrange mystère du cœur : il ne la connaissait pas, et malgré cela il lui semblait manquer à sa foi en s'éloignant d'elle ; il ne lui avait jamais parlé, et il lui semblait qu'en échappant à ce ponton il l'abandonnait ; il sentait qu'il s'était formé entre eux un lien inexplicable que cette séparation allait briser.

Cependant, dès les premières heures de la relevée, tout était préparé pour l'évasion. A cinq heures, maître Laumel et le père Jacques étaient venus se réfugier dans le cabanon du commandant Ballard ; l'un et l'autre faisaient partie de la première bordée de prisonniers. Elle était rentrée dans l'entrepont à quatre heures, pour que la seconde eût les deux dernières heures réglementaires à prendre l'air sur le tillac. Laumel et Roussin étaient descendus dans la batterie à l'appel de leurs noms. Profitant presque aussitôt de la liberté que leur donnait le service des officiers à qui ils étaient attachés, ils avaient gagné successivement la demi-prison.

Ce point avait toujours été regardé comme d'une exécution très-facile ; la réunion de Loïk et du père Bihan à leurs compagnons de fuite présentait plus de difficultés ; ils étaient de la dernière catégorie, et celle-là à peine descendue voyait l'écoutille se fermer sur elle.

Les difficultés furent cependant vaincues sans qu'aucun incident eût frappé l'attention et éveillé la défiance des gardiens.

Le moment de l'appel arrivé, Loïk s'était placé près du master, qui, avant de tirer de sa poche et de déployer la liste des prisonniers, avait coutume de donner à un de ses agents, quand il s'en trouvait près de lui, ce qui était très-exceptionnel, ou de déposer contre le plat-bord, la grosse et lourde canne en jonc qu'il portait moins comme moyen d'appui que comme instrument de répression ou arme de défense.

Loïk l'avait prise à sa main aussitôt qu'il l'avait eu déposée. L'appel avait commencé.

A son nom, le mousse avait répondu : *présent*, mais en montrant au gardien chargé de faire descendre les prisonniers la canne du master, en indiquant de la tête et du geste ce chef de service : le gardien avait compris qu'il tenait cette canne par ordre, il n'avait pas insisté et s'était remis à la besogne.

Loïk n'avait point perdu un instant ; le formidable jonc avait été remis en place, et, glissant à travers les derniers groupes, l'enfant avait gagné prestement la cabine du lieutenant Serval. Le père Bihan était arrivé lui-même dans la demi-prison, un quart d'heure plus tard.

La réunion des compagnons d'aventure était donc complète. Ils furent aussitôt répartis dans les deux logements.

Vers sept heures, le gardien de service vint s'assurer successivement de la présence des deux officiers dans leurs cabines, et faire cette inspection du soir qui consistait en un regard à l'intérieur pour constater que tout y était dans l'ordre. Leurs hôtes de supplément s'étaient si soigneusement tapis sous les couchettes que l'on ne pouvait soupçonner leur présence. Il ferma les portes à clef pour la nuit.

L'orage commençait en ce moment ; la nuit s'annonçait affreuse... superbe pour les prisonniers ! Ils attendirent silencieux et impatients le moment qui leur permettrait de tenter avec le plus de sécurité leur aventureuse entreprise. L'orage redoublait de fureur et de fracas ; les averses torrentielles étaient coupées par des rafales chargées de grêlons qui battaient le vieux ponton comme une pluie de balles. A neuf heures, Jules Serval et Pierre Ballard, aidés, l'un de maître Laumel, l'autre du père Jacques, se mirent à un travail préparatoire commencé dès les jours précédents. Ils firent disparaître une partie de la cloison qui séparait les deux cabanons. La galiote du capitaine de *la Dorade* fut placée sur celle du capitaine *du Rôdeur*, et les deux officiers purent se réunir avec leurs quatre compagnons dans la cabine de Jules Serval. C'était là que devaient se faire les dernières dispositions.

— Mes enfants, dit Pierre Ballard, vous devez bien penser que six hommes ne peuvent voyager de conserve sans attirer l'attention, et notre évasion va trop vivement occuper les têtes britanniques pour que nous n'ayons pas le plus grand intérêt à éviter tout ce qui peut appeler les regards.

— Ça, bourne ! fit le père Roussin, c'est juste.

— D'un autre côté, reprit le capitaine Ballard, un homme seul peut se trouver dans l'embarras, et l'on peut très-bien voyager deux sans exciter la défiance ; nous avons même pensé qu'un troisième, suivant les autres à distance, présentait moins d'inconvénients que d'utilité.

— A la bonne heure ! murmura maître Laumel, que le commencement de ces explications avait profondément inquiété ; car, tonnerre de Brest ! s'il eût fallu bouliner seul dans ces parages, j'eusse trouvé plus sûr de rester affourché dans cette crapaudière, quoi !

— Ainsi, reprit l'ex-commandant du *Rôdeur*, nous allons nous diviser en deux escouades. La première sera formée du capitaine Serval, de maître Laumel et de Loïk ; la seconde, dit-il en s'adressant à maître Bihan et au père Jacques, de nous autres.

— Ma damnation ! fit le père Bihan, ça va sans dire.

— Ça vous convient-il à tous ?

Il n'y eut qu'une voix pour approuver.

— Ainsi, c'est arrêté, dit Jules Serval. Voici maintenant deux boîtes où se trouve le change de chaque escouade. Voilà la nôtre ; qui s'en charge ?

— Passez-la, capitaine, dit maître Laumel.

— Bien entendu, ajouta Jules Serval en la lui remettant, on s'entr'aidera.

— Et l'autre ?

— Je me charge de la remorquer, dit le père Roussin en s'en emparant.

— Ce sera chacun son tour, répliqua Pierre Ballard, occupé à verser dans des moques une liqueur rougeâtre contenue dans un large flacon : égalité, c'est justice. Mais, ajouta-t-il presque aussitôt, comme nous n'aurons jamais trop de forces dans notre tête-à-tête avec les lames, voilà le moment de faire provision de vigueur. A toi, capitaine ! — Et il offrit à Jules Serval une moque pleine de punch formé d'un mélange de vin de Madère et de rhum ; il en vida une autre, et, passant ensuite les deux vases et le flacon aux quatre marins : — A vous autres, maintenant ! chacun aura sa ration, et sans mettre le pouce.

Les moques passèrent de main en main depuis maître Laumel jusqu'au mousse.

— Ma damnation ! je crois que tu amènes ton pavillon, Loïk, dit Bihan en voyant le jeune gars s'arrêter sans avoir vidé la tasse.

— Écoutez, père Bihan, comme disait l'ancien, à chaque mât sa voilure.

— Au fait, reprit le lieutenant Serval, ménagez cette petite tête.

— Oh ! capitaine, cette petite tête n'a pas les yeux plus grands que la bouche, allez ! et preuve... Maître Laumel, ça vous va-t-il ?

— Tiens, moussaille, tu es plus fin qu'un plus bête que toi, va ! Nom de nom ! fit-il après avoir épuisé la moque, ça s'arrime mieux dans l'estomac que des grappins dans un sac, quoi !

— De plus, reprit le capitaine Ballard, voici trois galettes de biscuit par homme : chacun va les mettre dans son chapeau.

— Bourne ! ça me va, ça ; quand je navigue, j'aime à voir les soutes garnies.

— Et comme on ne sait pas ce qui peut arriver, ajouta Jules Serval, voici chacun cinq guinées... Maintenant, à l'œuvre !...

— Commandant, dit Roussin, passez-moi la scie : ça me connaît.

— Surtout, pas de bruit.

— Ça va passer comme un poisson dans l'eau. — Et s'adressant aux matelots :

— Préparez-vous vivement, vous autres ; car, bourne ! ça ne va pas être long.

Quelques minutes après, le père Jacques enlevait, au moyen d'un tire-fond que l'on avait vissé d'avance dans la pièce de bois, le panneau que l'on avait taillé dans le flanc du ponton. Une brise froide pénétra dans la cabine et faillit éteindre le fumeux lampion que l'on avait formé avec de la graisse et une mèche de linge. Ce vent, en entrant ainsi avec violence, annonça aux prisonniers que le sabord d'évasion était ouvert. Tous les cœurs tressaillirent comme la flamme du flambeau, à ce souffle de liberté.

— Mettez cette lumière dans ma cabine, dit Pierre Ballard à Laumel ; elle nous éclairera assez, et ce sera sans danger. A l'eau, maintenant !

— La corde !...

Un bout d'aussière, dont une extrémité était fortement attachée au pied de la couchette du capitaine Ballard, fut remis à maître Jacques qui en avait fait la demande ; il le laissa filer doucement dans la mer.

— Ça y est.

— La première escouade est-elle prête ? dit Pierre Ballard.

— Sortez d'abord, vous autres, lui répondit le lieutenant.

— Non; ne vois-tu point que le père Roussin n'est pas prêt?

Le vieux marin complétait ses dernières dispositions. Les autres avaient achevé les leurs pendant qu'il enlevait le panneau du trou.

— Alors, dit Jules, le mousse le premier.

— C'est juste ! reprit Pierre Ballard, et les capitaines les derniers, comme dans un naufrage.

Loïk glissa comme une anguille par le sabord, la corde se tendit, et presque aussitôt devint lâche ; il était à la mer.

— A vous, maître, dit alors Jules Serval à Laumel... ne vous occupez pas de la boîte... je vais vous la passer quand vous allez être dehors.

— Au fait, ce sera plus commode. — Le maître canonnier franchit l'ouverture et, se tenant à la corde : — Je suis paré, capitaine, dit-il à voix basse.

Jules lui remit le petit coffre qu'il lui passa sous le bras, pendant que d'une main le vieux marin se tenait à la corde, serrée d'ailleurs entre ses jambes ; un instant après il glissait à l'eau sans bruit, suivi de près par l'ancien capitaine de *la Dorade*.

— A nous autres, maintenant, dit Ballard, et arrêtant Bihan qui se glissait vivement dans le trou : est-il pressé, celui-là !

— Mais, capitaine, fit Bihan en insistant...

Ballard l'écartait :

— Notre porte-bagage d'abord.

— Je me charge de la malle.

Cette nouvelle tentative ne fut pas plus heureuse que les deux premières.

— Bourne ! de la patience, lui dit le père Jacques qui s'engageait déjà dans le trou, on ne va pas te laisser là ; ton tour va venir.

Si Ballard eût pu apercevoir les traits de Bihan, il n'eût pu concevoir l'expression de terreur qui les avait envahis ; il reculait livide et tremblant vers le fond de la cabine.

— Eh bien ! que fais-tu maintenant? lui demanda-t-il. Es-tu prêt?... Qu'as-tu ?...

— J'ai, capitaine, reprit-il sans avoir trop conscience de sa réponse... que cette tempête... cette nuit... J'aimerais mieux...

— Capitaine! fit Roussin d'une voix étouffée, j'attends le petit coffre...

— Allons, remue-toi donc un peu... passe-lui la boîte.

— Quant à cela, commandant, volontiers.

Il prit la petite malle, l'introduisit dans le sabord, et, s'y avançant lui-même, il aida le père Jacques à l'installer de manière qu'il pût s'affaler le long de la corde sans qu'elle lui échappât.

— Bien! dit Roussin en se laissant glisser dans les lames.

— Allons! ne vas-tu pas plutôt rentrer? — dit avec impatience Pierre Ballard à Bihan, qui faisait un mouvement en arrière. — A l'eau donc! à l'eau! fit-il en le poussant dehors.

— Capitaine! capitaine! murmura-t-il d'une voix éraillée par l'épouvante.

Mais celui-ci l'avait poussé si rudement qu'il dut se saisir de la corde pour ne pas tomber à la mer. Un coup de feu retentit aussitôt. Bihan poussa un cri. On entendit le bruit mat de l'eau qui jaillit sous la chute d'un corps. Le capitaine du *Rôdeur* comprit qu'il n'avait pas un instant à perdre; il se laissa glisser le long de la corde. Au moment où son corps plongeait dans les vagues, des embarcations qu'on eût dit embusquées à l'affût, débordant sur l'avant et sur l'arrière du ponton, s'élançaient vers le point où Bihan se débattait dans l'eau, soutenu par le père Roussin, qui avait renoncé à fuir, sacrifiant sa liberté pour lui sauver la vie.

Les passavants s'étaient garnis de soldats et d'hommes tenant des torches d'étoupe goudronnée dont les lueurs rougeâtres se projetaient sur la mer; une vive fusillade partit du vieux vaisseau et des chaloupes, les balles sifflèrent dans l'air et ricochèrent à la surface des lames dans toutes les directions où l'on put croire que s'étaient portés les déserteurs. Ballard, plongeant sous les embarcations qui avaient doublé l'avant du ponton à quelques mètres de lui, avait nagé pendant quelque temps dans le fil de l'eau, puis s'était dirigé vers la plage.

Jules Serval et ses deux compagnons s'étaient portés directement sur Southampton, espérant y trouver plus aisément un asile. Pendant quelque temps le lieutenant ne se crut point poursuivi ; il entendait bien des balles siffler de temps en temps au-dessus de sa tête, ou claper près de lui ; mais lui et ses deux compagnons avaient déjà franchi plusieurs encâblures qu'aucun des canots ne s'était élancé sur ses traces : en détournant la tête, il les voyait occupés à faire leurs recherches autour de la *Crown* ; son espérance ne fut qu'une courte illusion.

Sir Daniel Ross, qui dirigeait en personne cette perquisition, ne se fut pas plus tôt assuré qu'aucun des déserteurs ne s'était réfugié sous les saillies du ponton, qu'il détacha ses embarcations sur tous les points vers lesquels avaient pu se diriger les fugitifs, et Jules aperçut la grande chaloupe se porter dans la direction qu'il avait prise. Il en avertit ses compagnons, en les engageant à faire comme lui, à tâcher de remonter le courant, où probablement ne s'étendraient pas les recherches. Ils le tentèrent, mais Laumel, qu'avait fatigué la remorque des bagages, sentit qu'il ne pourrait y réussir, et reprit son erre vers la côte. Jules et Loïk continuèrent avec succès à s'avancer dans leur direction nouvelle.

Une frégate portugaise mise en désarmement à cause de son ancienneté était à l'ancre dans cette partie de la baie. Son personnel ne pouvait se composer que d'un ou deux gardiens. Il devait donc être aisé d'y trouver un refuge, surtout de nuit, sans attirer l'attention de pareils argus, généralement peu vigilants. Ce fut donc cette frégate que le lieutenant et le mousse prirent pour but de leurs efforts. Cette natation, qui avait à vaincre la résistance d'un courant assez fort, perdit peu à peu de sa rapidité.

Jules Serval fut quelque temps sans se rendre compte de ce ralentissement de son sillage, Loïk l'avait reconnu. Depuis quelque temps, la frégate portugaise dessinait vaguement devant eux la masse sombre de sa carène sans que ses contours devinssent plus arrêtés, sans que l'on sentît la diminution de la distance par quelque chose de plus distinct et de plus précis dans son aspect.

8.

— Il me semble, fit le capitaine, que nous n'avançons guère.

— Si je passais devant vous, commandant, dit Loïk ; le courant a moins de prise sur moi, et vous, vous trouveriez moins de résistance.

— Essaye.

Le succès répondit à son attente. Jules Serval, s'avançant dans les eaux coupées par le jeune mousse, communiqua à sa nage une vitesse qu'il avait cessé de pouvoir lui imprimer ; toutefois, ce ne fut pas sans peine qu'ils atteignirent l'arrière de la frégate qui leur offrait un point de repos et un abri. De ce refuge ils purent suivre les explorations et les recherches dont, pendant plusieurs heures, ils furent l'objet.

Aux embarcations de *la Crown* s'étaient jointes celles des autres pontons ; plusieurs chaloupes venues du port en avaient même grossi le nombre. Cet essaim de canots de toutes formes, de toutes grandeurs, à rames, à voiles, sveltes, trapus, pesants, légers, croisaient et mêlaient en tous sens leurs sillages sur cette baie tourmentée par une houle encore frangée d'écume, que leurs falots, leurs brandons et leur torches aux clartés fumeuses, embrasaient de sombres réverbérations. L'épaisseur des ténèbres rendait ce spectacle encore plus étrange. L'orage, dont on n'entendait plus rouler à l'horizon que les derniers grondements, était bien passé, mais le ciel, où brillaient à peine quelques étoiles, avait conservé son voile de nuage épais. L'obscurité humide et profonde qu'il faisait peser sur les flots enveloppait, estompait cette scène d'une manière bizarre, et cette mer, dont la crête des lames empruntait des clartés sanglantes à ces lumières rougeâtres, en complétait bien le caractère fantastique.

Le sentiment avec lequel Jules Serval suivit d'abord les incidents divers de ce tableau singulier se mêla à la fin d'un mouvement d'inquiétude. Les embarcations, après avoir battu inutilement les parages où portait le cours de l'eau, se rapprochèrent peu à peu du point où il s'était réfugié ; une d'elles se dirigea même vers l'arrière de la frégate qui lui servait d'asile ; ce ne fut que grâce au gouvernail qu'il put, comme Loïk, échapper aux regards de ceux qui la montaient.

Le patron de ce canot ayant hélé le gardien du vieux navire portugais pour savoir s'il n'avait eu aucune connaissance des prisonniers en fuite, en reçut pour réponse la remarque qu'il avait été impossible aux déserteurs de remonter un courant aussi fort. Ce patron le reconnut sans doute, car il rejoignit les autres barques, qui se replièrent sur les pontons et vers le port, où l'on vit s'éteindre successivement leurs lumières.

Après que l'obscurité de cette nuit d'orage eut succédé à ces clartés mouvantes qui en avaient si longtemps sillonné les ténèbres, le capitaine serval et le jeune mousse attendirent encore longtemps, dans la position peu commode où ils se trouvaient, que le sommeil fût descendu dans cette obscurité avant de se hasarder à pénétrer dans la frégate. Quand ils supposèrent le gardien endormi de nouveau, ils gagnèrent non sans peine le couronnement. De cette position élevée, leurs regards interrogèrent toutes les parties du pont, en fouillèrent attentivement les points obscurs avant d'y descendre. Certains qu'il était complétement désert, ils se dirigèrent vers le grand panneau pour s'assurer qu'il ne s'élevait aucun bruit de l'entrepont. Tout y était silencieux. Ils se glissèrent alors avec précaution dans la cale, où un tas de vieilles cordes et de lambeaux de voiles usées offrit un lit à leur sommeil. Ils s'endormirent en paix, s'imaginant trouver facilement le lendemain un moyen de gagner la côte. Confiance imprudente ! vain espoir ! Ils furent réveillés par un bruit confus de pas et d'armes. Ils avaient été découverts pendant leur sommeil. Le fils du gardien, étant venu chercher un morceau de toile au monceau sur lequel ils reposaient, les avait aperçus, et s'était hâté d'avertir son père de leur présence. Avis en avait été donné au commandant de *la Crown*, et un bosseman venait avec quatre hommes armés s'assurer d'eux.

Jules Serval retrouva tous ses compagnons à bord de *la Crown* Les deux premiers qui s'offrirent à ses regards furent Jacques Roussin et le père Bihan. Ils attendaient, étendus chacun sur un matelas à plat sur le pont, qu'on les transportât à l'hôpital.

— Eh ! qu'avez-vous donc, vous autres ? dit Jules au père Jacques ; êtes-vous donc blessés ?

— C'est nous deux, commandant, qu'avons attrapé l'atout de la partie.

— Qu'avez-vous ?

— Vous avez entendu le coup de feu... voilà le pauvre diable qui a reçu la balle dans l'aile.

— Est-ce grave ?

— Bourne ! oui ; il a l'épaule cassée.

— Pauvre père Bihan ! dit Jules en s'approchant du blessé d'un air affectueux.

— Ah ! ah ! ah ! fit celui-ci pour toute réponse aux paroles sympathiques que lui adressa le jeune officier.

— Vois pourtant comme le bon Dieu n'abandonne pas le pauvre monde, dit Jacques Roussin à titre de consolation à son camarade d'infortune ; n'aurais-tu pas pu recevoir la prune dans l'épaule droite, dis ?... Il n'y a pas à dire, mon bel ami... tu le pouvais. Eh bien ! c'est dans la gauche ; de sorte que si l'on est obligé de te couper le bras...

— Ah ! ah ! soupira Bihan.

— Il te restera encore ta bonne main pour gagner ta vie. Va, mon vieux, le bon Dieu n'abandonne jamais ceux qui le craignent.

Bihan, peu touché de ces consolations, ne fit que gémir avec plus de force.

— Et vous, père Jacques, qu'avez-vous ?

— Moi, capitaine ?... le chirurgien dit que c'est peu de chose : un coup d'épée que m'a porté le grand escogriffe, vous savez ?

— As-tu donc résisté ?

— Pas plus que vous... en supposant que vous n'ayez pas résisté du tout. Bourne ! j'avais autre chose à faire... je soutenais le camarade qui criait comme un diable, et qui, avec son épaule en pantenne, menaçait de faire le plongeon.

— Pourquoi alors t'avoir frappé ?

— Ah ! pourquoi !... Il paraît que c'était pour me retirer de l'eau;

c'est si bête ces ânes d'Anglais ! Il ne manquait plus que d'aller chercher une écumoire et une fourchette.

— Pauvre diable !

— Ne me plaignez pas, commandant... bien au contraire, je dois un fameux cierge à Notre-Dame de Genest, car, voyez-vous, je l'ai échappé belle. Il paraît qu'un pouce plus haut j'étais un homme mort.

Le bosseman, qui était allé prendre les ordres du commodore, vint enlever le lieutenant et le mousse à cette conversation. Il les conduisit à un cabanon où le capitaine Ballard et maître Laumel étaient aux fers, et les y fit mettre eux-mêmes. Pierre Ballard et le maître canonnier avaient été repris dès la nuit même ; le premier à bord d'un brick de guerre en armement, sous la mâture ; le second à la mer, où il remorquait toujours sa boîte. Le commodore ne tarda pas à venir leur faire sa visite. L'hypocrite composition de son visage ne pouvait cacher, sous une douceur et une tristesse feintes, la joie haineuse qui débordait dans ses traits et qui étincelait dans ses yeux.

— Ah ! messieurs, fit-il avec cet accent de componction qui était dans ses habitudes un symptôme sinistre, je vous en veux de me mettre dans la position où vous me placez aujourd'hui. Moi qui ne voulais avoir pour vous que les égards accordés aux gens qu'on estime, me réduire à la cruelle nécessité de vous faire appliquer un châtiment corporel ! Vraiment...

— Qu'entendez-vous par châtiment corporel, lui dit Jules en l'interrompant. J'espère, monsieur, que vous n'oublierez pas que nous sommes des officiers français.

— Je ne demanderais pas mieux que de pouvoir m'en souvenir. Mais les règlements sont là : je ne dois voir sur mon ponton que des prisonniers, et la peine portée contre le prisonnier déserteur est... cent coups de corde. C'est ce qui me désespère, car je n'y puis rien, les ordres de l'amirauté sont formels... Voyez ce qu'a produit votre protestation... Y a-t-on seulement répondu ?.. Croyez bien que j'en souffre le premier.

— Monsieur ! reprit Jules avec un accent indigné.

Pierre Ballard l'interrompit.

— Ne prolonge pas cette scène ; ne vois-tu pas que cette bête brute se complaît à ajouter l'ironie à la férocité dans ses odieuses comédies. — Et s'adressant au commodore avec indignation et mépris : — Laissez donc à d'autres ce rôle-là ! Votre nature ne s'y élève pas. Que le tigre royal se donne de ces airs caressants, de ces grâces félines, passe encore, mais une hyène fétide de votre espèce, allons donc !

— Monsieur ! reprit Ross décontenancé par cette brusque apostrophe.

— Vous pouvez abuser sous votre responsabilité, comme officier et comme homme, de la force égarée en vos mains : faites ce que vous voudrez, mais n'ajoutez pas à vos châtiments celui de votre présence, ou je ne réponds pas...

— Je réponds, moi ! repartit-il avec un sourire amer et un regard de défi.

Il faisait allusion au poids des entraves et des chaînes, qui était tel que ceux qui en étaient chargés étaient réduits à une immobilité absolue ; il ne connaissait pas la force extraordinaire de l'ancien capitaine du *Rôdeur*.

— Vous répondez !...

Un tressaillement d'indignation doubla en ce moment sa vigueur ; l'effort dans lequel se concentra toute la puissance de son système nerveux enleva chaînes et entraves avec un bruit effroyable.

— Misérable ! s'écria-t-il en jaillissant debout devant le commodore terrifié.

— Au secours ! au secours !

Sir Daniel, en hurlant ces mots d'une voix d'angoisse, s'était jeté tremblant et livide derrière le master pour s'en faire un rempart. La figure de ces deux hommes avait pris une expression si grotesque que Ballard s'arrêta, un sourire de pitié et de dégoût sur les lèvres.

— Sortez, dit-il.

Et il s'affaissa sous le poids de ses fers. Le commodore et le master obéirent sans prononcer une parole.

Son épouvante dissipée, sir Daniel Ross, qui sentait déjà le fond naturellement cruel de son caractère stimulé par un vif ressentiment contre les deux chefs de l'évasion, n'en éprouva que plus ardent et plus profond le besoin de se venger.

— Ah! ils me menacent! ils veulent m'effrayer!... s'exclama-t-il dès qu'il eut regagné le tillac. S'ils croient échapper ainsi à la peine que je puis, que je dois leur infliger... ils vont bientôt apprendre qu'ils se trompent. J'ai le droit de leur faire infliger à chacun cent coups de corde, ils vont les recevoir, et non-seulement devant les hommes du ponton, mais devant des députations de tous les autres pontons de la rade. Leur évasion y a fait assez de bruit pour que le châtiment y retentisse. Ce sera un exemple. — Se retournant vers le master : — Vous allez, ajouta-t-il, vous rendre auprès de tous les commodores, les prévenir que la punition des déserteurs va avoir lieu à midi, et leur dire que je les invite à y envoyer des détachements... Mais non... il vaut mieux que j'écrive... Venez.

Ils se dirigèrent ensemble vers son bureau.

La nouvelle de cette exécution fut immédiatement répandue dans *la Crown* par les gardiens, qui en firent particulièrement un texte de plaisanterie contre Jules Serval.

— Tiens! le faraud d'officier français va donc faire connaissance avec la garcette.

— Dieu me damne! le gaillard avait le nez long! je ne m'étonne plus qu'il ait dénoncé la belle aux lords de l'amirauté!

— Eh bien! sa protestation reçoit là une bonne réponse.

— On va la lui écrire sur la peau, comme les actes publics.

Ces grosses plaisanteries, et cent autres d'un esprit aussi équivoque et d'un goût non moins suspect, ne firent qu'aigrir et surexciter le sentiment de surprise d'abord, puis d'indignation, que l'annonce de cette exécution avait excité parmi les prisonniers.

Dans la batterie comme sur le tillac, ils formèrent bientôt des groupes où les conversations les plus animées s'agitèrent à voix basse. La pantomime violente et les regards farouches que rencontrèrent partout les agents qui circulèrent parmi ces réunions orageuses ne leur laissèrent aucun doute sur la nature de ces conversations ; ils ne purent cependant en surprendre que quelques mots sans valeur. Tous les prisonniers furent bientôt d'accord. Un plan de révolte avait été combiné pour le cas où la protestation adressée au *transport-office* resterait sans succès. Ce plan était le seul qui pût offrir des chances de réussite. Les prisonniers s'étaient divisés en deux catégories : les jeunes et les gabiers, c'est-à-dire ceux à qui leur âge ou les habitudes de leur profession permettaient de franchir plus aisément les obstacles, formaient la première ; ils devaient, au signal donné, s'élancer par-dessus les clôtures, tomber sur les fusiliers placés derrière, et les désarmer ; l'autre, pendant ce temps, devait arracher les armes au piquet de police pour l'exécution, et se défaire des gardiens. Quelques périls qu'il offrît, exécuté avec célérité et vigueur, ce plan était d'un succès possible ; cela avait suffi ; il avait été adopté avec l'unanimité la plus énergique.

On n'était plus séparé de l'exécution que par quelques instants, mais comme on n'avait aucuns préparatifs à faire, ce qui eût été un inconvénient dans d'autres circonstances était un avantage dans celle-ci ; car l'enthousiasme n'avait pas le temps de se calmer, ni la résolution celui de se refroidir. La bordée de prisonniers alors sur le pont s'était déjà formée en deux divisions, pendant que les gardiens faisaient les dispositions du supplice avec plus d'appareil qu'à l'ordinaire. Cette circonstance, peu remarquée d'abord, le fut davantage quand on eut aperçu, vers onze heures et demie, des canots se détacher successivement de tous les pontons et déposer leurs contigents de spectateurs à bord de *la Crown*. Il était évident que l'intention du commodore était de donner plus de solennité au supplice. Cette complication soulevait un danger imprévu : c'était un plus grand nombre d'ennemis qu'on allait avoir à combattre.

Une considération faisait, il est vrai, disparaître en partie le danger ; ces spectateurs étaient la plupart sans armes. Chacun n'en persista pas moins dans la résolution arrêtée. A midi, un coup de canon et le déploiement du pavillon de punition au mâtereau de *la Crown* annoncèrent que l'heure de l'exécution était venue. Les passavants se couvrirent aussitôt d'étrangers. La garnison prit les armes, et, après les avoir chargées publiquement, se rangea près des clôtures.

La seconde bordée des prisonniers fut appelée sur le pont, où resta la première. Tous ces hommes prirent spontanément des dispositions qui, pour un œil intelligent, eussent présenté un ensemble stratégique.

Ces deux compagnies de jeunes marins placées aux extrémités, cette masse plus nombreuse formée de matelots d'un âge mûr, présentaient un aspect symétrique et militaire qui ne pouvait manifestement provenir du hasard.

Un bruit de tambours se fit entendre, le commodore parut, en grand uniforme, à l'espèce de tribune qu'il s'était fait construire sur l'arrière. Une des clôtures s'ouvrit, et les quatre prisonniers entrèrent au milieu d'un nombreux piquet de fusiliers. Ils furent placés près du lieu préparé pour l'exécution.

Le gardien donna aussitôt lecture d'un ordre où, après avoir exposé le fait et les principales circonstances de l'évasion, le commodore faisait aux prisonniers l'application de la peine réglementaire, ordonnant qu'il leur fût appliqué chacun cent coups de corde.

A ces mots, un long murmure, murmure menaçant, murmure sinistre, s'éleva de toutes les parties du tillac. Un des prisonniers, matelot d'une taille élevée, qui s'était approché du capitaine Ballard et avait échangé quelques mots avec lui, fit signe de la main aux divers groupes, et les murmures s'éteignirent. Un moment d'indécision sembla suivre cette lecture.

— Eh bien ! s'écria le commodore, ne prolongez pas ces instants pénibles... commencez.

Le gardien s'avança alors vers les condamnés.

— Un mot, dit Ballard, s'avançant hors du groupe et s'adressant à l'assistance. Messieurs, dit-il, nous sommes ici deux officiers de la marine française ; le châtiment qu'on veut nous infliger est une telle violation des usages des peuples civilisés, un tel outrage à notre pays, que nous ne pouvons nous borner à une simple protestation. A la violence nous opposerons la force. Si l'on nous frappe, on ne frappera que nos cadavres. — Se tournant alors vers le gardien : — Maintenant, faites ! Mais, je vous avertis, poursuivit-il en saisissant la main que l'agent avait étendue vers lui, que le premier qui me touche, je lui brise la tête, aussi vrai que je te brise la main.

Le gardien poussa un cri déchirant. Sa main broyée et sanglante venait de frapper sa cuisse.

— Ah ! c'est ainsi ! s'écria le master en sortant du milieu d'une dizaine d'agents, un long pistolet double à la main : nous allons avoir raison de monsieur... — dit-il en jetant un regard à sir Daniel Ross, et, s'adressant à ses hommes : — Si ce n'est pas assez d'un, jetez-vous tous sur lui !

La horde des gardiens qui l'entouraient se ruèrent sur le prisonnier. Deux tombèrent assommés à ses pieds. Un troisième, frappé d'un coup de poing dans la poitrine, alla rouler à quelques pas, en vomissant le sang à pleine bouche. Les autres s'arrêtèrent effrayés.

— C'est un Français qui vous épouvante ! s'écria le master rassuré par le pistolet à coup double dont il était armé. Je vais bien en avoir raison, moi.

Les prisonniers répondirent par un long cri à ces paroles, mais, à l'instant même la porte de la clôture s'ouvrit et le major O'Garden entra sur le pont.

— Messieurs, dit-il à haute voix au master et aux gardiens, cette exécution n'aura pas lieu.

Le brusque mouvement qui avait éclaté parmi les prisonniers s'arrêta. Les passavants applaudirent.

Huit cents poitrines oppressées respirèrent avec bonheur.

— Comment ! comment ! s'écria le commodore dont le visage prit des teintes apoplectiques.

— Pardon, commodore; comme le pavillon de justice était déployé, j'ai pensé qu'il était urgent de venir d'abord donner ce contre-ordre.

— Mais, major, j'ai donné l'ordre, moi, et les règlements...

— Voici, — dit-il en lui remettant un large pli. S'adressant alors aux prisonniers : — Je dois vous annoncer, leur dit-il, que votre protestation a été accueillie. L'amirauté britannique, à laquelle le *transport-office* avait cru devoir la déférer, a décidé que les punitions corporelles ayant donné lieu sur les pontons à de graves abus, il n'en serait appliqué à l'avenir qu'avec l'autorisation du *transport-office*. Les peines ordinaires des infractions et délits commis sur les vaisseaux-prisons seront le retrait de tous priviléges et la mise aux fers. Tâchez, ajouta-t-il d'un ton âpre et cassant, de ne pas les encourir.

Et il se retira avec sa raideur habituelle.

VIII

LE CARTEL D'ÉCHANGE

Ce dénoûment, qui venait briser d'une manière si imprévue, dans les mains et presque sur les lèvres de sir Daniel Ross, la coupe où il avait distillé avec le raffinement d'une imagination de geôlier tous les ressentiments de son âme vindicative, fut pour lui, on se l'imagine bien, un froissement trop vif et trop profond pour qu'il renonçât à y chercher une compensation dans les pouvoirs qu'il conservait comme chef de prison d'État. Mais il n'avait pas été seulement atteint dans ses sentiments haineux, il l'avait encore été dans les susceptibilités de sa charge. Il songea d'abord à sauver sa considération personnelle dans la dignité du commandement. Refoulant la violence et l'amertume de ses premières impressions, il reprit le sourire et la bonhomie affectée de son expression habituelle. Il se dirigea vers le major, pour lui exprimer, en présence des détachements envoyés sur son invitation par les commandants des autres pontons, la joie qu'il éprouvait de la décision prise par l'amirauté, et sa reconnaissance pour l'empressement qu'il avait mis à la lui transmettre.

Retiré chez lui, et la foule écoulée, il rejeta le masque de cette contrainte étouffante, et put donner un libre cours à son irritation.

On ne lui avait enlevé qu'à demi sa vengeance ; on la lui avait brisée, mais il pouvait la reconstituer en en recueillant les débris. Sans doute les coups dont il frapperait ses ennemis n'auraient pas le retentissement de celui qu'il leur avait préparé, mais au lieu d'un il leur en porterait dix, il leur en porterait mille. Il commença à l'instant même.

Les prisonniers qui avaient abusé des priviléges qui leur avaient été accordés par l'administration pouvaient en être privés par le commandant du ponton ; il révoqua toutes les concessions, toutes les faveurs que Pierre Ballard et Jules Serval avaient obtenues du *transport-office*.

Les tentatives d'évasion pouvaient être punies des fers ; il prononça contre les deux officiers et contre leurs compagnons d'aventure un mois de cette peine. Il chargea le master Michel de la leur faire subir dans les cachots du ponton, et de les y plonger dès l'instant même.

Nous nous servons à dessein de cette expression *plonger*, malgré le ridicule qui s'attache à ces mots d'une vulgarité ambitieuse, que la critique flétrit avec justice de la qualification de *mots-rengaines*, parce que, dans la circonstance, elle est d'une vérité littérale. On se ferait difficilement une idée de ce qu'étaient ces puits infects pratiqués jusque dans les profondeurs extrêmes des carènes, toujours baignés d'une eau noire et décomposée où grouillent les larves les plus immondes. Ces trous d'angoisses où l'air était un poison, et d'où l'on retirait les prisonniers les plus vigoureux, après un mois de séjour, quand on les en retirait vivants, dans un tel état d'épuisement que leurs amis les reconnaissaient à peine, échappent à toute description possible.

Un fait pourtant en peut révéler l'horreur : leur séjour était un châtiment redouté à l'égal des plus cruels sévices par les hommes habitués à la vie atrophiante des pontons.

Pierre Ballard et Jules Serval en sortirent brisés et défaits, comme tous ceux qui en subissaient l'épreuve cruelle, mais plus résolus que jamais à tout braver pour échapper au despotisme de ces odieuses prisons. Cette résolution leur fit accueillir sans regret la déclaration que la faveur de la demi-prison leur était enlevée, qu'ils rentraient dans les conditions générales de l'habitation commune.

Une vive impression de bonheur attendait cependant Jules Serval dans le cercle de tortures et d'angoisses que la captivité du ponton semblait resserrer plus étroitement autour de lui.

Il la dut à une visite de sir John O'Garden, et à une conversation de quelques instants qu'ils eurent en se promenant sur la partie du pont réservée aux prisonniers. Le digne major, dont les formes bourrues étaient la gangue qui enveloppe le diamant, lui apprit que lui, le prisonnier perdu dans cette foule de malheureux, il était une des causes, sinon la cause même, d'un orage qui avait traversé la vie du commodore et qui en avait laissé depuis le ciel voilé et l'atmosphère glaciale.

Miss Marie de Kernouville, comme s'obstinait à l'appeler l'officier irlandais, ayant été informée de la tentative d'évasion des deux officiers, ses compatriotes, et des sévérités que ces actes si naturels appelaient sur eux, avait eu la pensée d'intervenir en leur faveur auprès de son tuteur.

Quelque circonstance imprévue était-elle venue contre-balancer l'effet de cette démarche? La haine et la vengeance avaient-elles plus de puissance et plus d'action sur le cœur de Daniel Ross que l'attrait de l'intérêt et les séductions de l'amour? C'était là une question que l'on eût pu se faire en voyant le froid accueil que reçut de lui cette sollicitude généreuse, cette touchante supplique.

Toujours est-il que cette noble démarche resta stérile, et que Mlle de Kernouville se retira si profondément blessée, que ses rapports avec le commodore changèrent soudainement de caractère. On pouvait croire que cette épreuve avait été pour elle une révélation qui lui avait montré cet homme sous un aspect nouveau, aux lueurs d'un jour sinistre.

Sir John fit plus, il ménagea à Jules Serval l'occasion de revoir la jeune Bretonne et de lui révéler sa reconnaissance, sinon par des paroles, du moins par une de ces projections de l'âme que contient parfois un regard ou un salut. Ce fut pour le noble prisonnier un rayon de soleil s'épanouissant dans la nuit de cette vie des entreponts fétides où l'attendaient, ainsi que son ami, toutes les misères de la captivité commune.

Cette mesure de sévérité avait pour les deux officiers de précieuses compensations. Ils échappaient par là à la surveillance spéciale qui eût pesé sur eux et sur leurs cabines. Ils retrouveraient plus de liberté d'action dans la confusion de la vie générale.

Hélas ! l'automne et l'hiver, passés en combinaisons et en travaux qui semblaient devoir échapper à toute vigilance, se dénouèrent pourtant deux fois en déceptions d'autant plus désespérantes que le succès apparaissait plus immédiat et dans des conditions plus heureuses. Deux fois les horribles cachots de *la Crown* ajoutèrent leurs supplices aux tortures morales d'un tel insuccès. C'était à croire à la fatalité ou à la trahison.

Cette dernière idée s'était déjà glissée dans tous les esprits et avait jeté entre les deux officiers et les quatre marins qu'ils employaient, ou plutôt entre les trois, — car pouvait-on soupçonner Loïk ? — une contrainte et une méfiance qui avaient manifestement refroidi leurs rapports dès avant le dernier revers ; la même défiance s'était éveillée entre les trois matelots, et de toutes parts on s'était observé, on s'était épié.

Devant cette vigilance, Bihan était devenu d'une telle circonspection que sa conduite n'avait donné prise à aucun soupçon. Là ne s'était pas arrêtée l'adresse de l'ancien fraudeur ; ce n'était pas assez d'avoir écarté de lui la défiance ; il voulut la fixer en lui donnant un objet. Il avait pensé qu'elle pouvait se reporter sur lui tant qu'elle restait flottante : ce danger lui avait paru d'autant plus redoutable, qu'entre maître Laumel, le père Jacques et lui, le doute ne pouvait être long ni sérieux ; il était manifestement le plus suspect.

Il songea à faire porter les soupçons sur l'enfant, dont ils s'étaient naturellement éloignés, non en l'accusant lui-même, car il sentait que l'accusation partant de sa bouche perdrait de sa force et pourrait parfois rejaillir contre lui, mais tantôt en criant contre la légèreté, contre l'étourderie, le bavardage des enfants, tantôt en signalant à Jacques Roussin ou à Laumel quelque démarche imprudente ou indiscrète de Loïk. Et toujours le misérable le faisait avec une habileté d'autant plus dangereuse que la haine y disparaissait toujours sous la bonhomie.

Un jour, par exemple, se rendant avec maître Laumel sur le pont *la Crown*, et apercevant le jeune mousse causant avec un des gardiens, ce qui arrivait à la plupart des prisonniers :

— Encore ! encore ! murmurait-il d'un air d'impatiente contrariété.

— Eh bien ! encore, quoi ?

— Rien ! mais je n'aime pas ça.

— Tu n'aimes pas ça ! tu n'aimes pas ça ! mais qu'est-ce que tu n'aimes pas, animal ? quoi !...

— C'est ce petit Loïk ; je ne dis pas qu'il fasse du mal... mais je n'aime pas à le voir comme cela toujours causant avec les gardiens.

— Pauvre enfant !

— C'est ce que je disais avant qu'il ne fût dans la fosse aux lions au père Jacques. Bien sûr que le pauvre petit gars est bien incapable... mais enfin on le fait causer... une imprudence est bientôt lâchée... une bêtise est bientôt dite...

— Au fait !

— Le voilà qui joue avec eux maintenant... Tenez, maître Laumel... c'est un bon petit garçon... mais ces familiarités ne me vont pas...

— Tu as raison, au fait, repartit enfin l'autre ébranlé.

— Est-ce que nous allons, nous, causer avec toute cette argousinerie-là ?

— C'est vrai, ce moussaillon-là pourrait bien courir une mauvaise bordée.

— Ah ! maître Laumel, vous allez trop loin.

— Je vais où je vais, quoi ! mais je dis, moi, tonnerre de Brest ! que nous sommes payés pour veiller au grain.

C'était ainsi qu'après avoir fomenté la défiance, semé les soupçons, c'était lui qui semblait prendre la défense du jeune mousse contre les autres, amenés à se faire ses accusateurs. Cette habile tactique produisit de tels fruits, que maître Laumel en arriva bientôt à traiter le jeune mousse avec le mépris le plus brutal.

Les deux officiers et le père Jacques ayant fini leur mois de fers, ce fut sur ce dernier que Bihan réunit les efforts de sa venimeuse propagande.

Tant d'insuccès n'avaient pas encore dissipé les espérances de Pierre Ballard ni celles du lieutenant Serval. Leur esprit se mit à la recherche de quelque nouvelle combinaison qui leur offrît des moyens de dévoyer la surveillance qui pesait sur tous leurs actes ; mais un point préalable était de savoir à quoi s'en tenir sur les défiances dont la découverte constante de leurs projets d'évasion au moment même de la réussite avait traversé leur pensée.

Devaient-ils s'en prendre uniquement à leur mauvaise fortune ? Devait-il se trouver un traître parmi ceux qu'ils avaient associés à leurs espoirs de liberté ? Le seul moyen qu'ils eussent d'obtenir quelque lumière était de soumettre secrètement à une surveillance rigoureuse et constante ceux de leurs hommes sur qui pouvaient planer les soupçons.

Jules Serval se chargea de suivre toutes les démarches de maître Laumel ; Pierre Ballard dut épier avec la même vigilance la conduite du père Bihan.

Quant à Jacques Roussin, la preuve de sa fidélité était écrite dans ses traits décharnés et sur son front livide. L'administration n'eût pas soumis le dévouement de ses espions aux effets destructeurs de la captivité, dont le digne homme avait supporté si patiemment les tortures avec eux.

— Si nous le chargions, dit Pierre Ballard à Jules Serval, de surveiller un peu Loïk.

— Cet enfant ! capitaine... j'en réponds.

— Qui de nous, au fond, ne répondrait pas de la loyauté des deux hommes dont nous allons contrôler les actes?... Nous avons cependant senti la nécessité, dans l'étrange concours de fatalités qui nous poursuit, de nous assurer positivement de leurs habitudes et de leurs rapports. La question est trop grave pour que nous négligions un moyen quelconque de la résoudre.

— Celui-là me paraît bien inutile ; mais, dès, que vous y tenez, je ne m'y oppose pas. Soit donc !

Jacques Roussin fut donc admis en tiers dans cette enquête.

Pendant qu'il s'occupait de ces recherches, une circonstance imprévue vint ouvrir une nouvelle perspective à leurs vœux ; ce ne fut plus à travers les fiévreuses péripéties qu'ils avaient déjà traversées et qu'attendaient de nouvelles successions de difficultés et de périls que leur apparut la délivrance; ce fut dans un horizon libre, dans un lointain nuageux, mais calme et ouvert. Voici quelle fut cette circonstance :

De nombreux cartels d'échange avaient été expédiés en Angleterre, soit des ports de France, soit de ses colonies, soit même par des croiseurs et des corsaires. L'amirauté britannique devait y répondre en rendant la liberté à un nombre égal de prisonniers de guerre français.

Nous avons déjà dit quelle était sa politique dans ces sortes d'échange. Notre marine languissante était condamnée à l'immobilité de ses bassins et de ses rades ; ce n'étaient pas les larges blessures qu'elle avait reçues sur les champs de bataille d'Aboukir et de Trafalgar qui l'avaient le plus épuisée dans ce long duel qu'elle soutenait contre les flottes britanniques depuis 1792 ; c'étaient ces courses et ces croisières sur des mers chargées d'escadres ennemies, où nos bâtiments isolés avaient tous fini par succomber, qui l'avaient bien plus réellement affaiblie.

Elle avait vu non-seulement une partie importante de son personnel, mais encore tout celui qui formait dans nos ports les sources vives où elle allait se recruter, passer successivement sur les pontons anglais. Or, la Grande-Bretagne avait un intérêt trop capital à maintenir notre marine dans cette impuissance pour restituer à ses vaisseaux, par la voie des échanges, les intrépides marins qu'elle tenait renfermés dans ses pontons, et transfuser ainsi dans les veines de ce grand corps languissant un sang généreux qui lui eût rendu la vigueur et la vie.

C'était cet intérêt qui présidait à la désignation des hommes qu'elle rendait à leur patrie.

Deux catégories lui fournissaient les éléments de ses échanges : les militaires provenant de nos garnisons coloniales, et les marins que l'épuisement de leur santé rendait incapables d'entrer dans l'armement de nos flottes. Or, il se trouvait à bord de *la Crown* un assez grand nombre de soldats faits prisonniers à la Guadeloupe. Ordre fut transmis au commodore Ross de les remettre au *transport-office*, chargé de les diriger par détachements sur Plymouth, où ils devaient s'embarquer successivement sur les *licences*.

Le bruit de cet ordre n'eut pas plus tôt circulé sur le ponton, que Pierre Ballard et Jules Serval eurent combiné un nouveau plan d'évasion avec l'exécution de ces mesures. Comme toutes les tentatives de cette nature, l'entreprise était hasardeuse. On pouvait trouver des difficultés à déterminer six de ces militaires à céder leur tour de liberté ; mais comme, après tout, ils étaient sûrs de l'obtenir plus tard, l'Angleterre ayant intérêt à les échanger de préférence à des marins, quelques pièces d'or de plus devaient aplanir les obstacles.

Le point embarrassant n'était donc pas là : le danger était tout dans l'œil inquiet de l'administration, dont il fallait surprendre la pénétration et la vigilance. C'était là que mille difficultés laissaient flotter les chances, que mille accidents impossibles à prévoir pouvaient déjouer les plans les mieux calculés et les précautions les mieux prises.

Le premier soin fut de sonder les dispositions de quelques-uns des soldats qui devaient faire partie du premier détachement. Jules se chargea de ces ouvertures.

La négociation fut loin de présenter les facilités sur lesquelles on avait compté; les premiers mots firent pressentir presque toujours un refus si absolu, que toute insistance eût été aussi inutile que dangereuse; les deux seuls soldats qui agréèrent la proposition mirent à cette substitution de personnes des conditions si onéreuses qu'elles épuisaient presque les ressources pécuniaires des deux officiers.

L'opinion de Pierre Ballard fut que, puisqu'on ne pouvait trouver que deux de ces hommes disposés à céder leur tour, on devait refuser plutôt que d'abandonner ceux que l'on avait associés à ces espoirs et à ces projets de délivrance. L'enquête faite par les deux officiers avait resserré les liens qui les attachaient à leurs compagnons en détruisant dans leur esprit jusqu'à l'ombre d'une défiance. Toute la politique du rusé gargotier cancalais avait même échoué contre la loyale bonhomie du père Roussin, qui avait déclaré la conduite du jeune Loïk pure de tout soupçon.

La négociation fut donc rompue. Ce ne fut que sur l'énergique insistance du père Jacques et de maître Laumel, qui eurent connaissance de ces pourparlers et de leur solution, que l'arrangement fut repris, conclu, et que le départ des deux officiers fut arrêté. Il fut convenu qu'aussitôt arrivés en France, ils feraient parvenir aux quatre marins, qui ne pouvaient partir avec eux, l'argent nécessaire pour solder une pareille négociation dans un des détachements ultérieurs.

Ces points arrêtés, les conditions de l'échange stipulées et le prix payé en partie, les deux officiers de marine combinèrent tous les changements qui pouvaient les improviser soldats, et s'ingénièrent à revêtir toutes les apparences qui pouvaient assurer le succès de leur nouveau rôle.

Les soldats qu'ils remplaçaient, provenant des régiments de l'armée de Moreau envoyés dans les Indes occidentales, étaient de vrais types de l'armée républicaine, avec une teinte de créole dont les avaient bronzés les rayons verticaux du soleil des tropiques ; c'étaient ces longues et épaisses moustaches et ces larges favoris qui donnaient un air si formidablement guerrier à ces farouches et nobles figures.

Ce luxe de villosité était trop favorable à leur déguisement pour qu'ils économisassent sur sa richesse. Grâce à la puissance inventive de l'imagination des prisonniers, leurs lèvres supérieures et les parties postérieures de leurs joues n'eurent bientôt plus rien à envier aux figures les plus barbues et les plus rébarbatives de leurs nouveaux compagnons, avec le teint desquels une infusion de tabac mit leurs traits en harmonie complète.

Les lambeaux d'un habit d'uniforme dont la couleur bleue, dévorée par le soleil et considérablement altérée par l'usure, s'était dégradée dans des teintes douteuses, complétaient cet accoutrement dont le chic militaire touchait à la fois au guerrier et au grotesque.

La métamorphose était parfaite ; aussi l'instant de l'embarquement arrivé, les deux pseudo-grenadiers se glissèrent-ils hardiment dans les rangs de leurs compagnons d'armes, Pierre Ballard d'un air d'apathique insouciance, Jules Serval au contraire affectant les airs dégagés d'un coq de régiment et fredonnant un vieux refrain de corps de garde.

C'était le moment décisif. Si le regard des surveillants glissait sur cet extérieur hybride, si leur embarcation débordait sans qu'ils fussent reconnus, ils étaient sauvés, car leurs mesures étaient prises avec une prévoyance qui semblait devoir déjouer toute autre éventualité.

Sous prétexte d'indisposition, ils avaient obtenu l'autorisation de conserver leurs hamacs dans la batterie, et les deux vétérans, munis de vivres et de liquide pour tout le jour, s'y étaient glissés à leur place. Eux emportaient dans leurs sacs deux habillements complets de gentleman, qu'ils devaient revêtir au lieu de la première couchée du détachement pour brûler la politesse à leur escorte, dont la surveillance ne devait pas être très-active.

Ils avaient cependant prévu la possibilité que le lieu de leur dépôt fût fermé, et, dans cette pensée, ils avaient également caché dans leurs sacs les instruments nécessaires pour échapper à cette clôture : scie, gouges et burins. Libres, ils prenaient place dans quelque voiture publique et gagnaient Plymouth, où la police anglaise ne pourrait supposer qu'ils se fussent rendus, et la *licence* qui devait recevoir les militaires libérés les emportait, déserteurs et cachés, vers la France.

Le moment capital était donc celui de leur embarquement et de leur départ.

Tout alla d'abord pour le mieux ; leur ennemi le plus redoutable, le master, se trouvait sur l'arrière, où il semblait occupé à donner des instructions à deux gardiens ; mais le transbordement des paquets et l'appel des hommes étaient à peine achevés qu'il accourait avec ses deux acolytes. Jules Serval, qui l'observait du coin de l'œil, se hâta de franchir les bastingages du ponton et de descendre dans la chaloupe. Loïk, qui, pour détourner l'attention, s'était mis à sauter à la corde sur l'arrière, en faisant double passe, triple passe et moulinets, vit le danger qu'allaient courir les deux officiers ses patrons ; l'idée lui vint de favoriser leur départ par une diversion. Jetant de côté sa corde :

— Master ! master ! s'écria-t-il.

Le master s'arrêta, ainsi que les deux gardiens.

— Un mot, s'il vous plaît... et à vous aussi, messieurs, sans vous commander.

— Eh bien ! que veux-tu ? répondit le gardien en chef en faisant quelques pas vers le jeune mousse, qui s'avançait lui-même en roulant dans ses mains son bonnet de laine bleue d'un air embarrassé.

— C'est que, master, le commandant Serval, qui est couché, malade d'un gros rhume...

— D'abord, reprit vivement le master, apprends qu'il n'y a ici de commandant que l'honorable sir Daniel Ross. Maintenant, que veux-tu pour ton lieutenant Serval et son rhume?...

— Je voudrais tant seulement vous demander si vous pourriez envoyer un de ces messieurs lui chercher une bouteille de rhum?

— Une bouteille de rhum?... et pour quoi faire?

— Il y a maître Laumel qui dit comme ça qu'en faisant brûler une bouteille de rhum avec du poivre, de la moutarde et un quarteron de tabac, que ça fait un jus qu'il n'y a rien de meilleur pour les rhumes.

— Et maître Laumel est le chimiste qui soigne ton lieutenant?

— Pas précisément, master ; mais en supposant...

— En supposant! en supposant!... voilà, Dieu me damne! qu'avec tes suppositions les chaloupes poussent au large sans que j'aie pu examiner mes prisonniers! Va te promener, vermine, avec ta médecine qui ferait rendre l'âme au diable!

Et en prononçant cette dernière phrase, il se dirigea vers la partie du vaisseau d'où venaient de s'éloigner les deux embarcations.

— Dans ce cas, murmura Loïk, puisses-tu seulement en avoir une bidonnée dans l'estomac.

— Avez-vous du moins examiné avec soin les prisonniers embarqués? dit Michel à un gardien.

— Avec le plus grand soin, master. On a fait l'appel, tous les trente-quatre ont répondu; voici la liste.

Le master, monté sur les passavants, les compta lui-même à la lunette.

— C'est cela, fit-il en redescendant sur le pont.

Il fut en ce moment appelé chez le commodore. Pendant que cet incident avait lieu vers l'arrière de *la Crown*, une autre scène qui s'y rattachait étroitement se passait sur l'avant entre Jacques Roussin et le père Bihan.

Ces deux marins, dès l'arrivée du détachement des militaires, s'étaient éloignés du lieu de l'embarquement pour ne pas y attirer une surveillance trop vive.

— Les voilà donc qui s'embarquent, fit l'ancien fraudeur! Eh bien ! ma damnation !... il faut parler franc, ça me soulage, car, aussi vrai que la mare de Saint-Coulman est pleine de trésors, s'il était arrivé un malheur, rien n'aurait pu m'empêcher de m'en prendre à ce pauvre petit Loïk, qui est bien innocent pourtant.

— Alors, bourne ! pourquoi t'en serais-tu pris à lui ?

— Pourquoi aussi, depuis trois jours, est-il toujours fourré avec les gardiens ?

— Je n'ai pas vu cela, moi.

— Tenez, tout de suite encore.

Bihan, qui dans ce moment ne cherchait à exploiter avec perfidie que la présence de l'enfant sur un point du tillac où se trouvaient réunis trois agents de la police du ponton, était loin de s'attendre à l'étrange concours que les circonstances allaient apporter à ses odieuses insinuations.

— Que veux-tu ! il s'amuse.

Ce fut en cet instant que Loïk, jetant de côté sa corde, appela le master et les deux surveillants qui l'accompagnaient.

— Tiens, reprit le père Jacques en tressaillant, au fait, que leur veut-il ?

— C'est ce que je me demande chaque fois que je le vois leur parler comme ça : que leur veut-il ? Ce n'est pas que je l'accuse... ne l'ai-je pas connu enfant ?... Je le vois encore répondre la messe à notre bon recteur... et, ma damnation ! ce serait pour moi une grande douleur de le voir tourner à mal.

— Tiens ! ça me chiffonne... Que leur conte-t-il si longtemps ? Bourne ! je veux en avoir le cœur net.

— Gardez-vous-en bien, père Jacques... ça le mettrait en défiance... et en supposant qu'il y ait quelque chose à découvrir... ce que bien sûr je ne crois pas... nous avons trop d'intérêt à le connaître... pour ne pas nous en assurer avant de le mettre sur ses gardes... Ah ! les voilà qui se quittent...

— Ce petit tonnerre-là m'aurait-il trompé ?

— Ma damnation ! vous prenez ça trop au gros... Mais que fait le master?... Loïk lui aurait-il donc parlé des embarcations... que le voilà qu'il les regarde à la lunette?... Oh! non... quelle idée!

— Tout cela, père Bihan, ça devient bournement suspect.

— Non, père Jacques... il n'y a encore là rien qui ne puisse s'expliquer... Ah! s'il arrivait malheur, ce serait bien différent! Quoique pays, ce ne serait pas moi, ma damnation! qui prendrais sa défense... Mais ce n'est plus à craindre.

— C'est toujours à craindre. Bateau qui court peut toujours sombrer.

— Ah! voilà le grand flandrin qui se rend sans doute chez le commodore.

Pendant ce temps, les deux chaloupes, légèrement penchées sous la brise, s'avançaient rapidement vers le port. La matinée était celle de l'une des belles journées de printemps qui montrent la nature des plages du nord dans leur lumière la plus favorable et leur aspect le plus harmonieux. Une brume argentée, que le soleil avait éclaircie en gaze diaphane, effaçait ce que ses lignes avaient de trop âpre, adoucissait ce que ses tons avaient de trop heurté. La mer, sous un joli frais soufflant de l'ouest, s'agitait en petites lames qui clapotaient contre les embarcations, et dont les mille mouvements fatiguaient l'œil. Pierre Ballard et Jules Serval, respirant avec bonheur ce grand air, cet air libre, sentaient s'évanouir leurs dernières craintes à chaque élan des embarcations vers le rivage.

Une crainte vint traverser leur joie : un canot s'était détaché de *la Crown* et nageait avec ardeur dans leur sillage. Les deux prisonniers, en apercevant cette barque légère que les efforts simultanés de huit rameurs faisaient voler sur leur trace, éprouvèrent un douloureux serrement de cœur ; ils se regardèrent en pâlissant, eux dont l'aspect de la mort n'avait jamais fait changer le visage.

Ils éprouvèrent un soulagement profond lorsque le rapide canot, après avoir atteint leurs eaux, les dépassa sans les inquiéter. S'il continuait ainsi sa course, il n'était donc pas lancé à leur poursuite. Cette alarme d'un moment ne leur fit que sentir plus profondément en s'évanouissant le bonheur de leur délivrance. Leur espoir n'en prit que plus d'ardeur et de sécurité.

Les deux chaloupes entrèrent dans le port, touchèrent un escalier du môle ; un pas encore, et les deux prisonniers sont libres.

Insensibles à l'agitation qui suivit sur les deux embarcations l'accostement du quai, Jules Serval et Pierre Ballard se hâtèrent d'en franchir les degrés de granit. Mais quelle ne fut pas leur déception en atteignant l'esplanade de la jetée ! Le commodore était là, attentif, les yeux caressants et les lèvres souriantes, comme chaque fois que sa pensée se berçait dans quelque espérance sinistre.

Il était venu joindre le major O'Garden, chargé de remettre le détachement de prisonniers aux membres du *transport-office*, et, ne voulant point s'en rapporter exclusivement à lui pour l'arrestation des deux déserteurs, il avait laissé le digne homme faire préparer dans les bureaux les pièces administratives de sa mission, et était venu guetter lui-même ses victimes.

Il n'eut pas plutôt reconnu Ballard et Serval, moins peut-être à leur taille et à leur démarche qu'au mouvement de surprise qu'ils ne purent maîtriser à sa vue, que, s'avançant vers eux en laissant s'épanouir son sourire :

— Vous ne m'attendiez pas ici, mes gentlemen ? dit-il en prenant Jules Serval par une moustache qui lui resta dans la main. Ah ! ah ! ah ! fit-il en montrant au master et à un autre gardien placés derrière lui la touffe de poils postiches qu'il tenait dans ses doigts... *very well !...* ah ! ah ! ah !... — Et s'adressant de nouveau aux deux officiers, dont la patience était poussée à bout par cette scène grotesque : — N'est-il pas vrai, messieurs, que l'on n'a pas encore échappé à ma surveillance quand on est parvenu à tromper les regards de mes employés ?

La crainte de compromettre par une scène de violence et leur propre dignité et la liberté des soldats restés à leur place dans le ponton donna aux anciens capitaines de *la Dorade* et du *Rôdeur* la force de conserver leur sang-froid sous la brutalité de ces violences morales.

Le major O'Garden, prévenu de la scène qui avait suivi le débarquement, se rendit en hâte devant le commissaire du dépôt, le commodore Woodreff, devant lequel, d'après les règlements, devaient être conduits les prisonniers.

Ils y arrivèrent sous l'escorte d'une escouade de gardiens commandés par le master. Sir Daniel Ross était retenu pour quelques instants seulement dans un bureau voisin. Le major songea à profiter de cette absence momentanée pour faire statuer par le commissaire sur le sort des deux prisonniers.

— Voici, commodore, lui dit-il, deux marins qui ont trouvé moyen de se substituer à deux des soldats du détachement... Je vous proposerais de les renvoyer à bord de *la Crown* avec un ordre de punition sévère, si ce n'étaient des sujets dont nous sommes trop heureux de nous débarrasser.

— Qu'en prétendez-vous faire?

— Laissez-les retourner dans leur pays. Vous lui ferez là un triste présent. Des esprits inflexibles, des caractères emportés! avec de tels hommes, commodore, la marine française ne serait guère redoutable.

— Ainsi ces hommes sont une cause de désordre à bord de votre ponton?

— Une cause de désordre et une cause de danger... Avec des hommes semblables on ne peut guère répondre de *la Crown*... Ce sont continuellement de nouveaux trous qu'ils pratiquent dans les murailles. Si vous nous les renvoyez, ils auront bientôt criblé le vaisseau de Sa Majesté comme un gâteau de miel...

— Dans ce cas, major...

— De quoi s'agit-il? s'écria sir Ross que le master avait fait prévenir par son compagnon.

Il avait mis un tel empressement à accourir qu'il était presque hors d'haleine.

— Comment! laisser ces messieurs continuer leur route! récompenser la désertion par la liberté!

— Le major prétend que ces hommes sont un danger pour votre ponton.

— Ces dangers-là, commodore, notre devoir est de les prévenir, et la preuve que nous n'y avons pas fait défaut, c'est que ces messieurs y sont toujours.

— Jugez vous-même.

— Il me semble qu'il n'y a pas de doute possible. Récompenser la désertion par la liberté... ce serait là un danger bien autrement formidable !... L'exemple d'une telle prime à l'insubordination, aux évasions ! ce serait pour le coup qu'il ne faudrait point répondre de *la Crown!*

— Qu'en dites-vous, major ? repartit le commissaire du dépôt avec un sourire approbateur.

Sir John O'Garden s'inclina.

— Le major oublie d'ailleurs continua sir Daniel Ross, que les deux déserteurs sont les capitaines Pierre Ballard et Jules Serval, qui se sont fait une réputation d'audacieuse intrépidité entre tous les corsaires français.

— Oh! oh! s'écria, en prenant un air solennel et sévère, le commodore Woodreff, ces déserteurs sont des corsaires. (Et dans son regard se révéla le ressentiment de toutes les pertes et de la terreur profonde que nos voiles de course avaient causées au commerce anglais.) Vous avez raison, capitaine, dit-il à sir Ross. Ce n'est point la liberté qu'il faut accorder aux tentatives de désertion de tels hommes, mais un bon cachot le plus près possible de la carlingue.

Ballard, reconnaissant qu'il n'y avait plus rien à espérer, songea à réclamer au moins leurs sacs, où se trouvaient des objets d'autant plus précieux pour eux que c'étaient des moyens de reconquérir cette liberté dont ils voyaient une quatrième fois le rêve prestigieux s'évanouir comme un mirage.

— Votre demande est tellement juste qu'elle est prévenue. J'ai donné ordre de déposer vos effets dans le corridor. Il doivent y être. Master, faites apporter ici ces sacs, qu'on voie ce qu'ils contiennent.

Cette précaution du rusé commandant de *la Crown* dissipa l'espérance qui avait inspiré à Pierre Ballard sa demande. Les paquets ouverts, on découvrit les vêtements anglais et les instruments d'évasion qu'ils renfermaient. Grâce à l'intervention énergique du major O'Garden, les vêtements leur furent rendus, mais les outils furent confisqués et même érigés en faits aggravants pour justifier la sévérité de la peine.

Pierre Ballard et Jules Serval n'arrivèrent donc à bord de *la Crown* que pour être mis une quatrième fois aux fers.

Leur retour fut suivi d'une scène navrante. Maître Laumel, Jacques Roussin et le père Bihan, réunis en groupe, semblaient livrés à un mélange d'indignation et de colère qui se traduisait dans leurs traits et dans leurs actions par une expression et une pantomime toutes différentes.

Jacques Roussin accusait avec violence, maître Laumel écoutait avec une morne taciturnité, Bihan excusait avec bonhomie. La conclusion de chacun était la même.

La cause de tous leurs revers, tant de peines perdues, tant d'évasions manquées, tant de tortures subies, l'épaule du père Bihan brisée par une balle, le côté du père Roussin troué par une épée, la cause de tous leurs malheurs était enfin connue : c'était la trahison, et le traître... c'était Loïk.

Le père Roussin l'appela ; l'enfant accourut tout triste du nouvel insuccès où venait de tomber encore une fois la liberté de son capitaine.

— Approche ici, lui fit Roussin d'un ton si menaçant et si sombre que l'enfant le regarda avec une expression de stupeur où il y avait cependant beaucoup plus d'étonnement que d'effroi, et, s'approchant du bastingage, ils se trouvèrent placés, le mousse le dos au plat-bord, les trois marins en demi-cercle devant lui.

— Nous diras-tu, lui demanda le père Jacques, pourquoi tantôt, au moment du départ du capitaine, tu as appelé le master et ses deux argousins ?... Réponds.

— Mais, oui...

— Pourquoi ?

— Dame ! c'était pour les empêcher d'aller à l'embarquement, où ils eussent pu reconnaître...

— Oh ! dit Bihan en l'interrompant, ce n'est pas le bagout qui lui manquera : le drôle a la langue dorée.

— Et que lui as-tu dit pour cela ?

— Je leur ai dit ce qui m'a passé par la tête. Je leur ai dit comme ça que le capitaine Serval était malade...

— Fais attention, moussaille, reprit Bihan, voilà que tu te découpes... — Et s'adressant aux deux marins : — Vous voyez qu'il avoue déjà qu'il leur a parlé du capitaine Serval.

— Comment ça que je me découpe ?... Je dis la vérité, je dis...

— Oui, dis-nous continua le perfide fraudeur, qui ne chercha qu'à entraîner l'enfant loin du terrain des explications où il le sentait prendre de la force, dis-nous pourquoi, en te quittant, le master a monté aussitôt sur les passavants et s'est mis à regarder avec sa longue-vue sur quelle embarcation étaient nos braves capitaines... dis-nous cela.

— Est-ce que je sais ?

— Dis-nous pourquoi il est allé après parler au commodore.

— Pourquoi me demandez-vous cela ? fit le jeune mousse, qui commença à se troubler sous ces regards sévères concentrés sur lui.

— Pourquoi est-il parti presque aussitôt avec le commodore à la poursuite de nos bons commandants ?

— Que voulez-vous dire ? s'écria d'une voix émue, les traits effarés et les yeux pleins de larmes, le pauvre petit mousse qui commençait à entrevoir la vérité sans oser y croire.

— Nous voulons dire que c'est toi qui les as vendus.

— Moi ! s'écria-t-il avec angoisse, moi ! je les ai vendus ; j'ai vendu le capitaine Serval !... Ah ! vous ne le croyez pas. — Et il promena sur eux des regards interrogateurs qui ne rencontrèrent partout que des regards indignés et des fronts sévères. Toute son âme brisée monta dans ses yeux ; sa voix devint suppliante. — Vous, maître Laumel, murmura-t-il, est-ce que vous le croyez?

— Je le crois.

— Et vous? fit-il au père Roussin.

— Je le crois.

— Ah! et cachant sa figure dans ses mains, ils le croient, s'écria-t-il, ils le croient! Non, ne dites pas cela! ne dites pas cela! reprit-il en tombant à genoux... Tuez-moi plutôt... tuez-moi!

— On devrait t'écraser comme un serpent... car ce n'est pas une fois que tu nous as trahis... Nos trous, qui les a vendus, malheureux?...

— Mon Dieu! murmura Loïk d'une voix éteinte.

— C'est celui qui a vendu nos capitaines... c'est toi!...

— Ah! fit Loïk.

Et il tomba sur le pont en se tordant dans des convulsions effrayantes.

Le médecin du ponton appelé, le trouva dans un état si grave qu'il ordonna son transport à l'hospice. Il y resta vingt-six jours.

Il en revint pâle, maigre, abattu. Il retrouva sur le ponton Laumel, Roussin et Bihan ce qu'il les avait laissés, sombres et indignés.

Le mois de fers auquel avaient été condamnés Pierre Ballard et Jules Serval expira... C'était après cet instant que Loïk aspirait de toute l'ardeur de son âme... Quand Jules Serval parut sur le pont, tous ceux qui le connaissaient se pressèrent autour de lui, et maître Laumel, le père Bihan et Jacques Roussin des premiers. Loïk sentit que c'était l'instant de parler ; armant son cœur de tout son courage, il fut droit à son capitaine.

— Commandant, lui dit-il, savez-vous de quoi l'on m'accuse?

— Et qui t'accuse?

— C'est Laumel, c'est Roussin, c'est Bihan qui m'accusent de vous avoir trahi.

— C'est pas nous qui t'accusons, dit Laumel, c'est ta conduite... quoi!

— Bourne! reprit le père Jacques, c'est tout ce qui s'est passé!

— Ma damnation! les faits sont là, ajouta Bihan.

— Ma conduite, capitaine... la voici. — Et il rapporta simplement ce qui avait eu lieu entre lui et les gardiens. — Voilà, capitaine... et c'est moi qu'on accuse de vous avoir vendu, vous, mon bienfaiteur... Est-ce possible, capitaine...? moi vous avoir vendu!... le croyez-vous? dites!...

— Je n'ai qu'une réponse à te faire, mon bon Loïk... viens m'embrasser!

— Oh! je le puis bien... je le puis bien, commandant. Merci, mon Dieu! — Et se jetant dans ses bras. — Vous voyez bien que je l'embrasse, dit-il. Et s'étant retourné vers les trois marins : Croyez-vous maintenant que je sois coupable? leur demanda-t-il avec fierté.

IX

COMMENT PEUT NAITRE L'AMOUR

Ce mois de fers avait exercé les ravages les plus profonds sur l'organisme des deux officiers. A voir la teinte hâve qu'avaient prise les traits amaigris de Jules, l'éclat fiévreux dont brillaient ses yeux renfoncés dans leurs orbites, la surexcitation nerveuse qu'accusaient la contractilité involontaire et la vivacité saccadée de ses mouvements; à voir également l'attitude voûtée de Pierre Ballard, l'expression morne de sa physionomie, l'affaissement général de cette énergique et vigoureuse nature, il était facile de reconnaître que ce n'était pas seulement leur état physiologique extérieur qui cette fois avait été atteint en eux, que c'étaient les sources mêmes de la vie.

C'est que nulle part, mais sur *la Crown* moins qu'ailleurs, on ne se jetait impunément dans la lutte acharnée qu'ils avaient entreprise contre le hideux despotisme des geôles. C'est la lutte de l'être humain dépouillé de tout, n'ayant de secours à demander qu'à son intelligence et à son courage, contre un ennemi armé de toutes les ressources de la violence matérielle, du glaive et du fouet, de la corde et des fers, des privations et des tortures. Grâce à la puissance de sa constitution, à l'énergie de sa volonté, on pense être sorti vainqueur de ses premières étreintes. On se trompe. Le sang s'est appauvri, la névrosité s'est épuisée, la séve vitale s'est tarie ; si on peut s'y méprendre un instant, on le reconnaît aux prochaines épreuves.

Pierre Ballard et Jules Serval l'avaient reconnu avec un secret effroi. Ils étaient sortis tellement souffrants, tellement brisés de ce trou pestilentiel que l'on appelait le cachot de *la Crown*, qu'ils se demandaient si, au terme d'une cinquième captivité, les geôliers auraient autre chose à tirer de ces abîmes que des cadavres.

La tentative qu'ils allaient affronter était donc une épreuve suprême : vaincre ou mourir, et de quelle mort ! Mais aussi le succès c'était la liberté et tous les bonheurs qu'enserre l'horizon lumineux de la patrie.

Pierre Ballard était résolu... C'était l'homme qui ne recule jamais, qui marche au but, fût-ce à la gueule d'un canon, sans obliquer d'un pas ; un de ces hommes qui quelquefois par la fermeté de leur regard, font baisser les yeux à la mort.

Jules Serval hésitait ; tant de fois déçu, c'était aux lueurs de cette expérience qu'il examinait la perspective désolante que lui offrait l'avenir, et où cependant lui apparaissaient parfois les plus enivrants mirages.

Le major O'Garden avait été frappé de l'altération profonde qu'avaient subis les traits, l'expression, et jusqu'aux habitudes corporelles du jeune officier. La sympathie secrète qu'il éprouvait pour lui s'en était augmentée. Un jour qu'il l'aperçut se promenant morne et rêveur sur le tillac, il l'aborda :

— Monsieur, lui dit-il, après un échange de saluts, roides comme toujours de sa part, affectueux bien que tristes de celle de Jules Serval, j'ai à vous demander un petit service.

— Major, répondit l'officier français, croyez que s'il m'est possible de vous le rendre, ce sera moi qui serai l'obligé.

— Voici. J'aime beaucoup votre langue.

— Vous la parlez en effet en homme qui l'a cultivée.

— Je la parle, oui, monsieur ; je l'entends même... mais ce n'est point assez... Je voudrais pouvoir lire avec fruit vos grands écrivains, vos prosateurs et vos poëtes... et, pour cela, je sens que j'aurais besoin de vos conseils.

— Je crains d'être au-dessous de cette tâche, major ; je ne m'en mets pas moins complétement à votre disposition pour cela.

— Bien ! bien ! je vous remercie ; quand vous convient-il que nous commencions ?

— Dès que cela pourra vous convenir à vous-même.

— Alors ce sera le plus tôt possible.

— Aussitôt que vous le désirerez.

— Eh bien ! demain... à dix heures, si vous voulez.

— A dix-heures, demain.

— Je vais donner des ordres pour qu'on vous laisse circuler librement dans le vaisseau. Je vais voir le commodore et m'entendre avec lui.

Le lendemain, les ordres étaient donnés, les clôtures s'ouvrirent devant Jules. Au moment même où il s'informait du logement du major, celui-ci s'avançait à sa rencontre et devenait son guide.

Son habitation était toujours celle où il avait reçu les deux amis lorsqu'ils mirent pour la première fois le pied sur le pont de *la Crown*. En y entrant, cette fois encore, Jules Serval entra dans une vie toute nouvelle ; une grande partie de ses journées s'écoulèrent chez son hôte. S'il avait pressenti des délicatesses morales cachées sous l'âpreté extérieure de ce caractère flegmatique, il avait été loin cependant de supposer tout ce qu'il y rencontra de noblesse de sentiments et d'élévation de pensées ; il découvrait chaque jour en lui des qualités qui le lui rendaient plus cher, pendant que de son côté il lui devenait lui-même plus sympathique.

Ce fut bientôt une intimité dans laquelle sembla se fondre l'enveloppe de glace qu'avait formée en grande partie autour de l'âme de sir John O'Garden la froideur du milieu dans lequel il avait toujours vécu. Cette intimité devint telle que Jules Serval passa une grande partie de ses journées chez le major, qui par mille combinaisons délicates parvint jusqu'à lui imposer sa table.

L'ancien capitaine de *la Dorade* jouissait d'une liberté qu'un prisonnier français avait sans doute bien rarement obtenue sur un ponton britannique. Il errait, circulait sans obstacle, parmi les gardiens et les soldats ; entrant aussi facilement dans la partie du vaisseau consacrée à l'habitation de l'état-major, que dans celle affectée au séjour des prisonniers de guerre.

Sa santé se raffermissait, son âme se rasśenérait plus complètement chaque jour. Une des grandes causes d'abattement et de surexcitation fiévreuse dans sa vie antérieure, c'était le spectacle des douleurs des autres que sa pensée rencontrait dès qu'elle se détachait du sentiment de ses propres douleurs ; aussi, dans soi, hors de soi, c'était constamment, implacablement la même contemplation : des souffrances toujours, et des souffrances pour lesquelles il sentait sa complète impuissance.

Dans l'existence nouvelle que lui avaient ouverte ses rapports avec le major, il trouvait d'autres tableaux, d'autres images, d'autres impressions sur lesquels reposer ses yeux et son cœur. Parmi ces impressions, il en était une en dehors de ses relations personnelles avec son nouvel ami, qui exerçait une influence de plus en plus profonde sur son cœur. On a deviné que cette impression ne pouvait naître que de la présence de Mlle Marie de Kernouville.

Certes Jules Serval ne se faisait aucune illusion sur la nature et la portée des relations qui se formaient entre lui et la jeune comtesse ; il n'y avait dans ces impressions, dont il subissait le saisissement charmant, aucune arrière-pensée qui ne fût digne de celui qui les ressentait et de celle qui les avait inspirées. Il connaissait la position sociale de cette jeune fille, dont la fortune était l'une des plus considérables de la Bretagne et le blason l'un des plus glorieux de la noblesse de ce pays ; or, sans attacher une importance exclusive à ces avantages fortuits de la naissance, il ne se dissimulait pas la gravité des considérations de convenances qu'ils constituent dans les hautes classes, qui ont leurs traditions à défaut de préjugés.

C'en était assez pour empêcher toute aspiration de naître dans son cœur, qui lui aussi avait ses susceptibilités, et qui, pour être sans orgueil, n'était assurément pas sans fierté. D'un autre côté, il avait une trop grande délicatesse de sentiment et trop d'élévation dans tout ce qui touchait à la dignité morale pour concevoir d'autres espérances.

Ce qu'il éprouvait pour elle, ce qui le portait, l'attirait vers elle, c'était un mouvement spontané de l'âme, un charme secret, un doux et mystérieux entraînement : l'admiration que l'on ressent pour tout ce qui est beau, la sympathie qu'inspire tout ce qui est bon, l'amour qu'excite tout ce qui est aimable. Son désir était de la voir ; son bonheur d'éprouver le charme de sa parole, de son sourire, de sa présence ; son ambition de pouvoir lui être utile.

D'abord, il ne fit que l'apercevoir lorsqu'elle traversait le pont du vieux vaisseau ou qu'il la rencontrait dans un passage. S'étant trouvé plusieurs fois avec elle en présence du commodore, soit sur la plate-forme de l'arrière, soit dans les appartements mêmes de sir Daniel Ross, les premiers liens des rapports sociaux, ces échanges d'égards et de démonstrations courtoises se formèrent et se nouèrent entre eux. Marie de Kernouville n'évita plus sa présence dès qu'il ne fut plus pour elle un inconnu ; aux saluts qu'ils échangèrent d'abord dans leurs rencontres vinrent se joindre un bienveillant commerce de paroles polies, et enfin, lorsque les lieux et le temps s'y montraient propices, un moment d'arrêt, quelques instants de conversation et parfois même quelques tours de promenades sur l'esplanade de la dunette.

Cependant Pierre Ballard, avec son idée fixe, avait donné une preuve nouvelle de la puissance de sa volonté : dans ce ponton si bien gardé, où leurs tentatives précédentes n'avaient fait que redoubler la vigilance des gardiens et diminuer les chances de salut, il avait trouvé une voie d'évasion nouvelle, et, tout l'annonçait, dans les conditions de succès les plus favorables. Il avait attendu pour en parler à Jules Serval, qu'il voyait absorbé par ses relations avec le major, d'avoir exécuté les travaux préparatoires pour lesquels il n'avait besoin ni de ses conseils ni de son concours. Ce résultat était obtenu. Il profita de l'une des promenades qu'ils faisaient ensemble chaque matin sur le tillac pour lui en faire part.

— J'ai enfin, lui dit-il avec l'air de bonhomie souriante qui était l'expression de sa gaieté, du nouveau à t'apprendre, car je suppose que tu ne t'es aperçu de rien ?

— Ma foi ! répondit Serval en recueillant ses souvenirs, de rien.

— Même en me voyant échanger avec Loïk mon hamac contre le bout de plancher qu'il occupait sous le tien dans l'angle de la batterie ?

— Pourquoi ?... j'ai supposé...

— Alors tant mieux !

— Pourquoi tant mieux ?

— Parce que si tu as trouvé cet échange tout naturel, il n'y a pas de raisons pour que d'autres en aient éprouvé de la défiance et conçu des soupçons. Eh bien ! je vais te dire le motif qui m'a fait préférer aux commodités de ma branle cette espèce de lit de camp horizontal.

— Au fait, tu devais avoir un motif.

— J'avais remarqué plusieurs fois que les rondes d'inspection, si scrupuleuses à examiner la moindre rugosité, la lésion la plus légère sur les murailles du vaisseau, avaient l'esprit tellement absorbé par cette exploration que leurs regards ne se portaient jamais à leurs pieds. Eh bien ! c'est sous leurs pieds que j'ai songé à nous ouvrir une voie d'évasion.

— Comment cela ?

— Est-ce que si nous avions un secret accès dans la cale, nous ne pourrions pas pratiquer avec toute facilité un trou sur le point du bord qui nous plairait, entre la ligne de flottaison, par exemple, et la galerie ?

— Comment deviner cet espace ?

— Le deviner, ce n'est pas utile... On peut le reconnaître à l'oreille... au claquement de la mer; le préalable, et peut-être aussi le plus difficile, était de découper une espèce de trappe dans le pont de la batterie. C'est fait.

— C'est fait! reprit Jules avec surprise.

— C'est fait.

— Comment as-tu pu?...

— Mais en faisant mon éternel métier d'animal pharamineux pendant une bonne partie du temps que tu as employé, paraît-il, à très-bien dormir; en sorte que si tu veux déroger cette nuit à cette excellente habitude, nous allons enlever la trappe, qui est à point; et l'un de nous va se glisser dans la cale pour examiner l'état des lieux et choisir le point où nous saborderons la vieille carcasse.

— Avec joie!

Car l'abattement moral s'était évanoui dans Jules Serval avec l'épuisement matériel, l'espoir était revenu avec la santé, la confiance avec la vigueur, l'amour de la liberté avec la vie.

Ce fut avec impatience qu'il attendit le moment qui devait leur causer une déception nouvelle. Lorsque tous les prisonniers furent endormis, ils enlevèrent la trappe pour faire leur exploration; l'ouverture se trouva tellement rétrécie par un des barreaux de support qu'aucun des deux officiers ne put la franchir.

— C'est au moins quinze jours de retard, dit Jules Serval avec contrariété.

— Si on s'assurait toujours, en attendant, des facilités ou des obstacles que nous rencontrerons en bas?

— Sans doute; mais la difficulté est d'y parvenir.

— Nous, oui; mais Loïk passerait très-bien par ce trou.

— Tu as raison; on se mettra à l'ouvrage avec plus de cœur. On saura du moins à quoi s'en tenir... Ce n'est pas douteux; mais enfin...

— Remettons cela à la nuit prochaine. Je le verrai demain et le préviendrai.

— C'est cela.

Ballard refit son lit pendant que le lieutenant regagnait son hamac.

Loïk, autrefois courant, grimpant, sautant, toujours en action, fut trouvé le lendemain, par le lieutenant, couché, triste et pensif, sur un monceau de sacs dans lesquels une barque avait le matin même apporté un chargement de biscuit pour l'approvisionnement de *la Crown*.

— Tiens! te voilà couché!... Es-tu malade, mon enfant?

— Oh! mon commandant, reprit le mousse en se levant vivement et en cachant sa tristesse sous un sourire, j'étais là seulement à me reposer un peu au soleil.

Si le capitaine Serval eût été aussi constamment mêlé à la vie du ponton qu'il l'était autrefois, il n'eût pas plus adressé à Loïk cette question qu'il ne se fût contenté de sa réponse. Le pauvre enfant était profondément affecté; s'il n'éprouvait encore aucune maladie caractérisée, la maladie sous quelque forme ne pouvait tarder à paraître : sa gaieté était partie, la santé devait suivre.

Le calme que lui avait rendu l'affection de son commandant s'affaiblissait graduellement, disparaissait chaque jour. Cette affection, qui l'avait soutenu contre l'air méprisant et irrité de Jacques Roussin et de maître Laumel, commençait à ne plus lui suffire, car chaque jour il craignait davantage que cette affection ne fût pas une confiante bienveillance, que ce ne fût au fond que de l'indulgence et de la pitié. Il ne doutait point qu'il ne fût un traître pour les deux marins; mais, fort de son innocence et de l'amitié de ses chefs, il avait confiance, pour se justifier, dans l'avenir.

Quant à Bihan, malgré l'air hypocritement compatissant qu'il affectait de lui témoigner, il éprouvait pour lui la répulsion la plus profonde, et semblait deviner en lui l'auteur des crimes dont on l'accusait.

Cette accusation, du reste, n'avait pas transpiré parmi les prisonniers. C'était là un fait important, car son âge ne l'eût pas préservé de l'indignation qui eût réuni toute la détention contre lui.

On ne peut concevoir l'excès auquel étaient poussés les sentiments d'horreur et de haine soulevés par un espion dans les pontons qu'en réfléchissant à toutes les espérances détruites, à toutes les affections déchirées par une pareille trahison, et à l'espèce de solidarité de souffrances et d'espoirs qui régnait parmi ces malheureux. Vendre un trou, ce n'était pas seulement stériliser le long travail où quelques pauvres détenus avaient souvent usé tout ce que leur âme avait d'ardeur, de force et de patience ; rendre vain tout ce qu'ils avaient dû s'imposer d'inquiétudes, de fatigues, de privations et de peines ; ce n'était pas le simple assassinat matériel que l'on commettait en replongeant un homme dans ces entreponts délétères : c'était encore le condamner à un long supplice ; c'était l'arracher à sa patrie, à sa famille, à toutes les joies du sol et du foyer natal que lui avaient déjà rendues ses espoirs ; c'était l'arracher à tout, à la liberté ! Aussi ceux qui n'ont pas langui ni souffert dans ces vieilles carènes ne peuvent guère apprécier l'exécration que causait un tel crime que par les vengeances auxquelles il poussait les prisonniers.

Lorsqu'un espion était découvert, si les circonstances de son infamie se levaient avec évidence pour l'accuser, ce n'était souvent qu'un cri, qu'un mouvement général, et le misérable était en un instant saisi, frappé, disloqué, écartelé en vingt lambeaux auxquels la mer donnait la sépulture de ses lames.

Si l'accusation ressortait de soupçons qui eussent besoin d'être rapprochés, comparés, appréciés, un tribunal s'improvisait pour examiner et prononcer. Favorable, la sentence était respectée. La condamnation était exécutée sur-le-champ.

Souvent les soupçons dénués de preuves se changeaient en querelles particulières ; les hommes impuissants à prononcer, on en appelait au jugement de Dieu. Deux lames de rasoirs ou deux pointes de compas attachées à deux baguettes servaient d'armes pour ces engagements quelquefois mortels.

Si les accusations contre le jeune mousse n'avaient pas eu ce retentissement, Loïk commençait à craindre qu'elles n'existassent au fond du cœur de Jules Serval et du capitaine Ballard comme dans l'esprit de maître Laumel et du père Roussin. Depuis le temps qu'ils étaient sortis du cachot, ils n'étaient pas sans avoir formé quelque nouveau projet d'évasion... S'ils ne lui en parlaient pas, c'est qu'il n'avait plus leur confiance. Voilà la pensée qui le tourmentait, l'inquiétude qui lui rongeait le cœur, et qu'il s'efforça de dissimuler par un sourire lorsqu'il se leva vivement à la voix de son capitaine.

— Eh bien! moussaille, lui dit-il en lui pinçant l'oreille, nous allons avoir besoin de toi.

— De moi! fit-il en sentant l'espoir lui envahir le cœur... de moi, commandant!

Et ses grands yeux bleus reluisirent de larmes.

— Oui, reprit l'officier, nous avons de nouveaux projets. Tu couches toujours dans le hamac du capitaine Ballard?

— Oui, commandant, à trois hamacs du vôtre.

— Eh bien! cette nuit, quand tu jugeras que tout le monde est endormi, il faut que tu descendes de ton hamac, que tu te glisses vers le mien, de manière à n'éveiller personne. C'est là que nous allons t'attendre le capitaine Ballard et moi.

Et il lui expliqua ce qu'on désirait de lui.

— Soyez sans inquiétude, commandant ; et, quant au bruit, ceux mêmes qui ne seraient pas endormis ne m'entendront pas, bien sûr.

On se ferait difficilement une idée de la joie où cette conversation jeta le pauvre mousse. Il éprouvait un besoin de mouvement auquel l'activité qu'il pouvait se donner sur le pont de *la Crown* avait peine à suffire. Toutes ses craintes, tous ses soucis, toute sa désolation muette s'étaient évanouis.

Il fut exact... La trappe était levée ; Ballard, après lui avoir renouvelé ses instructions, lui remit une espèce de lampion et tout ce qui était nécessaire pour se procurer du feu une fois dans la cale ; il descendit.

Il accomplit ses recherches, exécuta sa mission avec une rare intelligence. Plusieurs fois il revint à l'ouverture du trou exposer le résultat de son enquête et savoir si l'on désirait de nouveaux renseignements. Quand il en sortit, les deux capitaines connaissaient l'état des lieux presque aussi exactement que s'ils y avaient pénétré eux-mêmes.

C'était un vaste espace en dehors d'aménagements établis par l'administration pour l'emmagasinement de ses approvisionnements divers. La partie la plus régulière, occupée par des boucauts et des caisses vides, se trouvait justement au-dessous de la trappe pratiquée par le capitaine Ballard ; elle occupait un espace d'environ quinze pieds dans le travers du vaisseau. Une porte dans une cloison sur l'arrière y donnait accès.

Ce lieu de dépôt avait pour appendice un long et très-étroit couloir laissé sur bâbord, et qui se prolongeait presque jusqu'à l'avant. Là étaient entassés pêle-mêle et confusément une foule d'objets de rebut, vieux câbles, paniers détruits, débris de toutes sortes. C'était un lieu peu fréquenté, et abandonné évidemment à des subalternes négligents.

Tout répondait donc complétement aux vœux des deux officiers, et s'offrait dans les conditions les plus favorables à leurs projets. On renvoya Loïk, en lui disant que dès qu'on pourrait commencer les travaux on le rappellerait. Ballard devait se remettre à l'œuvre.

Jules Serval reprit provisoirement sa vie, que vinrent animer des émotions nouvelles.

Un heureux changement s'était manifesté et s'opérait chaque jour dans le caractère et l'esprit de Mlle de Kernouville.

La sombre froideur qui s'était étendue à tous ses rapports avec son tuteur depuis le refus qu'avait encouru la demande de grâce qu'elle avait adressée en faveur des deux officiers, ses compatriotes, se rassérénait et s'évanouissait complétement chaque jour. Leurs conversations reprenaient insensiblement le ton d'obséquiosité affectueuse. Le sourire réapparaissait sur ses lèvres comme la gaieté dans ses grands yeux bleus.

Sir John Ross voyait avec une joie d'autant plus vive s'envoler les nuages qui avaient voilé ce jeune front qu'il s'était reproché plus amèrement de les avoir suscités, en voyant l'ombre glaciale qu'ils avaient projeté sur sa vie. Marie avait même repris ses chants, interrompus depuis cet orage domestique.

Loin de rester enfermée des jours entiers dans l'isolement de sa chambre, c'était elle qui prenait l'initiative des promenades, elle qui venait chercher le commodore pour faire quelque tour de galerie, qui se terminait habituellement par une station de travail ou de lecture sur le couronnement de la dunette.

Il était rare qu'on n'y rencontrât pas le capitaine Jules Serval lisant ou travaillant lui-même. On se rapprochait, et chacun mettait alors de côté livres, pinceaux ou ciseaux, et la station de lecture et de travail se trouvait souvent transformée en un cercle de conversation, et parfois même lorsque quelque incident de service venait enlever le commodore à ces devis littéraires, artistiques ou mondains, se terminait en causerie intime.

La France, ses arts, ses lettres, toutes ses gloires, la Bretagne, ses landes, ses falaises, ses traditions, ses chroniques, son vieux passé et sa jeune nature, étaient les textes généraux de ces récits, où venaient s'épanouir parfois des épanchements personnels. Un jour, après une de ces conversations pleines d'effusion, Marie, s'étant approchée du chevalet où Jules avait laissé une toile dont il venait de poser le dernier glacis, resta quelques instants silencieuse, les yeux attachés sur cette peinture.

— Cette étude, mademoiselle, lui dit Jules Serval, ne mérite pas de fixer aussi longtemps vos regards.

— Vous êtes trop sévère pour votre travail ; c'est aux autres à vous rendre justice : ce tableau est certainement rempli de détails charmants ; ce qui m'en a frappé tout d'abord, c'est le fini que vous avez su donner à tous ces petits personnages d'une disposition si heureuse et d'une exécution si parfaite.

— Je me tais, mademoiselle, mais je n'en fais pas moins, dans vos éloges, la part que je dois à votre indulgence.

— Il me semble, monsieur le lieutenant, que vous devez peindre la miniature.

— J'ai quelquefois essayé.

— Et essayé avec succès, j'en suis sûre.

— On a parfois loué mes essais, mais je dois reconnaître que ces éloges m'étaient donnés par des voix amies.

— Vous êtes peut-être surpris de l'interrogatoire que je me permets de vous faire subir?

— Moi, mademoiselle, croyez que vos questions n'éveilleront en moi qu'un sentiment: le désir d'y satisfaire.

— J'avoue que je ne vous les adresse pas sans un certain embarras, car le point où elles doivent aboutir est une demande de service que j'ai à vous faire.

— A moi?

— A vous même.

— Oh! parlez, mademoiselle, et s'il m'est possible de vous obliger en quoi que ce puisse être, comptez d'avance sur tout mon dévouement.

— Eh bien! monsieur Serval... mais vraiment je ne sais comment expliquer ma demande étrange.

— Parlez sans hésitation et sans inquiétude, mademoiselle, avec toute confiance, comme je vous écoute.

— Eh bien! monsieur le lieutenant, je désirerais avoir mon portrait.

— Vous l'aurez, mademoiselle.

— En miniature?

— Il sera en miniature.

— Mais il faudrait qu'il fût fait... à l'insu de tout le monde, surtout à l'insu du commodore et de ses gens.

— Cela est plus difficile, car je dois vous avouer que je ne me sens pas assez fort pour tenter de vous peindre de souvenir. Il faut que vous osiez. Mais où? quand? comment?

La jeune réfléchit un instant, sourit et reprit:

— Les difficultés ne sont pas insurmontables.

Jules Serval la regarda avec un air d'assentiment plus complaisant que convaincu; elle poursuivit:

— Vous demandez où... D'abord ici; au besoin dans ma chambre. Quand? lorsque ses fonctions appelleront sir Daniel Ross au *transport-office* ou ailleurs. Comment? en faisant ce que vous accomplissez tous les jours, en vous rendant auprès du major sir John O'Garden.

— Au fait, cela peut s'accomplir ainsi, mademoiselle. Dès que vous le voulez, cela sera, la réalisation en semblât-elle impossible.

— Eh bien! monsieur Jules Serval, commençons dès après-demain, non ce portrait, mais ses préparatifs. Le commodore descend à terre à deux heures. Soyez chez moi à deux heures et demie.

— J'y serai, mademoiselle.

— Je vous expliquerai le motif qui m'a fait recourir à votre complaisance, et nous arrêterons le mode d'exécution.

Jules Serval fut d'une exactitude ponctuelle.

Marie de Kérnouville avait impatiemment devancé l'instant où elle devait le recevoir. En effet, le surlendemain, il n'était pas encore deux heures qu'elle l'attendait dans son parloir, petit salon qui, placé à l'extrémité du couloir, sorte de corridor formant l'artère centrale de l'appartement, avait servi autrefois d'antichambre à la vaste pièce occupée personnellement par le commodore, et celle qui était devenue la chambre particulière de la jeune comtesse. Le goût et la richesse avec lesquels cette dernière pièce et le petit salon qui la précèdent avaient été décorés justifiaient complétement ce que nous avons dit des efforts tentés par sir Daniel Ross pour agir, par la satisfaction de ses goûts artistiques et de ses poétiques fantaisies, sur le cœur et l'esprit de sa pupille.

La jolie pendule Pompadour placée sur la cheminée, dans des tentures de lampas bouton d'or à bouquets et guirlandes de fleurs vives, vibrait encore du coup de la demie lorsqu'une jeune servante anglaise, à figure ronde et colorée comme une pomme d'api, ouvrit la porte et annonça M. Jules Serval. Marie le reçut avec la courtoisie et la dignité affectueuse qu'avaient développées en elle les traditions et les habitudes d'une éducation toute patricienne; et lorsque, sur son invitation, le jeune lieutenant de la marine impériale se fut assis dans un fauteuil qu'elle lui avait indiqué en s'asseyant elle-même :

— Monsieur, lui dit-elle, je vous dois... — Et sur un geste de protestation de Jules Serval elle ajouta : — Ou, si vous aimez mieux, je me dois à moi-même de vous donner quelques explications sur ce que la demande que j'ai pris la liberté de vous faire peut paraître avoir d'étrange ; je ne doute pas que, pour tout esprit juste, elle n'ait rien alors que de très-naturel.

— De grâce ! mademoiselle, croyez que le respect que vous inspirez vous place bien au-dessus de toutes ces explications.

— Je veux bien croire qu'elles vous sont inutiles, et je vous en remercie ; alors, je vous le répète, c'est pour moi, pour ma satisfaction propre, que je vous les donne.

— Je vous écoute.

— Je suis, vous le savez, une exilée, monsieur.

— Comme moi-même ; que ce soit le souffle des révolutions ou celui de la guerre qui nous ait jetés sur cette terre, peu importe : nous sommes des plantes arrachées au même sol.

— Sans doute ; mais il y a des plantes qui sont forcées de prendre racine là où le vent les a portées, lande ou guéret, prairie ou rocher, quand là est la seule terre qui puisse les nourrir. C'est pour elles une nouvelle patrie, celle de la nécessité, puisque là seulement elles peuvent vivre. Suis-je dans cette position, moi ? C'est ce que je désire savoir, et c'est là le motif de la demande que je vous ai adressée, et dont quelques mots vont suffire pour vous expliquer l'objet.

Le caractère confidentiel que prenait l'entretien empêcha Jules d'y opposer aucune objection ; l'intérêt qu'il lui inspirait se traduisit au contraire par une expression d'attention sympathique qui disait plus que toute instance :

— Parlez, parlez, mademoiselle ! si rien de ce que vous pouvez m'apprendre ne doit ajouter à mon respect, cela peut donner plus d'élan à mon dévouement pour vous.

Marie continua :

— Lorsqu'en 1794, mon père quitta la Bretagne pour venir en Angleterre, d'où il voulait aller en Allemagne se mettre aux ordres et au service de son souverain, il ne croyait s'absenter que pour quelques mois, quelques années au plus. Il laissa alors en Bretagne un vieux concierge et son fils, dont la fidélité était attestée par trois générations de dévouement, et confia à leur loyauté tous ses intérêts dans le pays. Ce mandat devait nécessairement rester inconnu, car sa révélation, en compromettant la fortune de mon père, compromettait la vie des deux braves gens qui l'avaient reçu. Comme leur instruction, presque nulle ainsi que celle de tous les paysans bretons de leur époque, s'élevait à peine à la lecture de leurs livres de prières, mon père dut renoncer à toute correspondance avec eux. Il fut seulement convenu qu'ils useraient de toutes les valeurs que mon père les autorisa à recueillir et à capitaliser pour le plus grand intérêt de notre maison, et que si mon père avait quelque information à leur demander ou quelque recommandation à leur transmettre, il remettrait à celui qu'il chargerait de cette mission son portrait en miniature ou le mien, dont la présentation serait pour eux la preuve que le messager mériterait toute leur confiance.

— Je comprends, mademoiselle, je comprends.

— Pas complétement encore. Je croyais être seule depuis que la mort m'a enlevé mon père à posséder ce secret. Sir Daniel Ross m'ayant appris que non-seulement les biens de notre maison avaient été saisis, mais qu'ils avaient été démembrés et vendus, j'avais regardé ce mandat comme enseveli dans cette ruine... lorsque, il y a quelque temps, le désir que m'exprima le commodore d'avoir une miniature de moi me rappela les intérêts disparus dans un désastre et par suite oubliés, et me rendit quelque espérance ; mais en même temps que son insistance et ses divers retours pour l'obtenir confirmaient ces impressions, la dissimulation dont il s'efforçait d'envelopper sa demande m'inspirèrent une telle défiance que je crus devoir la refuser.

— Et vous avez agi avec sagesse ; la dissimulation justifie tous les soupçons : celui qui se cache s'accuse.

— Je le pensai, ou plutôt je me dis qu'en recherchant l'ombre on devient suspect. J'eusse pourtant peut-être cédé à ses importunités, à son obsession, lorsqu'une circonstance, circonstance funeste ! ajouta-t-elle interjectivement, vint m'en affranchir.

— J'eus une grâce à demander moi-même à sir Daniel Ross ; ayant essuyé un refus, je crus devoir insister, mes prières ne purent ébranler son inflexibilité. Je me retirai d'autant plus blessée que cet officier supérieur, mon tuteur et mon hôte, m'était apparu sous un aspect si repoussant que j'avais senti s'évanouir tout ce que mon cœur avait conservé de meilleurs sentiments pour lui. Il le comprit sans doute, car il s'était abstenu de toute nouvelle insistance auprès de moi, lorsque, il y a quelques jours, voyant mon irritation calmée, ma tristesse dissipée et ma froideur évanouie, il est revenu indirectement à ses premières sollicitations.

— Lui destineriez-vous le portrait que vous m'avez demandé ?

Son expression de surprise anxieuse appela un sourire sur les lèvres de la jeune comtesse.

— Non assurément. Soyez sans inquiétude à cet égard. Mais comme le caractère du bien est d'être fécond, un service qu'on rend devient souvent le motif d'un nouveau service, et c'est bien là le cas pour moi.

— Je m'en applaudirai de tout mon cœur, mademoiselle, si ce concours de circonstances me procure l'avantage de vous être utile.

— Eh bien ! monsieur, je m'exécute ici, à présent. Ce n'est pas seulement en peignant ce portrait que vous pouviez me rendre service, c'est en me procurant un intermédiaire qui me permette de m'en servir.

— Je suis à vos ordres.

— Vous m'avez dit que vous connaissiez parfaitement Kernouville et ses environs.

— Comme je connais la plage où je suis né. Je n'ai pas en effet été attaché moins de ving-sept mois dans ses eaux, et Dieu sait combien de fois j'en ai arpenté les bois et les prairies !

— Vous n'êtes pas, en ce cas, sans y connaître quelque officier ministériel à qui je puisse confier cette miniature et la missive dont elle sera le titre de créance.

— Assurément, mademoiselle... et je puis répondre d'avance du zèle et de la capacité du notaire que je prierai de se faire le dépositaire de vos pouvoirs et l'instrument de vos volontés.

— Merci, monsieur, merci...

— De rien, mademoiselle... du moins de rien encore.

— La reconnaissance ne m'effraye pas. Puissé-je vous devoir le refuge qui me permettra de sortir d'une situation plus cruelle et plus inquiétante chaque jour!

— Que pouvez-vous craindre?...

— Je vous devrai plus que le calme de ma vie... ma vie elle-même, et plus que ma vie, car vous ne pouvez supposer toutes les misères, toutes les terreurs, dont l'avenir me fait parfois apparaître les spectres.

— Soit! mais reprenez toute votre sécurité; quelques jours, quelques semaines suffiront pour exorciser ces fantômes.

Jules Serval se mit en effet avec une ardeur extrême à son travail. A peine le commodore faisait-il une absence, ne fût-ce qu'une absence de quelques heures, une visite aux pontons voisins, que le jeune artiste était près de Mlle de Kernouville, faisant sortir son image des traits vagues et des teintes pâles où elle semblait naître, se préciser et se colorer.

La rapidité avec laquelle se développa d'abord le travail ne tarda pas à se ralentir. Les heures s'envolaient si rapidement dans ce doux tête-à-tête où Jules Serval, pouvant reposer ses regards sur ces traits que devait reproduire son pinceau, se livrait le cœur ému à l'admiration que lui causait l'étude de ce pudique et charmant visage. De son côté, troublée, agitée elle-même par une sorte de fascination puissamment secondée par les souvenirs de son enfance dont la conversation était l'évocation continuelle, Marie s'abandonnait sans résistance à cette attraction que son cœur subissait sans en soupçonner le caractère et la puissance.

X

LE PORTRAIT

Pierre Ballard éprouva plus de peine qu'il n'avait prévu à élargir son ouverture ; ce ne fut qu'au bout de vingt jours, ou plutôt de vingt nuits d'un travail obstiné qu'il eut entaillé le barreau de chêne qui la rétrécissait, assez profondément pour livrer passage aux marins qui devaient concourir au percement du trou d'évasion. Enfin l'ouverture offrit la largeur désirée ; c'était un grand succès. On pouvait se mettre à l'œuvre définitive.

C'était le moment de se donner des coopérateurs ; ce furent naturellement ceux que les deux officiers s'étaient adjoints dans leurs tentatives précédentes. Mais l'ex-capitaine du *Rôdeur*, qui leur en avait déjà dit quelques mots, avait trouvé de l'hésitation, peu d'empressement au moins, dans le père Roussin et dans maître Laumel; peut-être fallait-il s'en prendre seulement au caractère vague des ouvertures qui leur avaient été faites.

Une explication immédiate fit disparaître l'incertitude. L'un et l'autre firent précéder leur réponse d'une question.

— Loïk est-il dans l'affaire ?

La réponse dominait leur décision. S'il en faisait partie, ils ne voulaient pas entrer dans un complot, selon eux, vendu d'avance ; s'il restait en dehors, ils s'y associaient de grand cœur.

Toutes les observations, tous les raisonnements vinrent échouer contre cette résolution, d'autant plus inébranlablement arrêtée qu'elle n'acceptait point de discussion, et l'idée, comme disent les marins, était ancrée dans leur esprit ; rien ne pouvait l'en faire démordre.

On avait indispensablement besoin de leur concours ; leur condition fut acceptée. Loïk fut écarté ; on convint seulement, sur l'insistance de Jules Serval, qu'au moment de l'évasion on l'associerait au succès. En conséquence, les deux officiers arrêtèrent de garder avec lui un silence absolu sur l'entreprise, et, s'il s'informait du commencement des travaux, de lui répondre qu'après mûre réflexion, ayant reconnu les dangers de l'entreprise, on y avait renoncé.

Cette réponse fut d'abord acceptée de confiance par le jeune mousse ; confiance si entière qu'il ne réfléchit pas d'abord à l'échange qu'on lui fit faire du hamac du capitaine Ballard avec celui de maître Laumel ; il fallut que vingt petits faits différents eussent attiré son attention pour qu'un beau jour le dernier excitât sa défiance. Mais cette défiance s'alluma spontanément, comme une clarté qui subitement les éclaira tous.

Pourtant il avait peine à croire à la réalité de tous les soupçons qui traversèrent son esprit. Comment l'aurait-on associé à ce projet pour l'en repousser après? Les défiances, alors évanouies, se seraient-elles ranimées ; et pourquoi ?

Cette incertitude était trop cruelle pour que Loïk ne cherchât point à en sortir. Le moyen était facile : c'était la nuit que devaient s'opérer les travaux, si l'entreprise n'avait pas été abandonnée. Il lui suffisait donc de se glisser avec précaution entre les dormeurs, vers la partie du pont où la trappe était pratiquée, pour attendre, caché dans l'ombre, la justification ou la destruction de ses craintes.

On sait quelle fut la certitude qu'il dut y acquérir. Il regagna son hamac le cœur brisé : les accusations de Laumel et de Jacques Roussin avaient étouffé la confiance qu'on avait en lui ; il était un traître pour tous ceux qui l'avaient toujours associé à leurs pensées les plus intimes, à leurs entreprises les plus secrètes.

Ses larmes coulèrent à baigner ses mains et son visage ; il fut parfois obligé d'étouffer sa voix avec sa couverture pour que ses soupirs n'éclatassent point en sanglots. Ce premier accès de douleur s'apaisa ; le lendemain il était plus calme.

Il ne songea à provoquer aucune explication ; il sentit qu'il n'avait qu'à plier la tête et à espérer la justification de l'avenir. Il ne chercha qu'un coin où il pût se dérober aux regards et pleurer sans être aperçu.

Il y avait une vieille chaloupe suspendue le long du bord, près de la clôture séparant la partie du pont affectée à la promenade des prisonniers et l'arrière de *la Crown* réservé à l'administration. Cette chaloupe, très-pesante et presque hors de service, était restée dans cette position, moins à cause de son utilité nautique que pour la commodité des gardiens, qui y déposaient avec les gaffes et les avirons, les brosses, éponges, balais, fauberts et autres objets employés pour le nettoiement du tillac.

Loïk s'y ménagea une retraite, où il passait dans la tristesse et l'abattement les longues heures où sa bordée avait l'usage du pont. Parmi les réflexions où, pendant ce long isolement, se berçait sa pensée, il en était une où il puisait du soulagement et de l'espérance, non qu'il eût jamais pu sacrifier, même dans ses vœux, le bonheur de ses anciens protecteurs à sa justification, mais si cette fatalité qui s'était toujours attachée à leurs projets devait les briser encore une fois, il voyait sortir de ce nouveau revers une lumière qui leur démontrerait son innocence, et voilà de quelle manière cette pensée était née dans son esprit.

Ce qui faisait la gravité de l'accusation qui pesait sur lui, c'étaient moins les griefs particuliers qu'on lui reprochait en eux-mêmes que le jour sinistre dont les éclairaient tant de revers successifs, produits manifestement par la trahison : la certitude de l'existence d'un traître parmi eux avait seule donné une force accablante aux vagues indices qui l'avaient signalé aux soupçons. S'il n'était pas ce traître, ce traître se trouvait donc parmi ceux d'où l'avait repoussé la défiance. Mais lequel ?

La question posée fut aussitôt résolue : pour Loïk, cette désignation ne fit pas l'objet d'un doute. C'était le père Bihan, le vieil hypocrite dont la haine était si adroite à prendre le ton de la bienveillance pour distiller son venin. Comment arriver à le découvrir ?

Cette nouvelle question le mit sur la voie. Si c'était lui qui avait trahi quatre fois ceux qui l'avaient associé à leurs projets de liberté, il n'était pas douteux qu'il ne trahît une cinquième. Il fallait donc l'épier ; découvrir la trahison de ce misérable, ce fut dès lors la constante préoccupation, le rêve de son esprit, l'espoir et le besoin de son cœur, l'ardente aspiration de tout son être.

Cette ardente aspiration ne devait pas tarder à être satisfaite.

Quelques jours s'étaient à peine écoulés sur la vie isolée où il s'était efforcé d'ensevelir sa douleur, quand une révélation imprévue vint changer sa défiance en conviction, sinon ses soupçons en certitude, et le mettre sur la voie de la vérité.

Il était tapi, depuis quelques instants, triste et silencieux au fond de la chaloupe, rêvant à sa vengeance et combinant tous les moyens à sa disposition pour en assurer le succès, lorsque son attention en fut distraite par un bruit précipité de pas, et un murmure de voix accusant autant le mécontentement que la surprise. Ce bruit et ce murmure étaient causés par le retour inattendu du commodore, qui avait quitté *la Crown* une heure tout au plus auparavant, et dont la chaloupe, virant de bord, était revenue inopinément accoster le vieux ponton. Il fut aussitôt sur le pont, suivi du master Michel, qui l'accompagnait dans toutes ses excursions comme l'ombre le corps.

En touchant le tillac, il se trouva en présence d'un groupe formé de quelques hommes placés trop près de sa cachette pour que l'enfant pût les apercevoir. Ce groupe était placé dans la partie de l'arrière réservée aux agents de l'administration, parallèlement à celle à laquelle se prolongeait extérieurement la moitié de la chaloupe où le petit mousse était tapi.

— Eh bien ! demanda à l'un de ces hommes sir Daniel Ross, dont la voix accusait le trouble et l'irritation, que signifie ce signal qui me rappelle si vite ?

— Cela signifie, mon digne supérieur, murmura une voix étouffée, que l'affaire a tourné comme je vous l'avais soufflé d'avance.

— Il est chez elle ?

Un éclair fauve jaillit des yeux du commodore au moment où il prononça ces mots.

— C'est comme vous le dites. Vous n'étiez pas à dix encâblures que dare ! dare ! il arrivait toutes voiles dehors, et gouvernait en modérant son erre des eaux où vous seul, mon brave amiral, avez le droit de mouiller vos ancres.

Loïk prêtait à cette conversation une oreille d'autant plus attentive qu'elle était engagée en français et qu'elle lui en paraissait d'autant plus suspecte ; mais quelque tendue que fût son attention, il ne pouvait reconnaître la voix qui répondait au commodore. L'accent en était détruit par le ton dans lequel étaient chuchotées les réponses.

— En es-tu bien sûr au moins ? lui demanda sir Daniel Ross d'un ton dont la sévérité sembla prendre l'accent de la menace.

— Ma damnation ! répondit vivement son interlocuteur.

A cette exclamation, Loïk tressaillit. Bien que la voix fût restée méconnaissable, il ne doutait plus que celle qui avait prononcé ces mots ne fût la voix de Bihan. Son attention n'en devint que plus profonde. — Croyez-vous donc, mon bon milord, poursuivit-il, avoir affaire à un paysan ? Oh ! qu'on sait bien comment il faut prendre le poisson, amorcer et tendre ses lignes !... Je m'étais embossé de manière à échapper à tout regard et en même temps à ne rien perdre.

Loïk, malgré l'avidité avec laquelle il recueillit chaque parole, continua à ne pouvoir saisir aucune inflexion de la prononciation de Bihan, dans le timbre et l'accentuation de la voix qui les prononçait.

— Explique-toi de suite, reprit vivement le commodore et pas de suppositions, des faits.

— Des faits ! si vous n'avez besoin que de cela pour faire votre point, vous n'allez être que trop satisfait, mon vertueux maître.

— Voyons, voyons !

— N'est-ce pas la porte du bout du couloir qui donne sur l'appartement de mademoiselle, et les deux fenêtres à tribord ne sont-elles pas celles qui l'éclairent !

— Sans doute.

— Eh bien ! milord, c'est bien là que vous allez trouver le lieutenant Serval affourché bord à bord avec mademoiselle de Kernouville ; car, par sainte Élisabeth de Penmark ! c'est bien elle qui est venue lui ouvrir et fermer la porte sur eux.

Le commandant de *la Crown* ne put, malgré les habitudes de dissimulation qu'avaient puissamment secondées et développées en lui les machinations et les astuces d'un caractère faux et d'un esprit perfide, dominer le tressaillement haineux qui agita tous ses muscles. La jalousie et l'ardeur de la vengeance qui torturaient son cœur éclatèrent dans ses regards en éclairs sinistres. Au calme affecté et à l'expression de bonhomie dont étaient constamment voilés ses traits, avaient succédé une tension violente et une agitation passionnée qui le rendaient à peine reconnaissable.

— Bien ! — dit-il à l'espion. Et s'adressant à son compagnon, le gardien-chef Michel : — Vous avez des armes, master ? lui demanda-t-il.

— Michel ouvrit sa longue redingote et lui montra une paire de petits pistolets de poche dont on n'apercevait que la crosse d'ivoire. Sir Daniel Ross en prit un.

— Il est chargé ! ajouta-t-il en s'assurant de l'état de l'amorce.

— Et fraîchement chargé, commodore, car il l'est de ce matin même.

— Je le garde, poursuivit-il en le plaçant dans la poche gauche de son habit. Tu peux te retirer maintenant, dit-il à l'agent dont il venait de recevoir les déclarations ; vous, Michel, suivez-moi.

Le sentiment de surprise et de défiance que les premiers mots de cet entretien avaient excité dans l'esprit de Loïk s'était aussitôt évanoui, et avait fait place à une émotion et à une inquiétude croissantes. Il n'avait pas perdu une seule parole de cette conversation passionnée, où l'orage qui devait éclater sur son protecteur s'était formé avec la rapidité que mettent parfois à surgir et à éclater les ouragans équatoriaux ; et oubliant dans ce moment critique la révélation que le hasard venait de lui livrer d'une manière si inespérée, il ne songeait qu'à la catastrophe qui menaçait le capitaine de *la Dorade*, pour le salut duquel il eût été heureux de donner sa vie ; il se demandait s'il n'avait aucun moyen de le prévenir, de le sauver.

La déclaration faite au capitaine Ross était d'une rigoureuse exactitude. A peine la yole du commandant avait-elle débordé que Jules Serval, à l'affût de ce départ, s'était empressé d'arriver au rendez-vous habituel, où, quelle que fût sa diligence, Marie de Kernouville l'attendait toujours. C'était bien dans l'appartement indiqué qu'avaient lieu ces longs tête-à-tête dont les heures trop rapides lui rendaient avec les souvenirs de la terre natale, avec les plus chères impressions de son passé, tous les enivrements du bonheur.

C'était, nous l'avons indiqué en quelques mots, un petit salon Lous XV, dont l'existence eût été inexplicable pour celui qui y eût pénétré à l'improviste ; à cette époque et dans un tel lieu, il n'était vraisemblable que pour ceux qui connaissaient son origine.

Son ameublement provenait de l'appartement du comte de Kernouville, dont Marie, avec son goût naturel et son amour filial, avait choisi et conservé les meubles. Or, le comte avait apporté dans l'achat de ses meubles ses traditions de gentilhomme et son caractère d'émigré.

S'entourer d'objets qui eussent rappelé les formes gréco-romaines, dont l'esprit novateur avait, dès la fin du règne de Louis XVI, introduit le style révolutionnaire dans l'industrie et dans l'art, lui eût semblé une félonie et une impiété ; il s'était au contraire rejeté en arrière, et avait demandé son mobilier au règne précédent ; c'étaient un canapé avec fauteuils et bergères en velours d'Utrecht et acajou sculpté, des tentures de lampas, des rideaux en brocatelle de laine et soie, des meubles en marqueterie de bois des Indes, le tout sculpté en rocaille, comme le cadre des glaces, et de quelques petits tableaux genre Watteau et Boucher.

Sir Daniel Ross, désireux de flatter miss Marie et son père dans leurs goûts, avait pris lui-même cette prédilection pour règle de ses achats.

Ce gracieux petit salon, placé à l'extrémité du couloir, unissait deux pièces avec lesquelles il formait la partie intérieure du logement du commodore ; à gauche, la chambre à coucher de la jeune comtesse ; à droite, celle de sir Daniel Ross, qui était en communication avec un salon plus spacieux, la salle à manger, son cabinet de travail et les autres pièces destinées aux nécessités de la vie officielle.

Jules Serval avait trouvé la jeune fille assise à sa place habituelle, dans un grand fauteuil, près de la fenêtre, sa broderie à la main, dans la toilette, la position et la lumière où était peint son portrait.

La table sur laquelle la miniature était posée se trouvait également à sa place accoutumée, et couverte, comme d'usage, de la boîte de couleurs, de pinceaux, de petits plateaux de porcelaines et des verres d'eau de rigueur.

Après quelques paroles de politesse affectueuse, la séance commença.

Le portrait était, à vrai dire, à peu près terminé ; il était, de plus, merveilleusement réussi, et cependant, grâce aux modifications introduites dans quelques parties où le jeune peintre semblait poursuivre une perfection qui échappait à la délicatesse de son pinceau, il arrivait qu'à la fin de chaque séance il se trouvait toujours quelque travail à exécuter.

C'est que cet ineffable isolement, cette douce vie d'épanchement et de contemplation dont ce portrait offrait la cause et la justification, en n'en étant même que le prétexte, était un temps si heureux, si délicieusement calme, si serein dans sa vie ténébreuse, dans sa vie d'anxiétés et de tortures, qu'il faisait tout pour en reculer le terme. Quel motif pourrait ensuite lui en rendre les heures bénies ?

Marie en subissait elle-même trop profondément le charme pour ne pas céder involontairement, spontanément même, à tout ce qui pouvait en prolonger les doux loisirs.

L'intimité qui s'était établie insensiblement entre elle et le jeune officier s'était formée d'impressions mutuelles et communes si délicates, si pures et souvent si élevées, que son cœur s'y était ouvert avec une confiance que n'avait pu altérer un seul instant de trouble. Jamais, en effet, une parole, une pensée, un regard, une expression de physionomie d'une signification douteuse n'était venue jeter à cette âme candide une impression qui eût fait tressaillir ses chastes susceptibilités et rougir ses pudiques candeurs.

Elle l'écoutait avec un sourire avide, elle restait les traits baignés de son regard, sans que le rayon d'admiration sympathique dont il brillait lui fît baisser les yeux ; elle lui parlait avec la douce spontanéité du sentiment qui déborde ou de l'émotion qui jaillit.

C'était ainsi qu'elle lui avait révélé dans leur vague péripétie les inquiétudes qui, depuis quelque temps, tourmentaient son cœur et agitaient son esprit. L'hospitalité de sir Daniel Ross lui inspirait de vagues anxiétés ; elle sentait plus vivement chaque jour les bienfaits dont il semblait, dont il pouvait au moins se prévaloir auprès d'elle, s'appesantir sur son avenir. Sous l'empire de ces impressions, sa pensée s'était reportée vers sa patrie, vers la Bretagne. Quel asile pouvait lui offrir le sol étranger ? N'était-ce pas seulement dans le pays où elle était née, sur la terre de ses aïeux, là où elle pouvait recueillir quelques débris de son héritage dispersé par la tempête des révolutions, qu'elle devait trouver un refuge et un abri ?

On a déjà vu que c'était cet espoir qui lui avait fait réclamer de son jeune compatriote le portrait qui lui permettrait de savoir du vieux serviteur en qui son père avait mis toute sa confiance, quelles ressources et quelles espérances lui offrait le présent ou lui conservait l'avenir.

Leur conversation glissait déjà sur cette pente, lorsque Jeannette ouvrit précipitamment la porte, l'air troublé et la voix émue.

— Mademoiselle... le commodore !... le voilà de retour.

— Eh bien ! repartit Marie de Kernouville s'efforçant de conserver son calme, et cependant vivement troublée par l'air effaré de sa servante ; qu'y a-t-il donc de si inquiétant dans le retour du commodore ?

— C'est que... mademoiselle... Tom m'a avertie ; le commodore est très-animé ; il prononce le nom de mademoiselle avec irritation, et celui de monsieur Serval avec colère.

— Mais... balbutia la jeune comtesse, sur le visage et dans l'esprit de laquelle avait passé l'agitation de sa servante.

— Ah! mademoiselle... le voici... entendez-vous?

— Que faire? dit Jules, inquiet de l'air d'effroi dont l'expression envahissait les traits de la jeune Bretonne.

— Tenez, monsieur, s'écria Jeannette en ouvrant la porte de la chambre de Marie, entrez ici.

Et prenant ensuite la table chargée de tout l'attirail de la peinture, elle la porta vivement dans cette pièce.

— Qu'il ne vous voie pas ; je saurai bien vous faire sortir sans qu'il vous aperçoive... Mais entrez donc! le voici.

Le bruit des pas s'approchait en effet dans le corridor. Jules porta un regard interrogateur sur Marie.

— Oui !... lui dit celle-ci presque hors d'elle-même, entrez!

La porte de la chambre s'était à peine fermée sur lui que plusieurs coups retentissaient à celle du parloir.

— Entrez, dit Marie d'une voix émue.

La porte s'ouvrit. C'était sir Daniel Ross. Il fit signe à Michel de l'attendre dans le couloir, et entra.

— Étiez-vous donc seule à l'instant, mademoiselle? lui dit le commodore d'un ton vibrant qui ne lui était pas habituel, quoiqu'il fît visiblement d'énergiques efforts pour contenir l'expression de sa colère.

— Vous voyez que Jeannette est avec moi...

Le tremblement de sa voix, autant que l'embarras que décélait l'incertitude de ses regards, confirma dans l'esprit du commandant de *la Crown* les accusations dont elle était l'objet, et qu'aggravait singulièrement la disparition de l'ex-capitaine de *la Dorade*. Si sa présence n'avait rien que d'avouable, pourquoi fuir? pourquoi se cacher si elle n'avait rien de criminel?

Ce fut la pensée qui frappa incontinent et spontanément l'esprit de sir Daniel ; le serrement de jalousie qui étreignait son cœur ne fit que s'accroître ; ses traits devinrent plus pâles, et un rayon plus vif sembla s'allumer dans ses yeux.

— N'essayez pas de dissimuler, mademoiselle; votre trouble vous trahit.

Ce reproche sembla rendre Marie de Kernouville à elle-même.

— Vous vous méprenez, monsieur, lui répondit-elle avec une froide dignité. S'il y a quelqu'un ici qui puisse trahir son émotion, c'est vous, commodore, qu'aveugle en cet instant votre colère.

— N'essayez pas de diversion, mademoiselle, reprit sir Daniel Ross emporté par la violence de ses sentiments; elle ne vous réussirait pas plus qu'une négation précise, qu'une négation directe. Il y avait quelqu'un à l'instant avec vous, ici même, et ce quelqu'un était un ancien corsaire français, M. Jules Serval.

— M. Jules Serval, dites-vous, était ici?

— Je dis mieux, mademoiselle : j'affirme qu'il s'y trouve encore.

— Mais alors c'est une accusation que vous lancez contre moi; c'est une insulte.

— C'est l'affirmation d'un fait que vous ne pouvez qu'aggraver en le niant : s'il y a accusation, sachez-le bien, c'est de votre conduite qu'elle s'élève. Renoncez à ce jeu honteux où vous jetez votre honneur. Jules Serval était ici, il n'a pu sortir, il y est encore : où se trouve-t-il? répondez.

— Vous comprendrez que, peu familiarisée avec un tel langage, je dois en éprouver un trouble que je ne cherche point à dissimuler : j'avoue que ce n'est ni chez vous, monsieur, ni de votre part que j'eusse pu craindre un pareil outrage.

— Pas de récriminations, mademoiselle... M. Serval est ici... Dussé-je faire tout fouiller... je le trouverai.

— C'est bien, monsieur... alors cherchez.

— Voyons d'abord dans cette chambre.

— Dans ma chambre? exclama avec indignation la jeune comtesse en se jetant vivement entre Daniel Ross et la porte, vers laquelle il avait fait un pas. Vous oseriez entrer dans ma chambre avec un tel soupçon?

— Ce n'est pas un soupçon, mademoiselle.

— C'est mieux, c'est un outrage. Mais ce n'est pas moi qui

l'accepterai. — Et enlevant la clef après l'avoir tournée dans la serrure. — Plutôt que de subir l'injure d'une pareille visite, je lancerai cette clef dans la mer.

— Mais, madame, ne voyez-vous pas que ce qui vous accuse le plus fortement c'est votre conduite.

— Mais, monsieur, êtes-vous donc si aveugle que vous n'aperceviez pas que tout dans vos procédés et dans vos paroles est prévention et délire.

— En vérité, vous m'étonnez...

— Et quand j'aurais reçu M. Jules Serval chez moi ! ne pourrait-il s'y être présenté, ne pourrais-je l'y avoir appelé pour un motif honorable ?

— Sans doute ; mais il ne se cacherait pas alors... pas plus que vous n'eussiez enlevé la clef de cette porte... s'il n'eût pas été dans cette chambre ; car, cette porte ouverte, le soupçon se fût évanoui; votre obstination seule fait de ces actes une flétrissure qui va éclater en scandale ; car, gardez cette clef ou lancez-la dans l'eau, cette porte va être ouverte, et à l'instant même, dussé-je la faire ouvrir par les armuriers du ponton.

— Faites, monsieur, faites !

— Michel, dit-il après avoir ouvert la porte du couloir.

— Voici, commodore, dit le master en apparaissant sur le seuil.

— Allez chercher le mécanicien, et donnez ordre en même temps à master James Hunt de se rendre ici avec une escouade de gardiens armés.

— Ainsi, monsieur, vous ne reculerez pas devant un esclandre?

— Je ne recule jamais.

— C'est bien, n'appelez personne... Ce que me commandait ma dignité, je l'ai fait. J'ai résisté tant que j'ai cru défendre mon honneur devant un gentleman. Maintenant que je n'ai devant moi que le commodore de ce ponton, je cède. Voici la clef. — Et la lui tendant : — Usez-en, vous êtes libre ; mais, songez-y bien, si telle est votre opinion sur moi que vous puissiez me soupçonner d'une infamie ; si même, vous fût-il démontré qu'un homme est dans ma chambre, y trouvassiez-vous M. Jules Serval ou tout autre, mon honneur n'était pas dans votre opinion, dans votre conscience, au-dessus de ces apparences misérables ; je connais trop ce que je dois à mon sang, à ma race, pour rester plus longtemps dans une habitation où je pourrais rencontrer une telle abjection.

La résolution de sir Daniel Ross sembla un moment indécise devant cette clef offerte, devant le noble dédain de ce front haut et de cette main tendue. Une pensée subite vint la fixer : un sombre éclair de jalousie avait jailli de ses yeux ; il s'élança vers la clef, la saisit.

Un instant après sir Daniel faisait grincer la serrure.

Jules Serval avait recueilli et suivait tous les bruits de cette scène avec une indignation dont la violence ne pouvait qu'amener une catastrophe, lorsqu'au moment où la jeune comtesse tentait la résolution énergique qui frappa un instant d'incertitude l'emportement passionné du commodore, un bruit retentit aux vitres de la chambre où il était enfermé.

Il se retourna vivement ; un enfant flottait suspendu à la hauteur de la croisée ; il se hâta de l'ouvrir ; cet enfant c'était Loïk.

— Alerte ! commandant, lui dit le jeune mousse en lui montrant le bout d'une corde flottante ; l'aussière est solide, et filez votre câble par le bout, et en double. Tenez, ajouta-t-il en appuyant ses pieds sur les sculptures de la poupe, ce sont de vrais escaliers.

— Brave enfant ! — s'écria Jules Serval, et s'emparant vivement du funin qui lui était si opportunément offert, il s'élança de saillie en saillie. Quelques instants après, il atteignait le couronnement.

A ce moment la porte de la chambre s'ouvrait, et le commodore s'élançait dans la pièce vide. Il resta tout honteux de sa déconvenue.

Jeannette, qui avait tout deviné en voyant la fenêtre ouverte, en avait poussé doucement les volets, et, revenant prestement près de sa maîtresse, lui avait murmuré ce seul mot :

— Sauvé !

Elle était aussitôt rentrée dans la chambre, où le commodore poursuivait, non sans confusion, son enquête. Elle profita de son trouble pour faire disparaître la boîte de couleurs et les pinceaux.

— Comment! s'écria ensuite l'espiègle soubrette, à qui la vue du portrait venait d'inspirer l'idée d'une diversion, comment, commodore, vous n'avez encore rien trouvé? pas le moindre bandit, comme dans les contes de notre excellente Anne Radcliff? pas le moindre Alonzo, comme au théâtre de Sa Majesté?

La réponse que le commodore lui eût adressée de bon cœur eût été l'apostrophe assez commune dans Molière : « Carogne! » accompagnée par quelque geste à fond d'une pantomime frappante. Quelque vive pourtant que fût son irritation, elle ne put résister à ces mots :

— Tenez, j'ai été plus heureuse que vous?

— Que veux-tu dire?

— Dame! que c'était peut-être bien cela que mademoiselle Marie tenait tant à vous cacher.

— Son portrait!...

— Jugez-en vous-même.

— Son portrait en miniature!

Une vive rougeur se répandit sur ses traits. Il lui sembla qu'un rayon venait de traverser son esprit et avait éclairé toutes ses pensées. Tout s'expliquait pour lui; tout justifiait Marie à ses yeux.

Ce portrait était bien celui qu'il avait réclamé avec tant d'instance de sa chère pupille, celui qu'il sollicitait encore d'elle quelques semaines auparavant.

Une réaction profonde s'était soudainement opérée dans son esprit. Cette miniature dont la jeune comtesse lui ménageait la surprise n'était-elle pas l'explication des visites secrètes qu'avait dû lui faire, pour dessiner ce portrait, Jules Serval, le prisonnier artiste.

Et c'était lorsqu'elle lui donnait des preuves de déférence, lorsque sa sollicitude ingénieuse répondait avec tant de délicatesse aux désirs qu'il lui avait si souvent et si vivement exprimés, qu'il venait la contrister par une scène de violence et d'outrage, par une menace de scandale et la flétrissure de soupçons honteux.

Son embarras était extrême pour sortir de cette fondrière où il s'était si imprudemment jeté. Il fit un signe de silence et de discrétion à Jeannette, prit la miniature qu'il remit à sa place, en lui faisant comprendre qu'il voulait être censé ne pas l'avoir aperçue. Sortant alors de la chambre et s'avançant vers Marie, un sourire suppliant sur les lèvres et un regard caressant dans ses yeux calmés.

— Mademoiselle, lui dit-il, permettez-moi de vous faire une remarque.

— Vous n'aviez pas à l'instant tant de déférence, monsieur.

— L'estime profonde que vous m'inspirez ne m'avait pas trompé.

— Ne me parlez pas de votre estime ; vous venez, commodore, de m'en donner une preuve singulière.

— Une preuve manifeste.

— Je ne m'en serais guère doutée.

— Vous êtes pour moi une de ces femmes qu'aucun soupçon ne doit atteindre. S'il s'en élève parfois un contre elle, il faut marcher droit à lui : on est sûr de le voir s'évanouir. C'est ce que j'ai fait, mon enfant, avec une vivacité qui doit vous prouver le dévouement profond que je porte à tout ce qui touche à votre honneur, et je m'en applaudis, car cette épreuve n'a fait que rendre pour vous ma confiance plus vive et mon estime plus profonde.

Le soulagement que ce dénoûment imprévu avait causé à la jeune fille, arrachée si subitement aux vertiges et aux angoisses que cause la vue de l'abîme, lui firent accueillir sans trop de répulsion ces excuses et ces protestations, qui n'éveillèrent cependant dans son cœur qu'un froid dédain. Pour le moment, le commodore n'en demandait pas davantage ; il se retira heureux de l'espoir de reconquérir par des soins et des prévenances ce portrait qu'il avait presque désespéré d'obtenir.

La scène où Loïk était intervenu avec tant d'opportunité n'opéra, pour le moment du moins, aucun changement dans la position du petit mousse. Elle ne lui rendit pas la confiance de Jules Serval, que n'avaient pu altérer les vaines accusations provoquées par Bihan et dont le digne maître Laumel et l'excellent père Roussin s'étaient faits eux-mêmes les échos. Elle ne put beaucoup ajouter à la vive affection que l'ancien commandant de *la Dorade* n'avait cessé de porter au pauvre enfant depuis qu'il était à son bord.

Loïk, de son côté, avait reculé, malgré la conviction qui l'animait, à accuser le père Bihan, dont il n'avait pu reconnaître la voix. La prudence lui faisait craindre, d'ailleurs, de compromettre cette accusation en la précipitant. Moralement certain de sa réalité, il ne doutait pas d'arriver promptement à en réunir des preuves irrécusables. Il se mit en quelque sorte à l'affût avec le calme que donne la conscience absolue du succès final. Ce fut là son idée fixe.

Un incident imprévu vint compléter ses préoccupations. Il ne songea plus seulement à découvrir la trahison, il songea à la réparer. Voici quel fut cet incident : la retraite qu'il s'était disposée dans la vieille chaloupe était dans la partie de cette barque qui faisait saillie au delà de la clôture séparative dont nous avons parlé plus haut ; un jour qu'il y rêvait silencieux, son attention fut frappée par les mots suivants du maître charpentier de *la Crown*, occupé à faire une réparation à la clôture. Ils étaient adressés à un ouvrier sous ses ordres.

— Vincent! criait-il à cet ouvrier, alors monté sur la dunette, Vincent !

— Plaît-il, master, répondit celui-ci.

— Apporte-moi le vilebrequin et la petite hache.

— Où les prendre ?

— Mais dans mon coffre... ne sais-tu pas ?... sur l'arrière... le coffre sur lequel on s'assied.

L'ouvrier descendit un instant après et lui remit les instruments demandés.

— Comment, se dit en lui-même le mousse, le coffre du maître charpentier sert de siége sur la dunette!

Déjà son regard saisissait le long du bord le moyen de grimper inaperçu de la barque où il se trouvait sur le couronnement de *la Crown*. Sa seconde réflexion fut celle-ci :

— Est-ce que je ne pourrais pas aussi creuser mon trou, moi?

La réponse à cette question ne s'offrit pas immédiatement à son esprit. Il dut se représenter d'abord cette cale où il était descendu, et qu'il avait examinée avec tant de soin; ce ne fut qu'à la suite qu'il songea au long couloir qui s'étendait de ce point jusqu'à l'avant du ponton.

Le capitaine Ballard avait bien pratiqué une trappe sur la traverse de la cale avec des instruments grossiers; pourquoi n'en taillerait-il pas une semblable sur le bout perdu du couloir avec les outils spéciaux que lui livrait le hasard?

Son premier soin, dès qu'il fut redescendu dans la batterie, fut de chercher quel serait l'endroit offrant les meilleures conditions de possibilité et de commodité pour l'établissement de son ouverture de communication avec le couloir inférieur. Il ne trouva qu'un seul point où une telle opération pût être tentée, c'était l'angle obscur formé par la cloison de madriers de sapin fermant la batterie sur l'avant et la séparant du poste des gardiens.

Loïk songea d'abord à y établir son hamac. Cette prise de possession ne pouvait offrir aucun obstacle, car son voisinage autant que son obscurité en faisaient une des parties du vaisseau les moins recherchées. Elle se fit en effet dès le soir même, sans soulever la plus légère réclamation.

Le premier acte d'exécution était accompli; il pouvait tenter de se procurer les instruments nécessaires pour les autres. Ce fut son unique occupation le lendemain. Couché dans son refuge habituel, il attendit avec patience le moment favorable d'exécuter cette rapide ascension. Il était nécessaire, pour qu'elle fût possible, que le couronnement de *la Crown* fût désert, et qu'il n'y eût que la sentinelle et le gardien de service entre la clôture et la dunette. Ce moment ne se présenta point pendant les premières heures qu'il eut à passer sur le pont.

Il fut plus heureux aux heures du midi. Dès son arrivée à son poste de la chaloupe, non-seulement il n'avait à redouter que les yeux de la sentinelle et du gardien, mais ces deux fonctionnaires, causant avec animation à l'ombre des bastingages et d'une guérite, prêtaient à leur vive conversation toute l'attention qu'ils devaient à la surveillance. Loïk n'hésita pas ; se prenant aux cordes, aux ferrements, aux baguettes, à toutes les saillies du bord avec l'adresse et la légèreté d'un écureuil, il eut en un instant atteint le couronnement de la poupe.

Où était le coffre du maître charpentier?

Il n'en apercevait aucun ; la pensée lui vint que les couvercles d'un large gradin régnant sur l'arrière, et de hauteur en effet à servir de siége, pouvaient être mobiles. Il ne se trompait pas ; ces couvercles fermaient autant de coffres destinés à des services divers.

Le second qu'il souleva lui laissa apercevoir les outils objets de ses recherches. Le vilebrequin et ses mèches furent les premiers qui s'offrirent à son regard ; il s'en empara aussitôt ; il se saisit également d'une scie passe-partout. C'était assez pour une fois. Il regagna sa chaloupe, chargé de son butin, avec autant de prestesse qu'il en avait mis à franchir l'espace qui la séparait du haut de la dunette.

Il se trouvait armé dès le premier jour d'instruments suffisants au besoin pour mener son œuvre à bien et l'y mener rapidement. Dans son ardeur il résolut de se mettre au travail dès la nuit même.

C'était là que l'attendaient les difficultés sérieuses. Avec quelques précautions qu'il fît fonctionner son vilebrequin, il produisait par moments, dans le silence du sommeil général, un bruit trop caractéristique pour qu'il n'attirât point la surveillance du gardien. D'ailleurs il n'avait pas encore percé le premier trou au moyen de sa plus faible mèche qu'il reconnaissait l'impossibilité que des lignes de trous pareils échappassent à la vigilance des simples agents.

Il effaça le mieux qu'il put les traces d'un travail d'essai ; il regagna son hamac pour chercher dans sa réflexion un plan plus réalisable. Il ne trouva rien. Muni des moyens d'exécution les plus spéciaux, il se sentait dans une impuissance complète, lorsque, le lendemain matin, en s'habillant, une idée s'offrit d'elle-même à son esprit. A cette extrémité de la batterie se trouvait un petit escalier en échelle de meunier, c'est-à-dire rapide et sans marche fermée, aboutissant à un panneau très-étroit et habituellement fermé. Cet escalier débouchait sur la partie de l'avant affectée aux gardiens. Au pied de cet escalier se trouvait la porte d'un petit corridor sur lequel donnait une porte du corps de garde, et à l'autre extrémité duquel se trouvait une troisième porte, celle de l'espèce de cave où se trouvaient déposés les bois, charbons, cruches, baquets, enfin tout ce qui formait l'approvisionnement ou l'attirail du poste.

Loïk pensa que de ce compartiment de la cale il devrait lui être aisé d'établir une communication avec le couloir. Il se promit de s'en assurer la nuit suivante.

Ce n'était pas la possibilité d'établir une communication qui existait, c'était la communication même. Le couloir unissait cette partie de la cale à celle où Pierre Ballard, Jules Serval et leurs compagnons exécutaient leur sabord d'évasion.

Seulement, à cette extrémité comme dans tout son développement, le couloir était complétement obstrué par des tas d'objets de rebut. Loïk les franchit, et, en ayant atteint le milieu, il parvint, en arrimant adroitement les cordages, boucauts, barils et ustensiles divers dont il était encombré, à se créer un espace libre où il pouvait exécuter son travail à l'aise.

Ces dispositions faites, heureux et plein de confiance, il revint demander à son hamac quelques heures de doux sommeil.

A partir de cette nuit, son temps reçut la division la plus régulière et l'application la plus stricte. Cinq des douze heures de nuit, ou du moins des douze heures que les prisonniers étaient renfermés dans la batterie, furent consacrées au sommeil ; les sept autres étaient appliquées à son travail. Tout le jour était donné à la surveillance dont son regard enveloppait Bihan à son insu. De la retraite qu'il s'était créée dans la chaloupe quand ils étaient sur le tillac, de quelque coin obscur de l'entrepont quand ils étaient dans la batterie, il le suivait du regard, persuadé, malgré la longue stérilité de sa vigilance, qu'il arriverait enfin un moment où il le surprendrait dans quelque démarche louche, dans quelque rendez-vous suspect, se fourvoyant enfin dans quelque aventure compromettante, les pieds dans l'intrigue, la main dans la trahison.

Pourtant si son travail faisait de rapides progrès, il n'en était pas de même de sa surveillance; non-seulement elle n'obtenait aucun résultat accusateur, mais Bihan se tenait si étranger à tout rapport avec les surveillants et les gardiens que Loïk désespérait du succès sans que sa conviction fléchît toutefois; comme consolation du moins, il se disait alors :

— Si je ne leur prouve pas mon innocence en leur démasquant le coupable, je la leur prouverai en les sauvant.

Il ne doutait pas que leur trou ne fût vendu comme les autres.

Le sien alors serait là !...

XI

AUX CHAMPS.

Le travail dirigé par Pierre Ballard avançait rapidement, grâces aux efforts réunis qui en poursuivaient l'exécution de leur activité et de leur ardeur incessamment renouvelées. Ses progrès étaient pourtant loin d'avoir la vitesse que Loïk imprimait au sien par la puissance des outils que le hasard avait offerts comme auxiliaires à sa faiblesse.

Cependant chaque jour rendait plus sympathiques les relations de Jules Serval et de Mlle de Kernouville. Dépositaire de ses secrets, de ses vœux, de ses espérances, il n'avait pas tardé à s'en faire l'intermédiaire sinon l'instrument, l'agent intelligent sinon actif, la pensée directrice sinon le bras.

L'ombre mystérieuse dont étaient entourés ses intérêts en Bretagne allait bientôt se dissiper. Elle allait savoir enfin quelles ressources pouvait lui offrir cette plage aimée que ses souvenirs d'enfance éclairaient de leur lumière dorée ; quel espoir planait sur les ruines de sa fortune renversée par l'ébranlement profond imprimé par la révolution à l'ancienne société française.

Jules Serval lui avait procuré un chargé d'affaires, aussi probe que capable, dans la contrée même où se trouvaient les principales propriétés de sa maison. Ancien représentant de ce pays dans les assemblées législatives, il était revenu modestement reprendre ses humbles fonctions de procureur, ou pour nous servir du titre nouveau de son ministère, ses humbles fonctions d'avoué, lorsque son mandat parlementaire avait cessé d'être compatible avec ses convictions.

La miniature de Mlle de Kernouville lui avait été expédiée secrètement, avec les instructions nécessaires pour se mettre en rapport avec l'ancien concierge du château et connaître d'une manière nette et précise quels débris il avait pu sauver, ou quelles épaves il espérait sauver du naufrage où s'était brisée la fortune de ses maîtres. Quels seraient les résultats de cette enquête?

C'était là ce que ne pouvaient prévoir avec quelque certitude Marie de Kernouville ou Jules Serval ; c'était le problème qu'agitaient cependant chaque jour leurs conversations impatientes.

Ce n'était plus seulement le charme de ces causeries dans la douce langue de leur enfance, avec la pénétrante mélopée que lui donnent seules les lèvres françaises ; ce n'était plus l'évocation des souvenirs, aube fraîche et rayonnante de leur vie, qui formaient l'attrait et le prestige de leurs épanchements intimes.

Ces causeries confidentielles avaient une puissance bien autrement vive et bien autrement profonde : c'était de l'avenir qu'ils parlaient.

Le souvenir a toujours quelque chose de profondément triste, lors même qu'on l'évoque du milieu du bonheur, car il s'attache à ce qui est passé, il émane de ce qui n'est plus ; comme le lierre, il ne naît que dans les ruines ; c'était en avant que se portaient les élans de leur cœur et de leur esprit ; c'était au rayonnement de l'espérance qu'ils s'efforçaient d'entrevoir l'avenir.

Dans l'abandon naïf de ses élans, Marie avait associé Jules à ses rêves les plus intimes, à ses aspirations les plus secrètes. Celui-ci ne doutait plus que tous les vœux de la jeune émigrée ne fussent dirigés vers la France ; que c'était à sa chère Bretagne que se rattachassent tous ses projets, qu'elle n'appelât de toutes les puissances de son âme l'événement qui devait l'arracher à l'hospitalité dont elle subissait l'oppression, et la rendre à cette douce patrie où l'espoir emportait toutes ses pensées.

Les progrès qui s'accomplissaient incessamment dans la cale, où le commandant Ballard dirigeait avec toute l'énergie de sa volonté le percement du trou, leur suprême espérance, imposaient à Jules Serval des devoirs personnels.

Il avait son concours d'efforts à apporter à cette tentative de liberté, son contingent d'éléments de succès à lui fournir. Les renseignements qu'il était chargé de réunir étaient la connaissance du réseau de chemins qui rattachait Southampton aux localités voisines, et particulièrement aux places de la côte, et surtout des notions topographiques précises du lieu où devait s'opérer leur débarquement.

Ces dernières étaient d'une utilité urgente sinon d'une nécessité absolue. Elles offraient le seul moyen qui leur permît de fixer un point de ralliement dans le cas où quelque accident de l'évasion vînt à les séparer, et d'éviter toutes les recherches et les hésitations si funestes dans un premier moment de fuite.

Les premiers renseignements, il les avait acquis sans beaucoup de difficulté ; il les avait obtenus indirectement du major ; il était beaucoup plus difficile de se procurer les autres, car on ne pouvait en obtenir une connaissance claire et suffisamment précise que par la visite et l'exploration des lieux. Encouragé par le succès, il ne désespéra pas d'acquérir cette connaissance exacte, ces notions rigoureuses ; ce fut par l'intermédiaire de Marie qu'il résolut de tenter la réalisation de ses projets.

Le caractère de sir Daniel Ross semblait avoir été profondément modifié par la scène de violence qu'il avait faite à sa pupille, et par la déconvenue dont elle avait été suivie. Une réaction complète s'était opérée dans ses dispositions et partant dans sa conduite. Il ne semblait plus avoir d'autre désir que de faire oublier, à force d'égards, à la jeune comtesse ce que sa brutale invasion dans sa vie de jeune fille avait dû avoir de profondément blessant et de flétrissant pour elle. Loin de surveiller avec défiance et de prévenir ses rapports avec Jules Serval, il avait semblé ne rechercher que les moyens de les faciliter et les occasions de les multiplier. On sentait qu'il y avait dans ses actes à cet égard un double motif ; il voulait donner à Marie une preuve manifeste de sa confiance en elle et protester en même temps contre l'interprétation injurieuse qu'elle devait être naturellement portée à donner à la scène qu'il voulait lui faire oublier.

La conduite de Mlle de Kernouville l'avait au reste maintenu dans les conditions les plus favorables. Depuis qu'elle était fermement résolue à se soustraire le plus tôt possible à son autorité, elle avait compris l'avantage et peut-être même la nécessité de ne pas lui inspirer de défiance et d'inquiétude, de faire tout au contraire pour ramener avec l'espérance la sécurité dans son esprit. Si donc elle était restée digne et froide dans ses rapports avec lui, elle s'était gardée avec soin de tout ce qui eût pu lui faire croire à un sentiment vivace et profond.

Aucun de ces sentiments, de ces dispositions, de ces faits, de ces pensées n'avait échappé à l'ancien commandant de *la Dorade* ; aussi regarda-t-il comme infaillible la réussite de la démarche qu'il allait tenter près de la jeune comtesse, et par elle auprès de sir Daniel Ross.

Son projet n'était pourtant pas sans difficultés, car il n'avait encore rien dit à Marie de la nouvelle tentative d'évasion dont on poursuivait les préparatifs, et il ne jugeait pas le moment encore arrivé de lui en faire la révélation ; il fallait donc trouver un prétexte qui eût pour la jeune Bretonne la gravité spécieuse d'un motif pour obtenir à son exécution son accession et son concours. Il attendit qu'une occasion favorable le lui offrît. Cette occasion se présenta tout naturellement le jour même.

Sir Daniel Ross était venu avec sa pupille sur le couronnement de *la Crown*, où Jules Serval se promenait avec le major O'Garden. Il s'y trouvait depuis cinq minutes à peine, lorsqu'un des gardiens vint lui signaler une infraction au service. Cet officier et le major se hâtèrent d'en aller prendre connaissance et de faire rentrer la perturbation légère dans l'ordre général du ponton.

Jules Serval et Marie de Kernouville, restés seuls, ne tardèrent pas à voir leurs pensées s'abandonner à l'entraînement de leurs causeries habituelles. Leur conversation, partant de l'art, de la littérature, de la philosophie ou de la science, finissait toujours par arriver à leurs impressions et à leurs sentiments personnels. Ce jour, le point de départ fut la nature.

Marie avait appelé l'attention du jeune officier sur un petit vallon boisé situé au fond de la baie. C'était au nord-ouest de ce site pittoresque que se trouvait le cottage au jardin et au bosquet duquel elle allait de temps en temps, durant l'été surtout, demander quelques jours d'ombre et de silence. Comme elle en vantait le frais et riant paysage :

— Mademoiselle, ma prière va peut-être vous sembler bizarre ; elle est pourtant l'expression d'un sentiment bien profond. — Et comme mademoiselle de Kernouville le regardait avec surprise, il ajouta : — Épargnez-moi ces impressions, ces images.

— Pourquoi ?

— Je ne sais quelle surexcitation nerveuse se produit chaque jour plus vivement en moi ; mais je ne puis plus regarder ces plages, dont le frais horizon était autrefois le repos de mon cœur comme de mes yeux, sans éprouver des aspirations qui sont pour moi une vraie souffrance.

— Eh ! quelles sont ces aspirations ?

— Un vague désir que je ne m'explique pas, une envie maladive, une impatience fiévreuse... Fatigué de cette vie contre nature de bois sous les pieds, de bois et de cordes sur la tête... à droite et à gauche du bois, partout du bois mort, je me sens, non un désir, mais un besoin de respirer un autre air que l'atmosphère empestée par les miasmes de cette vieille carène et de ces eaux fangeuses, de respirer dans le milieu que Dieu a fait pour la poitrine humaine, le long des chemins, dans les champs, dans les bois, les pieds dans les herbes, le front sous les feuilles ; de respirer le bonheur et la vie dans l'air libre, avec les effluves des arbres et des fleurs !

— C'est, je le vois, un peu le supplice de Tantale que vous subissez, reprit Marie de Kernouville avec un accent ému et un regard sympathique où il y avait déjà presque une promesse.

— Oui, mademoiselle, et les anciens qui ont imaginé celui-là étaient savants en supplices. Tenez, ajouta-t-il en lui montrant le frais pli de terrain sur lequel elle avait elle-même appelé son attention comme formant le site gracieux au milieu duquel s'élevait son cottage, ce petit vallon perdu au fond de la baie où se reposent si souvent vos regards, cette fraîche ondulation de coteaux où s'égarent vos pas...

— Eh bien ! fit Marie en le regardant avec un sourire d'intelligence.

Jules poursuivit.

— Eh bien ! pour y passer quelques heures, une heure même ; pour passer une heure sur ses coteaux, dans ses prairies, sur sa plage, il me semble que je donnerais sans regret...

— Tout un monde, n'est-ce pas ?

— Mieux que cela, mademoiselle... dix ans de ma vie !

— Vraiment ? — Son étonnement affecté avait pris l'exagération caressante d'une voix qui trahit, en feignant de la cacher, l'intention d'une douce surprise : — Eh bien ! monsieur, cela ne vous coûtera pas si cher.

— Comment cela ?

— Ah ! j'ignore encore ; mais quant à cette promenade, vous pouvez comptez que vous la ferez.

— Vous me le promettez ?

— Je vous l'affirme.

— Pourrez-vous ?...

— Vous doutez de ma puissance ?... Votre peine sera de m'accompagner.

— Ah! mademoiselle, vous ajoutez un nouveau prix à cet espoir. Et quand? reprit-il.

— Le plus tôt possible.

Deux jours après, un matin que Jules Serval était allé porter à la jeune comtesse un patron de broderie qu'il avait dessiné pour elle, sir Daniel Ross le fit prier de vouloir bien entrer dans la salle à manger, alors qu'il se retirait sur la réponse de Jeannette, que mademoiselle de Kernouville était encore à table.

Le commodore était dans un de ces rares instants où sa gaieté n'accusait aucun arrière-sentiment sous son expression étudiée et contrainte.

— Veuillez vous asseoir, monsieur Serval; et vous, Jeannette, donnez un verre à monsieur.

— Commodore...

— Ne me refusez pas, monsieur, car j'ai un service, ou plutôt, dit-il en portant un regard d'affectueuse courtoisie sur Mlle de Kernouville, nous avons un service à réclamer de votre obligeance... de votre talent même, monsieur l'officier français. — Un regard de Marie sembla recommander à Jules Serval de ne pas troubler les bonnes dispositions du commodore par un refus. Il n'insista pas.

— Vous offrirai-je de ce rhum? il est très-vieux; ou de ce curaçao de Hollande?

— Du curaçao, commodore.

— Ah! c'est un allié, celui-ci!

— Et celui-là un hôte, car la Jamaïque... c'est l'Angleterre, comme la cave est la maison.

— Un hôte... soit! mais un hôte envers lequel on ne se trouve pas toujours tenu par les sentiments les plus tendres.

— Avouez, commodore, que les liens qu'il nous impose ne sont pas exclusivement ceux de la reconnaissance.

— Parfait! parfait! Ces liens, monsieur, je suis tout disposé à les alléger de tout ce que me permettront mes devoirs, et vous allez en avoir une preuve dans le petit service que je réclame de vous.

— Jules Serval s'inclina. — Il paraît, monsieur, que vous avez un véritable talent d'artiste. J'ai déjà pu admirer un de vos tableaux... Mais on m'assure que l'histoire n'est pas votre seule spécialité, que vous ne peignez pas le portrait avec moins de succès. Miss Marie m'a parlé d'une miniature... je ne la connais pas encore, mais j'espère bien que ma chère pupille ne me cachera pas plus longtemps ce petit trésor qu'il me serait si doux de posséder. Pour le moment, ce n'est pas de cela qu'il s'agit. Miss Marie désirerait avoir une autre peinture, et cette peinture est la vue d'un petit cottage où elle fait d'assez fréquents séjours pendant la belle saison.

— Je suis à vos ordres pour cela, commodore, et aux ordres de mademoiselle.

— Oh ! à mes ordres, très-bien ! j'accepte, monsieur. C'est pour moi que vous ferez ce petit paysage; *very well!*... Merci. — Et s'adressant à Mlle de Kernouville : — Nous pourrons ensuite faire un échange.

— Que le paysage soit d'abord exécuté, repartit en riant Marie de Kernouville; pour les échanges, nous aviserons à cela plus tard.

— C'est cela ; pour le moment, voyez quand vous trouverez bon de vous mettre à l'œuvre.

— Mais, dès demain, dit Marie.

— Je croyais que vous deviez assister demain au spectacle ?

— Sans doute ; mais le spectacle commence à trois heures; en partant d'ici à dix,... nous pourrons faire notre expédition à terre auparavant.

— Mais moi, je ne puis m'absenter tout un jour.

— Pour une fois !

— Sir John O'Garden ne doit-il pas vous accompagner ?

— Certainement.

— Eh bien ! c'est cela ; tout s'arrangera sans difficulté : sir John est un bourru, mais un bourru complaisant. Il se chargera de toute la journée. Je resterai.

— C'est contrariant, reprit miss Marie en dissimulant la satisfaction que lui causait cette détermination qu'elle avait bien prévue et adroitement préparée. — Il est bien naturel pourtant, reprit-elle, que nous offrions à M. Jules Serval un petit dédommagement de sa complaisance : il aura le plaisir d'assister à un spectacle dans sa langue natale, et joué par des acteurs de son pays.

— Vraiment !

— Un beau spectacle, parlez-moi de cela !... repartit sir Daniel Ross. Une tragédie jouée sur un ponton : *la Phèdre* de votre Racine. Un gabier remplira le rôle d'Hippolyte, un mousse celui d'Aricie ; ne sera-ce pas vraiment charmant ? Voulez-vous en avoir une idée ? Imaginez-vous que je joue, moi, le rôle de Thésée.

— Thésée ! vous !... Ah ! taisez-vous, fit-elle avec un sourire qui aiguisa tellement le calembour que sir Daniel le sentit.

— *Very vell ! very vell !* fit-il.

— Ainsi, reprit Marie, voilà qui est convenu ; nous partons demain à neuf heures ; seulement, monsieur Serval, donnez-moi votre parole que vous ne profiterez pas de ce jour de liberté pour échapper à nos pontons.

— Ce que je vous promets sur mon honneur d'officier, commodore, c'est de revenir me reconstituer votre prisonnier demain soir.

— Très-bien ! très-bien ! dit sir Daniel en se levant.

— Je vous attends donc, monsieur, demain, à neuf heures, ajouta Mlle de Kernouville en répondant au salut d'adieu de Jules Serval.

Le lendemain, à neuf heures, l'un et l'autre prenaient place, avec le major sir John O'Garden, dans une svelte et élégante embarcation sur l'arrière de laquelle une épaisse peau d'ours blanc, aux ongles d'argent et aux yeux d'émail, leur offrait le siége le plus moelleux. La barque, emportée par l'impulsion régulière de six avirons, s'élança vers la plage, et vint déposer les trois visiteurs sur le débarcadère cailloux de Pereschester. Jules Serval, en uniforme de lieutenant de la marine impériale, offrit son bras à Marie de Kernouville, et, accompagnés du major, ils se dirigèrent vers un petit et frais cottage où Jeannette était arrivée dès le matin. Un déjeuner confortable les attendait, servi, d'après les prescriptions de Marie, dans le jardin même.

Ce cottage était une maison de campagne modeste, mais aussi riante et aussi agréable qu'on pouvait le désirer en Angleterre, ce pays modèle des petits réduits champêtres. C'était une modeste construction aux murs blanchis à la chaux, aux persiennes de cette légère teinte flottante entre les tons mauves et chamois, si douce à l'œil, et à la toiture de tuiles roses.

Le jardin offrait cette alternative de gazons, de corbeilles de fleurs et de bouquets d'arbres que nos jardins, jadis si réguliers, ont commencé à emprunter dès la fin du siècle dernier à l'horticulture anglaise.

Ce gracieux jardin était séparé par une haie d'aubépine et de troène d'un petit vallon parcouru dans toute sa longueur par un ruisseau bordé de hauts peupliers, de saules mélancoliques et d'aulnes jaseurs. Le versant du coteau opposé était couvert d'un bois taillis dont les halliers épais descendaient sur quelques points jusqu'au ruisseau.

Le temps que mit sir John à aller chercher sa sœur, miss O'Garden, qui habitait un chalet voisin, suffit à Jules Serval pour s'acquitter de son travail; en quelques instants il eut crayonné un rapide croquis du cottage et de son site; c'était assez pour exécuter le tableau promis; c'était assez aussi pour se faire une idée exacte de la physionomie générale de ce paysage, et comprendre les avantages qu'il pouvait offrir comme base des mouvements de l'évasion.

Le ruisseau qui se jetait dans la baie était déjà un élément précieux; il y avait d'abord présomption que son cours s'était tracé un chenal à travers les bancs de vase. On pouvait ensuite, en remontant son cours, ne pas laisser sur la plage des traces de vase qui fussent une révélation du lieu où l'on aurait abordé. Son lit offrait en outre plusieurs petits bassins ombragés où les déserteurs pouvaient trouver toutes facilités pour se laver complétement de la glaise visqueuse qui formait les hauts fonds et les rives de la baie, et pour prendre les vêtements qui devaient leur permettre de gagner un port voisin sans attirer les regards ni provoquer la défiance. Enfin le bois taillis présentait un incontestable avantage. On pouvait au besoin y trouver un refuge et y attendre, caché dans un de ses fourrés ténébreux, le moment opportun de se mettre en route.

Le point important était dès lors de bien relever cette position, de reconnaître exactement de quelle manière elle s'attachait à la baie, comme aussi par quels mouvements de terrain, par quels chemins et par quels sentiers elle s'unissait à l'intérieur des terres et se trouvait en communication avec les grandes routes, avec les artères du pays.

Ce résultat, Jules pouvait l'obtenir du sommet de l'élévation qui s'étendait de l'autre côté du ruisseau ; c'était indubitablement la hauteur que l'on apercevait derrière *la Crown*, dominant le fond du golfe, et que Marie de Kernouville lui avait signalée maintes fois comme point de repère du lieu où se trouvait le cottage. Les renseignements qu'il obtint d'elle confirmèrent ses présomptions. C'était à une promenade sur ces coteaux à confirmer ce qu'ils avaient d'exact, à préciser ce qu'ils avaient de vague, à rectifier ce qu'ils pouvaient avoir de défectueux. Cette promenade fut résolue. Le spectacle tragique du ponton *le Vétéran*, qui n'avait été qu'un prétexte pour conjurer la présence du commodore, fut sacrifié sans hésitation à cette excursion champêtre. Le major et Jane O'Garden se rangèrent eux-mêmes de grand cœur à cette proposition, qui avait pour elle la tiède sérénité du ciel et toutes les magnificences buissonnières de la campagne.

On se mit à table sous l'heureuse impression de cette résolution nouvelle, que la jeune comtesse avait provoquée avec tant de grâce, tant de ce doux entrain de l'esprit et du cœur dont l'élan est irrésistible, que chacun y avait cédé comme à l'entraînement spontané de son inspiration propre.

Le déjeuner fini, on visita les jardins ; une porte ouvrait sur les champs, on la franchit, et, Marie de Kernouville au bras du jeune lieutenant, miss O'Garden au bras de son frère, on prit un petit chemin ombreux se prolongeant dans la campagne. Tantôt réunis, tantôt séparés, tout à l'impression de cette belle journée, on marcha au hasard vers le but fixé, entre deux haies vives que l'été avait semées de ses fleurs agrestes.

Le sol, dont la fécondité naturelle était secondée par une admirable culture, était partout couvert d'abondantes moissons ; près des blés en épis se déployaient les champs de sainfoin et de luzerne, dont les parfums se mêlaient dans l'air à la robuste senteur des foins coupés. Jules, tout à ces impressions, n'en apportait pas une attention moins vive à l'étude de ces champs et de ce bocage. Son exploration en devenait même d'autant plus rigoureuse que, en s'élevant, le sentier donnait plus de champ aux regards, et, en se rapprochant de la plage, plus d'opportunité et d'utilité pratique aux observations ; on atteignit ainsi la crête de la ligne de coteaux qui formaient le faîte oriental du frais vallon où le cottage de miss Marie de Kernouville était tapi dans la verdure comme un nid d'alouettes dans un champ de trèfle.

Jules Serval et Marie, qui précédaient d'une centaine de pas le major et sa sœur, suivirent ce faîte, dans sa direction vers le sud, où il se terminait par un plateau dont le sommet dominait la campagne, la côte et la mer. Ils marchèrent quelque temps en silence.

Pour Jules, l'instant était enfin venu de révéler à mademoiselle de Kernouville des projets flottant jusque-là au souffle du hasard au milieu des périls les plus formidables et des espérances les plus fragiles. Cette résolution, qui eût été en tout cas une inspiration de son cœur et une loi impérieuse de sa conscience, était devenue pour lui une nécessité. Il avait reçu la veille au soir une lettre, par l'intermédiaire de quelques smogglers, dont une des spécialités industrielles les plus productives était l'échange de communications qu'ils entretenaient entre les prisonniers et leurs familles et entre les côtes de France et les pontons anglais.

Cette lettre était très-grave. Le domaine de Kernouville avait été mis en vente, et, pour la première fois dans les adjudications dont les biens de cette famille si respectée dans toute la contrée avaient été l'objet, la mise à prix avait été couverte.

Quel était l'acquéreur ? On l'ignorait ; de vagues rumeurs avaient circulé dans le public ; on avait bien parlé d'ordres d'enchères venus de l'étranger à l'avoué au profit duquel l'adjudication avait été prononcée, mais aucun nom n'avait été hasardé.

L'incertitude ne pouvait cependant se prolonger, l'avoué n'ayant que quinze jours pour faire inscrire le nom de l'adjudicataire réel et pour déposer le prix ; l'inexécution de cette clause entraînait la nullité de l'adjudication.

Cet incident, si grave par lui-même, puisqu'il faisait passer par l'autorité du pouvoir social et avec la consécration de la loi la partie la plus importante des propriétés de la maison de Kernouville dans des mains étrangères, puisait une gravité nouvelle dans la prévision des conséquences qu'il pouvait, qu'il devait produire. Que le gouvernement, encouragé par ce fait, mît de nouveau en vente les autres biens de cette famille, n'était-il pas à craindre que l'exemple encore anonyme qui venait d'être donné ne suscitât un grand nombre d'imitateurs.

Par quel motif rationnel pourrait-on dissuader les adjudicataires de couvrir les mises, si les propriétés devaient à la fin être vendues? N'était-il pas avantageux au pays qu'elles passassent dans des mains amies plutôt que dans des mains hostiles ?

Or, cette vente était la consommation de la ruine de la vieille et noble maison de Kernouville, dont le blason était écartelé de tous les plus nobles écussons de la Bretagne, depuis celui des Rohan à celui des Brézé. Tant que ces beaux domaines restaient en la possession de l'État, rien n'était désespéré. Chaque jour des décrets impériaux rendaient à des émigrés rentrés dans leur pays les propriétés mises sous le séquestre de l'administration. Il en était tout différemment de celles dont l'adjudication avait été prononcée. Elles étaient perdues pour leurs anciens propriétaires.

L'avoué à la probité éclairée duquel avaient été confiés les intérêts de mademoiselle Marie de Kernouville ne voyait qu'un moyen de conjurer la ruine prête à fondre sur elle : c'était son retour immédiat en France et la demande adressée à l'empereur de la restitution de ceux de ses biens dont l'Etat était encore détenteur.

Quant au mandat verbal, mandat de confiance et d'honneur donné par le comte au vieux concierge du château de Kernouville, il était resté stérile entre les mains dévouées du brave homme à qui il avait été commis, ce digne serviteur n'ayant pu, malgré le dévouement qui deux fois avait compromis sa liberté et une fois sa vie, recueillir aucun débris de la fortune de sa jeune maîtresse. Quant aux dépôts qu'il avait reçus, ils étaient sans valeur vénale ; ou du moins sans valeur vénale importante.

C'étaient là les graves nouvelles que Jules avait à apprendre à la jeune exilée, l'avis qu'il avait à lui transmettre ; l'ayant fait avec tous les égards, toutes les précautions oratoires et tous les euphémismes de langage qui pouvaient en affaiblir la secousse et en atténuer les effets, il les lui fit plus complétement connaître en lui remettant la lettre.

— Je ne vous demande pas quelle décision vous avez prise, mademoiselle, lui dit Jules Serval après le moment de silence dont cette lecture fut suivie. Je sens qu'une pareille détermination ne peut être arrêtée qu'après de sérieuses et mûres réflexions.

— Quelle détermination puis-je prendre? soupira la jeune Bretonne.

— Celle que vous inspirera votre haute raison, dont j'ai eu mainte occasion d'admirer la justesse ; celle que vous dictera votre cœur.

— Et quelle détermination pourrais-je exécuter.

— Celle que vous aurez arrêtée.

— Vous oubliez, monsieur, ma position. Seule, isolée dans toutes les faiblesses de la femme et de l'exilée, que puis-je par moi-même? rien ; pour les autres, bien peu de chose. Croyez-vous que sir Daniel Ross secondât bien ardemment ma résolution d'aller redemander à ma patrie les biens d'une maison qui lui a donné tant de glorieux défenseurs?

— D'autres ne vous manqueraient pas, à défaut du commodore.

— Ne vous faites pas d'illusions, monsieur Serval. Lesquels, par exemple?

— Ceux, mademoiselle, qui vous aiment... — Se reprenant vivement : — Ceux qui vous révèrent ; et j'avoue qu'il me serait bien doux d'être compté parmi ceux-là.

— Vous ?

— Vous n'en doutez pas, mademoiselle ?

— Oh ! assurément... Mais, reprit-elle avec un sourire plein de tristesse, que peut la prison pour l'exil ?

— Vous avez raison, mademoiselle ; le pauvre prisonnier ne pourrait que bien peu de chose pour la noble exilée ; mais ce n'est pas le prisonnier qui en cet instant vous offre son dévouement, c'est l'homme libre, ou du moins l'homme qui doit bientôt l'être.

— Expliquez-vous.

— Lorsqu'il y a quelques jours j'obtins de vous la promesse de l'excursion que nous accomplissons sur cette plage, il y avait autre chose qu'un besoin fiévreux de respirer l'air libre dans cette impatience nostalgique qui trouva dans votre cœur un si sympathique écho.

— Et quelle était cette autre chose !

— La nécessité de faire ce que j'accomplis depuis ce matin auprès de vous, d'étudier, de reconnaître les lieux que, sous quelques jours, je foulerai d'un pied libre !

— Libre ! que Dieu bénisse vos efforts !... mais j'ai déjà vu tant de ces tentatives de liberté s'évanouir dans des catastrophes, que par ce mot vous avez fait tressaillir mon cœur.

— Cette fois, mademoiselle, nous avons tout lieu de compter sur un succès. Cette évasion est en effet préparée dans des conditions tout exceptionnelles. Et je ne sais... mais moi qui dans nos autres tentatives ne voyais qu'avec une profonde défiance et une sorte de pressentiment funeste approcher le moment de l'exécution, je vois arriver celui-ci avec une sécurité parfaite ; je sens s'enraciner plus profondément chaque jour dans mon âme la conviction du succès.

— Si mes prières suffisent pour vous l'obtenir du Ciel, croyez bien, monsieur Serval, que ce succès ne vous manquera pas.

— Eh bien ! mademoiselle, voulez-vous le partager ? — Marie de Kernouville le regarda avec surprise. — Oh ! je sais bien, mademoiselle, que vous ne pouvez vous jeter à travers les aventures d'une entreprise semblable à celle que nous allons affronter. Toutes les convenances, toutes les délicatesses de votre éducation, toutes les faiblesses de votre sexe s'y opposent ; aussi n'est-ce pas cela que je vous propose ; mais si vous désirez rentrer en France, si vous craignez que vos vœux, loin d'être secondés, soient desservis par sir Daniel Ross, j'ai en Angleterre un ami aussi honorable que dévoué, un vrai gentleman, dans la maison, près de la femme duquel vous pourrez trouver une retraite, en attendant qu'il trouve, lui, un moyen digne de vous faire regagner votre chère Bretagne.

— C'est bien grave : quitter le foyer, fuir le toit de celui que mon père m'a choisi pour tuteur !

— Réfléchissez-y bien, mademoiselle ; quoi qu'il arrive, n'oubliez jamais qu'où je sois, en Angleterre ou en France, libre ou prisonnier, dans la vie militaire ou l'existence privée, vous pouvez en toute confiance faire appel à mon dévouement, et soyez certaine que, fallût-il donner pour vous mon sang et ma vie, ce serait avec bonheur que j'en verserais la dernière goutte et que j'en rendrais le dernier soupir.

— Je n'en doute pas, monsieur Serval, lui dit avec un accent doux et profond la jeune femme, dont il sentit tressaillir le bras.

— Il nous reste quelques jours à réfléchir, mademoiselle ; les circonstances sont graves, capitales, suprêmes ; songez-y. Voilà qu'on nous rejoint ; nous en reparlerons plus tard.

Ils arrivaient en ce moment à l'extrémité de la longue colline qui se terminait en esplanade sur la baie ; sir John O'Garden et sa sœur les y rejoignirent presque aussitôt.

De ce morne, jusqu'au pied duquel la mer aux teintes ardoisées étendait sa surface plane et unie comme une glace, l'œil pouvait embrasser toutes les contrées voisines, la baie et ses rivages, le paysage et ses perspectives profondes. C'était sur ce point culminant qu'avait été dressé le monument funèbre élevé par la ville de Southampton en l'honneur de Nelson. Ce fut un prétexte pour s'y arrêter plus longuement. Jules profita de l'avantage de ce lieu éminent, d'où il pouvait beaucoup mieux saisir la configuration de la côte et en faire mnémoniquement les relèvements.

— Ce lieu est bien isolé, dit-il au major, pour y avoir élevé un monument national.

— On l'a choisi à cause de sa position sur la rade.

— Ne passe-t-il aucune grande route dans le voisinage?

— Pardon, la route de Plymouth et de tout le littoral se trouve à un mille tout au plus dans le pays, et l'on rencontre celle de Londres deux milles à peine au delà.

— Ce site, du reste, reprit l'officier français, justifie parfaitement le choix de l'administration ; on en rencontre souvent de plus étendus, on en voit rarement de plus gracieux et d'aussi varié. — Cet éloge, dicté peut-être à Jules Serval par la satisfaction intérieure qu'il éprouvait en sentant ses vœux complétement remplis, était du reste mérité en tous points : d'un côté, en effet, c'était la fraîche vallée, dont nous avons décrit d'abord les versants boisés ; de l'autre côté, une riche campagne, avec ses champs variés, ses guérets où retentissait le cri de la perdrix, et ses beaux plants de pommiers dont les fruits commençaient à rougir dans le feuillage. — Vraiment, ajouta un instant après le jeune officier, heureux des renseignements exacts qu'il avait recueillis, on s'arrache difficilement de ces lieux...! Pour moi, j'avoue qu'après avoir admiré ce site charmant, tout autre paysage me semblerait bien pâle... Je n'insiste donc pas pour le long programme de course que j'ai tracé.

— Moi, messieurs, s'écria Marie, je suis toute disposée à vous suivre.

— Oh! fit le major, nous rendons toute justice à votre courage ; mais la rapidité avec laquelle le soleil descend à l'horizon me fait approuver la modification proposée par notre cher lieutenant.

— N'avons-nous pas la soirée à nous?

— Oui, mais, le dîner passé, nous n'aurons que bien juste le temps de regagner Pereschester, si nous voulons arriver de jour à bord de *la Crown*.

Le major avait calculé juste. On ne regagna pas l'embarcadère sans être rentré à l'élégant cottage, où un excellent dîner attendait les promeneurs, mais aussi on n'aborda le ponton qu'à la nuit.

XII

L'ÉVASION.

Jules Serval regagna *la Crown* le cœur content et l'esprit calme. Le regret de se séparer de Marie de Kernouville, à laquelle il sentait des liens plus forts l'attacher chaque jour, ne put jeter de nuages dans la sérénité que son voyage avait fait naître dans son âme. Il redescendit joyeux dans la vieille batterie, où ses compagnons l'attendaient impatients.

Les résultats de son exploration, les renseignements précieux recueillis sur les lieux où ils devaient aborder, et les facilités qu'ils offraient à leur évasion, furent reçus avec d'autant plus de bonheur que l'on touchait enfin au moment de l'évasion. Les travaux étaient si avancés que, dès le lendemain soir, le trou pouvait être porté à cet état où quelques heures de travail devaient suffire pour l'ouvrir, Ce trou, c'était la porte du ponton s'ouvrant sur la France : c'était la liberté, c'était la patrie.

Celui de Loïk était prêt depuis plusieurs jours. Lui, un enfant, seul il avait opéré ce prodige de volonté, de persévérance et de travail devant lequel avait si souvent échoué la patience des plus résolus et la constance des plus énergiques. Dieu qui dispense, quand il lui plaît la puissance aux petits, avait béni ses efforts, et avait donné le triomphe à sa faiblesse au moyen de ces instruments et de ces outils dont l'avait armé la Providence. Son trou était *paré*.

Cependant le pauvre enfant était triste.

C'est que le but que son esprit et son cœur, l'objet que son âme poursuivaient de toutes leurs aspirations n'était pas seulement la désertion, l'évasion de ces pontons funèbres ; ce n'étaient là que des considérations accessoires, et à certains égards seulement des motifs indirects, secondaires, subsidiaires ; sa préoccupation la plus vive et la plus profonde était sa justification ; son trou n'en était qu'un des éléments ; un autre lui manquait, la connaissance de l'auteur des dénonciations dont on l'accusait, et la preuve de ses trahisons. Il avait espéré l'obtenir ; n'était-ce là qu'une illusion prête à sombrer dans l'abîme des déceptions ?

Le petit mousse attendait ; libre de tout autre soin comme de tout travail, sa vigilance sur les démarches de Bihan avait redoublé, mais sans plus de succès qu'auparavant. En vain l'avait-il épié du saut de son hamac à la fermeture de la batterie, il ne lui avait pas été possible de surprendre un indice.

Il en arrivait à douter de la réalité de ses soupçons, à les attribuer même à ses mauvaises dispositions contre cet homme qui avait été l'ennemi de sa famille, à se les reprocher même.

Ces pensées, un soir, l'avaient tenu longtemps éveillé dans son hamac, suspendu, comme on sait, dans le coin de l'entrepont, séparé par une cloison seule du poste des gardiens. Les madriers de sapin qui composaient cette clôture étaient simplement glissés dans une coulisse formée par des tringles clouées sur le pont de la batterie et sous le tillac, en sorte qu'il existait entre ces madriers des fentes, assez larges quelques-unes pour permettre aux gardiens d'exercer le jour une certaine surveillance sur les prisonniers.

Au moment où Loïk allait s'endormir, il tressaillit, comme éveillé par quelques mots murmurés par une voix connue. Il écouta.

Le bruit venait du poste. Il lui sembla qu'il en avait une perception trop vague pour que l'impression dont il était affecté ne fût pas le commencement d'un rêve. Il allait se disposer à se rendormir, lorsque l'idée lui vint de s'assurer auparavant de la réalité de cette sensation, puis, cette réalité reconnue, quelle pouvait être cette voix.

Il se glissa à bas de son hamac, s'approcha de la cloison, et colla son oreille à l'une des fentes. Tout son sang ne fit qu'un tour ; la voix étouffée qu'il entendait était bien celle qu'il avait déjà entendue chuchotant sur le pont du vaisseau sans pouvoir la reconnaître. Cette fois, ses déclarations écartaient toute incertitude, c'était bien celle du père Bihan.

— Ma damnation! mon loyal master, murmurait l'ancien gargotier, je n'ai pu venir plus tôt... ils attendaient ce gringalet d'officier qui se moque de notre bon commodore. Imaginez-vous qu'il est allé avec la digne demoiselle de Kernouville... je n'en veux pas dire de mal, mais tout de même c'est drôle...

— C'est drôle! c'est drôle!... je crois, Dieu me damne! que tu t'imagines...

— Moi !... brave master... bien au contraire... je dis seulement qu'il est allé avec cette respectable miss Marie examiner les lieux les plus commodes pour toucher terre après notre évasion.

— Explique-toi clairement; où veux-tu en venir avec tes histoires?... As-tu quelque chose de nouveau?

— Si j'ai du nouveau!... Je crois bien, vénérable master... J'ai que, d'après ce qu'ils ont dit, le trou sera fini demain. Comme ce sera moi qui y travaillerai, je pourrai vous donner les renseignements les plus positifs... Je venais donc vous avertir de vous tenir prêts... Demain soir, je viendrai vous dire plus positivement ce qui en est.

— Surtout ne te fais pas attendre aussi longtemps.

— On n'est pas toujours maître de la manœuvre, vertueux master... Avant de se déhaler du milieu des bateaux, il faut attendre la marée.

— Que ta marée toujours ne retarde pas!

Un instant après Loïk entendait un léger bruit au pied de l'escalier; c'était Bihan qui rentrait dans la batterie par la petite porte du corridor, et qui regagnait discrètement sa couverture. Loïk d'un bond fut sous la sienne.

Les yeux pleins de larmes, il remercia le bon Dieu qui l'avait exaucé. Sa justification dès lors était certaine; non-seulement la trahison était découverte, mais c'était le traître qui s'accusait lui-même, et, en s'accusant, le justifiait.

Le jeune mousse attendit le jour avec une si vive impatience, dans une telle agitation, que du reste de la nuit il ne put fermer l'œil. Le lendemain matin, il fut un des premiers debout. Dès qu'il supposa maître Laumel levé, il se dirigea vers l'arrière de l'entrepont où le vieux canonnier se tenait jusqu'à l'ouverture de la batterie. Il le rencontra, en effet, debout contre l'ouverture grillée d'un sabord, chiquant son premier bout de bitord.

— Maître Laumel! lui dit-il.

— Qui me hèle là? fit celui-ci en se retournant.

— C'est moi... qui ai deux mots à vous dire.

— Je n'en ai ni un ni deux à entendre, moi; tu as beau rouler les yeux comme des écubiers, c'est comme ça... File ton nœud! je reste sur ma bouée, quoi!

— Not' maître Laumel, vous n'allez pas refuser de m'écouter.

— Je te dis, tonnerre de Brest! de ne pas m'aborder, si tu ne veux pas faire d'avarie, moussaille!

— Vos tonnerres ne me font pas peur : avaries ou non, vous m'entendrez, ce n'est pas dans mon intérêt seulement que je viens à vous... c'est dans le vôtre.

— Dans le mien? ah!...

— Je ne viens pas seulement vous dire : Je suis innocent, et j'en ai des preuves; je viens encore vous dire : Oui, maître, il y a un traître, et ce traître-là, qui vous a trahis quatre fois, vous trahit encore aujourd'hui, je puis vous le prouver.

— Avec des paroles comme ça, mon petit, c'est une différence, je masque mes huniers, je mets en panne, et je t'écoute.

Loïk lui exposa donc ce qui s'était passé la veille. Ce qui faisait la gravité de l'accusation, c'était le rendez-vous donné par Bihan. La conclusion était donc forcée; c'était la convention que maître Laumel se rendrait, le soir même, près de la cloison du poste, où Loïk le ferait assister à la conversation de Bihan et du master.

Il était de rigueur que Bihan ne pût en avoir aucun soupçon. Tout fut donc arrangé pour ne pas exciter sa défiance ; aussi, le soir venu, maître Laumel fut-il un des premiers couchés, et, malgré cela, le sommeil n'avait pas encore fermé tous les yeux qu'il arrivait près du hamac de Loïk.

— Montez là-dedans, maître Laumel, lui dit le mousse en se laissant glisser sur le pont ; on ne sait pas ce qui peut arriver ; le vieux fraudeur pourrait avoir des soupçons.

— Tu ne ralingues pas, toujours ?

— Soyez sans craintes... je vais veiller à *la Dorade*... Dès qu'il va être entré, je vous avertis. Il n'y aura plus de danger alors.

— Soit !

Dès que maître Laumel fut monté dans le hamac, Loïk fut se mettre à l'affût, couché entre deux dormeurs, sur le passage même du misérable qu'il épiait.

Laumel avait bien fait de se hâter, car Bihan, fidèle aux recommandations de master Michel, fut plus diligent que la veille. Loïk était à peine couché entre les deux dormeurs, à couvert desquels il s'était tapi, qu'il passait se dirigeant lentement et avec précaution vers la porte du petit corridor. Le mousse l'entendit l'ouvrir, puis la pousser... Il fut aussitôt près de son hamac.

— A bas, maître...! il est là...

Laumel et le mousse ne perdirent pas un instant. Ils étaient déjà près de la cloison, l'oreille attentive, lorsque Bihan ouvrit la porte du poste.

— Vous ne vous plaindrez pas, ce soir, mon digne master, murmura l'ex-fraudeur. J'espère que je suis exact ?

— C'est bien. Qu'y a-t-il ?

— Je vous dirai que c'est mieux encore que je ne le supposais hier ; ce trou n'est pas seulement fini... le brutal capitaine Ballard est décidé à filer de suite... Les nuits sont noires, dit-il ; et il y a trop de danger à attendre. Si bien, brave master, que ce sera probablement pour demain, la nuit.

— Eh bien ! tant mieux !... demain nous serons prêts.

— Doucement, doucement ; cette fois-ci, prenons mieux nos mesures... Ma damnation ! je n'ai pas envie d'attraper encore une de vos balles.

— Tu aimes mieux nos guinées.

— Vous savez bien, vénérable master, que ce ne sont pas ces misères-là qui me font agir. En tous cas, merci des pièces avec un tel appoint !

— Ç'a été ta faute, aussi.

— Dans de pareils coups, on ne peut rien prévoir. Je croyais tout bien calculé: les deux officiers du démon passaient les premiers, puis leur mousse ; je poussais le père Roussin après ; puis il était facile de trouver un prétexte pour rester le dernier... C'était donc le garnement de Laumel qui gobait le noyau.

— Merci, scélérat ! grinça entre ses dents celui-ci; je t'en ferai avaler la coque, quoi !

— Il ne l'aurait pas volé, bien sûr, un vrai gueux s'il en fût jamais !

— Il ne vous flatte pas, maître, lui souffla Loïk.

— Ah ! le triple bandit ! fit Laumel.

Bihan poursuivit:

— Cette fois, il faut s'y prendre autrement. Pas de coups de feu... on ne sait pas où va le plomb... ma damnation ! il y a des moyens plus prudents.

— Au fait, on peut vous surprendre au moment de l'équipée; c'est d'ailleurs trop dangereux. C'est un hasard si, la dernière fois, tous ne se sont pas sauvés.

— Vous parlez d'or, habile master... C'est ça, ma damnation ! au moment où ils ouvrent le trou, crac, vous, vous ouvrez la porte, vous entrez de force, vous nous arrêtez...

— C'est aussi, pour cette fois, l'intention du commodore.

— En voilà un fameux, un célèbre !... Mais, autre chose : maintenant que cette vermine de mousse n'est plus là, c'est moi, bien sûr, qu'on va soupçonner.

— C'est à craindre.

— Est-ce que l'on ne pourrait pas arranger l'affaire de manière à me dégager?

— Si c'est possible, on le fera.

— Rien de plus possible.

— Voyons.

— Ouais! fit Laumel, pour ma part j'ai envie d'entendre.

— On ne peut pas compromettre le père Roussin, c'est un vieux brave homme, il est trop connu pour ça; mais Laumel, c'est différent; c'est comme je vous l'ai dit, mon loyal master, un vrai gueux, un brutal, un tapageur.

— Quelles litanies il vous chante là! fit Loïk.

— Laisse faire: qu'il chante, je battrai la mesure.

— On a chance de tout faire croire de lui dès que c'est du mal.

— Avez-vous toujours envie d'entendre?

— J'ai bien plutôt envie de tomber dessus et de le déralinguer.

— Gardez-vous-en bien, maître!

— Voilà donc ce que je proposerais, continua Bihan: qu'on nous arrêtât tous, mais que dès le lendemain on lâchât Laumel; seulement, qu'au lieu de nous mettre tout un mois aux fers, on ne nous y tînt que huit jours. Vous voyez déjà ce qui arrive : c'est qu'on se demande pourquoi l'administration a épargné Laumel. Il devient suspect... Or, si l'on suppose qu'il y a un traître... on ne peut pas en soupçonner un autre que lui.

— Voyez-vous ça! soupira Laumel, dont le front était ruisselant de sueur.

— C'est juste, fit le master; je prends l'obligation de faire agréer ta proposition par le commodore.

— Je compte donc dessus; s'il y a quelque chose de changé, je ferai en sorte de vous le faire connaître. Ma damnation! excellent master, comptez que je me jetterais dans le feu pour vous.

On n'entendit plus rien. Il sortit. Laumel immobile semblait cloué à sa place.

— Eh bien! maître, qu'en dites-vous?

— Ah! l'abominable canaille!

— Et moi, suis-je un traître?

— Pauvre enfant! Tiens, viens que je t'embrasse; j'ai mérité d'entendre tout ce qu'il a déblatéré, rien que pour t'avoir accusé, pauvre petit innocent; mais tu me pardonnes, n'est-ce pas? tiens! j'ai besoin que tu me le dises.

— Voilà de bonnes paroles, maître! avec ça, tout est oublié.

— Pauvre moussaillon! à présent, tu peux compter sur moi, va! Et dire que c'est nous, le brave père Roussin et moi, qui, asticotés par ce brigand, t'avons accusé, t'avons fait chasser... quoi! Mais lui, son affaire est faite.

— J'ai une grâce à vous demander, maître Laumel; j'ai mes raisons, et, croyez-moi, de graves raisons pour cela; faites comme si rien de tout cela n'était arrivé, au moins jusqu'à ce que nous en ayons parlé demain.

— Pourquoi cela?

— Je vous l'ai dit, j'ai de graves raisons; croyez-moi, maître Laumel... ça pourrait amener un malheur!

— Eh bien! soit; nous en reparlerons demain.

Maître Laumel tint sa promesse, mais ce ne fut pas sans peine; la vue seule de Bihan, qui le lendemain matin l'aborda comme de coutume avec des paroles flatteuses, lui causa une indignation si profonde, qu'il n'eût qu'un moyen de ne pas éclater, ce fut d'imiter la manœuvre du navire qui ne peut résister à la tempête: *de fuir devant le temps.*

Son premier soin fut de chercher Loïk pour lui reprendre sa parole. Le mousse, de son côté, inquiet de ne pas le voir, venait à sa rencontre.

— Ah! c'est heureux, lui dit le vieux canonnier, je te cherchais.

— Qu'avez-vous donc, maître? vous voilà tout vent dessus, vent dedans!

— Je crois bien!... ne voilà-t-il pas que ce bandit vient de venir m'accoster, avec ses airs sournois de pirate... Ah! je ne sais comment j'ai pu résister à la lame... Sentant mes ancres chasser, j'ai dû appareiller, car sans cela je tombais dessus!... quoi!...

— Vous avez bien fait, maître.

— Oui, mais j'entends reprendre ma liberté de manœuvre... et le gredin, quand je vais l'avoir sous mon écoute, ne va rien perdre pour avoir attendu.

— Vous n'allez pas faire ça, maître Laumel.

— Et pourquoi cela?

— Parce que j'ai quelque chose à vous dire qui va changer vos résolutions.

— Quelle antienne me chantes-tu là, toi? T'imagines-tu, par hasard, qu'on va le laisser caboter tranquillement ses trahisons?

— Oh! que non, maître!

— Eh bien?

— Il faut le temps à tout; et vous allez comprendre que ce n'est pas tout de suite le moment de le fauberger.

— Quant à le fauberger, ce sera l'affaire des lames avec ses quartiers de bandit.

— Parlons doucement; comme vous le disiez l'autre jour, ce n'est pas avec du gros temps qu'on fait bonne route.

— Que veux-tu dire?

— Je veux dire que votre trou est vendu : quoi qu'il arrive, il va falloir en subir la peine.

— C'est vrai : la moque est tirée, elle est à boire... quoi!

— C'est bien dit. Mais, n'est-il pas juste que chacun en prenne sa part?

— Ça c'est juste comme un piston.

— Eh bien! si vous faites votre branle-bas avec Bihan, il va arriver ce qui arrive toujours quand on découvre des trous : on s'en prend seulement à nos commandants comme aux chefs, et ce sont eux qui en portent le paquet; ils en ont pour leur mois de fers. Au contraire, si on laisse courir la bordée... on va être tous pris d'un coup de filet, on en aura pour quinze jours, et, comme disait Bihan, peut-être seulement pour huit.

— Et lui avec tout cela reste de côté.

— Non pas... non pas ! voilà son moment arrivé à lui, et je m'en charge.

— Toi ?

— Est-ce que ce n'est que pour m'assouplir les membres que le prévôt m'a appris à m'aligner, maître ? Il m'a assez fait souffrir... ce Bihan de malheur ! Il faut qu'il en découse.

— Mais tu n'es qu'un moussaillon.

— Un mousse de la chambre, maître !... fit Loïk en se redressant.

— Il ne voudra pas se battre avec un mousse.

— Et pourquoi cela ? Qu'est-ce qu'il a molesté ? C'est moi, un mousse... Un mousse ne peut pas lui fournir un capitaine de vaisseau. Oh ! il se battra... mais pour cela, maître Laumel, j'ai besoin de vous ; il faut que vous lui causiez vert et que vous le forciez à s'allonger. C'est pour cela que je vous choisis pour parrain.

— Tiens ! mais est-ce qu'il ne m'a pas insulté, moi ?

— Doucement, maître ! après moi... s'il en reste. Vous ne ferez pas un passe-droit à votre petit Loïk, comme vous m'appeliez autrefois. Et puis voyez-vous, mettez-vous dans l'esprit que je suis sûr de son affaire.

— Eh bien ! accepté ! je serai ton parrain. Mais, avant, il faut que je t'apprenne ma botte secrète ; avec celle-là, tu harponneras le vieux requin au bon endroit.

Jules Serval avait revu Marie de Kernouville. C'était sur l'arrière du vaisseau, où le hasard de la promenade, le plaisir de la perspective et le besoin de prendre l'air les réunissaient chaque jour, qu'avait eu lieu cette rencontre.

Jules Serval l'avait trouvée inquiète et agitée ; inquiète par suite d'une conversation qu'elle avait eue la veille même avec sir Daniel Ross. Ce n'était pas cependant le sujet de la conversation en lui-même qui lui avait causé cette inquiétude : il s'agissait tout simplement de réparations à exécuter aux appartements du gouvernement. Ces réparations devaient durer quelques jours ; Marie devait passer ce temps dans le cottage de Pereschester. On était convenu de hâter les travaux. Mlle de Kernouville se rendait à terre le soir même. Rien de si naturel que tout cela.

Ce qui l'avait inquiétée n'était donc pas cet incident fort ordinaire, c'était l'arrière-pensée qu'avait fini par lui faire soupçonner le ton parfois contraint, parfois railleur et souvent affecté, que sir Daniel avait apporté dans cette conversation ; si bien qu'elle avait fini par se demander s'il n'éprouvait pas le désir de l'éloigner. Jules Serval, frappé d'abord de la portée que pouvait avoir cette révélation, n'y vit en réfléchissant qu'un motif de sécurité.

Quant à l'agitation dont la jeune fille avait éprouvé le mouvement fiévreux, sa cause en était dans la gravité de la résolution qu'elle avait à arrêter définitivement ; elle prévoyait les obstacles et les difficultés que devait rencontrer sa retraite ouverte de la maison et de la tutelle du commodore : obstacles matériels et difficultés de toute nature. Sa retraite cachée, mystérieuse, sa fuite en quelque sorte, n'offrait pas de moindres inconvénients.

La proximité de la fuite de Jules, fixée à la nuit suivante, fit cesser cette incertitude ; un moyen terme fut adopté. Jules Serval, s'il avait le bonheur d'atteindre les terres de France, devait s'occuper de toutes les démarches qui pouvaient procurer à Mlle de Kernouville le recouvrement de sa fortune et assurer son retour.

Jusqu'à ce moment elle devait rester auprès de sir Daniel Ross, dans ses foyers.

Si la situation y devenait trop pénible, elle devait alors profiter de la proposition que lui avait faite Jules Serval, et se retirer dans la famille de son ami. Toutes les dispositions devaient être faites dans la prévision de cette éventualité.

Un dernier rendez-vous fut pris pour cela ; il devait avoir lieu dans le cottage de Mlle Marie, le jour même qui suivrait l'évasion... si le succès en couronnait la tentative.

— Il la couronnera ! avait soupiré Mlle de Kernouville les yeux levés au ciel.

C'était sur ce doux espoir qu'ils s'étaient séparés.

On peut aisément s'imaginer la lenteur avec laquelle s'écoula cette journée pour Pierre Ballard et les hommes, si rudement éprouvés pour la plupart, qu'il avait associés à cette suprême tentative de désertion. L'heure de la liberté si longtemps et si impatiemment attendue au milieu des fatigues, des découragements et des dangers, tant de fois retardée par la trahison, mais toujours stoïquement espérée, était donc à la fin venue.

Tous l'espéraient, Laumel lui-même, à qui Loïk avait à demi confié ses projets; dans aucun cependant cette lenteur n'alluma l'impatience que le petit mousse sentait circuler dans ses chairs comme une séve de feu.

Sa bordée, la dernière du jour, fut enfin appelée dans l'entrepont; il respira plus à son aise ; arrivé au bas de l'escalier, il se retourna vivement à son nom prononcé à demi-voix :

— Loïk.

C'était Jules Serval qui l'appelait.

— Voilà, mon commandant ! fit-il en s'élançant vers lui le cœur battant de joie.

— Il faut absolument que je te parle ce soir, dès que tu pourras venir me trouver, fit-il au mousse.

— Oui, mon commandant, dit-il d'un accent ému, en serrant convulsivement son bonnet dans ses mains. Deux larmes étaient venues dans ses yeux. Jules Serval s'éloigna aussitôt. — C'est vrai tout de même, se dit l'enfant avec bonheur... le commandant ne m'a pas cru coupable.

Et une douce impression sembla dilater son cœur. Il n'attendit pas que tous les prisonniers fussent endormis pour se glisser vers l'arrière. Il se dirigea d'abord vers le hamac de maître Laumel, qui, enveloppé tout habillé dans sa couverture, se disposait déjà à descendre pour rejoindre ses compagnons.

— Eh bien ! maître, lui dit-il, avez-vous les lancettes du prévôt ?

— Un peu... qu'elles me coûtent six schellings que j'ai été obligé de déposer en gage, tonnerre de Brest !

Les lancettes du prévôt étaient deux baguettes armées de pointes de compas affilées, très-aiguës, que le maître d'armes de *la*

Crown louait moyennant une faible rétribution à ceux qui avaient quelque querelle à vider par les armes. Le prix élevé qu'il avait exigé de maître Laumel se comprend. Habituellement, lorsqu'il louait ses aiguilles à tricoter, comme il les appelait encore, il assistait au combat singulier, et par conséquent il ne les perdait pas de vue ; mais cette fois on voulait les lancettes du prévôt sans le prévôt. Pour se dessaisir de ses armes, il avait voulu un dépôt de garantie.

Laumel descendit avec précaution, mit les flamberges d'invention nouvelle sous son paletot, et se dirigea avec le mousse vers l'angle de la batterie où se trouvaient déjà réunis leurs compagnons.

— Voilà, commandant, un moussaillon à qui je fais excuse devant vous.

— Je vois que tu lui as appris ce que je voulais lui conter.

— Comme vous dites, mon commandant, c'est de la besogne faite.

— Je crois que nous pouvons descendre ? dit Ballard d'un ton interrogateur.

— Pour ce qui est de ce bout de la batterie, tout le monde dort... Ça ronfle, bourne ! comme des canons.

— Vieille habitude du lieu, fit le lieutenant.

— En avant donc ! — Et, en prononçant ces mots, Pierre Ballard leva la trappe. — Qui descend le premier ?

— Moi, si vous le voulez, mon brave commandant, répondit Bihan. J'ai ramassé le lampion, je vais l'allumer.

— C'est juste ! — fit Ballard. Et il ajouta : — Moi, je reste le dernier, pour fermer la trappe.

Il ne descendit en effet qu'après que Jules Serval, Loïk, le père Roussin et maître Laumel eurent disparu dans l'ouverture qu'il referma prudemment sur lui. Tout ce qui avait été préparé pour l'évasion était disposé dans des caisses vides. On en tira d'abord les deux boîtes de la première évasion, où avaient été mis de nouveau les vêtements de rechange des deux escouades, puis le flacon au punch, dont chacun prit une *moque* comme cordial ; enfin une bouteille de rhum et une large gamelle pleine d'une sorte de graisse presque liquide, aussi peu appétissante par sa couleur plombée que par son fumet de graisse rance.

— Bourne! dit Roussin, les provisions ne manquent pas ; mais voilà un drôle de fricot que vous nous gardez là pour dessert.

— Il ne va pas vous faire mal à l'estomac, maître Jacques; le capitaine Serval et moi allons vous enseigner comment s'administre la douceur... C'est que, mes enfants, continua-t-il en enlevant ses vêtements dont il ne conserva qu'un caleçon, je vous ai prévenus, les difficultés et les dangers sont plus grands que nous ne le supposions d'abord.

— Le sort des déserteurs du *Saint-Antoine* ne doit pas nous effrayer, ajouta Jules Serval, mais il doit nous faire prendre toutes les précautions pour ne pas nous laisser noyer par la marée dans les bancs de vase.

— Et pour cela nous avons besoin de conserver toutes nos forces, dit Ballard ; or, voici un remède contre la fatigue.

Et, après avoir versé dans sa main un peu de la liqueur contenue dans la bouteille, il s'en frictionna successivement les diverses articulations des jambes et des bras, en invitant ses compagnons à suivre son exemple.

— Ma damnation! fit Bihan, je crois que c'est du rhum, capitaine.

— Et du pur Jamaïque encore, répondit Ballard.

— Sauf votre respect, commandant, dit Laumel, je ferais peut-être mieux de m'en frictionner l'intérieur de l'estomac; c'est ma partie faible, quoi !

— Une autre fois, mon vieux ; aujourd'hui, il ne faut songer qu'aux membres.

— Va donc pour les membres !... Quelle senteur ! ajouta-t-il en flairant les gouttes qu'il s'était versées dans la paume. Tout de même, tonnerre de Brest ! c'est dommage.

Et il commença ses frictions, non sans regret.

—Maintenant, reprit Jules Serval, à un autre exercice ; ceci c'est le remède contre le froid.

— Ah! oui, mon fricot.

— Eh bien! voici comme cela s'applique. Ce ne sont plus les articulations qu'il faut se frotter, c'est tout le corps qu'il faut se couvrir d'une légère couche de cet onguent.

— Bourne! à la bonne heure! dit le père Roussin en commençant l'opération, après avoir flairé la pommade; j'aime mieux cette sauce de mât de cocagne.

— Et de l'activité, mes enfants! reprit le capitaine du *Rôdeur*; le temps est précieux.

— Je ne sais pas, tout de même, tonnerre de Brest! si je dois me mettre sur le corps cette saleté-là.

— N'allez pas y manquer, maître, repartit Loïk... Je vous l'ai dit, j'ai mes raisons.

— Puisque tu as tes raisons, moussaillon, passe la drogue, et *paumoyons-nous*.

L'opération fut rapidement terminée.

— Je crois que nous somme tous parés, fit Ballard en s'assurant du regard que tous ses compagnons étaient prêts.

— On peut ouvrir le sabord, répondit Jules.

— Allons, père Jacques, donnez-nous de l'air.

Roussin, armé de la scie à main de son invention, se mit à l'œuvre.

— Est-ce que je n'ai pas entendu du bruit derrière cette cloison? dit Jules en indiquant la clôture qui fermait cette partie de la cale sur l'arrière.

— Écoutez? reprit Pierre Ballard d'un ton de voix funèbre. Un bruit de pas se fit entendre... Tous restèrent immobiles. — Serions-nous donc toujours trahis! reprit Ballard.

Et il promena sur ses compagnons un regard sinistre.

— Ma damnation! fit Bihan, j'en ai la petite mort.

Le bruit avait cessé; le père Roussin continuait son travail avec ardeur. Le panneau fut enlevé... le trou se trouvait ouvert.

L'espérance était revenue dans trois cœurs lorsque le bruit que l'on avait entendu d'abord ne chercha plus à se dissimuler, à un signal transmis par des agents qui veillaient extérieurement. Un bruit confus de pas et de voix retentit derrière la porte, qui s'ouvrit violemment, et une dizaine de gardiens armés et de soldats entrèrent précipitamment dans le compartiment de la cale où se trouvaient les prisonniers. Le commodore et son master accompagnaient ce détachement.

— Eh bien ! messieurs, dit-il, l'expérience ne vous corrigera donc pas? Toujours de nouvelles trames. Vous voyez pourtant où cela vous conduit; où cela me conduit moi-même. En complotant toujours, vous me mettez dans la nécessité de toujours punir... et à mon grand regret, on peut bien me rendre cette justice. — Pendant qu'il adressait ces paroles aux prisonniers, les charpentiers s'étaient approchés du trou, et, après l'avoir aveuglé en y replaçant le panneau taillé dans les bordages, ils clouèrent très-fortement, quoique provisoirement, par-dessus d'épaisses planches de chêne qui semblaient avoir été préparées d'avance. Un morne silence ayant succédé à l'admonestation de sir Daniel Ross, il reprit : — Je pourrais, messieurs, vous faire réintégrer dans la batterie, mais comme vous la quitterez demain pour la prison pénitentiaire, où j'aurai la douleur de vous faire mettre aux fers, autant que vous passiez la fin de la nuit dans cette cale, d'où l'on vous conduira à la fosse aux lions, comme vous dites. Ah! monsieur Serval, vous me placez là dans une position bien cruelle!

Le jeune lieutenant ne lui répondit que par un regard de mépris.

Le maître charpentier, s'approchant du commodore, lui dit en lui montrant le trou :

— Ça peut très-bien rester provisoirement comme cela; c'est solide.

— Alors, c'est bien, répondit celui-ci. Et s'adressant aux prisonniers, il ajouta : — Au reste, messieurs, vous pouvez, si le cœur vous en dit, tâcher d'enlever ces planches ; seulement je vous avertis que ce que vous aurez à recueillir de l'autre côté ce sera des coups de baïonnettes ou des balles. Vous voyez que je joue avec vous cartes sur table.

Et il les quitta avec le plus gracieux sourire. La porte fermée sur les prisonniers, on entendit encore sa voix.

— Master Michel, laissez deux factionnaires au pied de cet escalier...

— Ah!... fit alors avec désespoir le capitaine Ballard, en plongeant ses doigts crispés dans ses cheveux.

— Commandant, lui dit Loïk, ne vous affligez pas... tout n'est pas fini.

— Que veux-tu dire? répondit le vieil officier avec étonnement.

— Quand tout le monde m'accusait, vous seul et le commandant Serval avez pris ma défense; merci... car vous aviez droit d'avoir des soupçons; il était certain que vous étiez trahis. Mais vous avez pensé que le petit mousse, qui n'avait reçu de vous que des bontés, était incapable d'une telle bassesse... et vous aviez raison.

— Voyez-vous cette petite couleuvre! dit à voix basse le père Bihan à maître Laumel, dont il s'était approché en tapinois; ça se sent coupable, comme ça se faufile!

— Vieux bandit! murmura Laumel en croisant ses bras sur sa poitrine et en le toisant avec l'expression de l'indignation la plus profonde.

Bihan recula terrifié; il sentit que son crime allait l'accabler.

— Mais l'instant est venu où vous allez connaître l'infâme... continua Loïk sans que l'aparté du vieux fraudeur ni l'exclamation de maître Laumel l'eussent interrompu... Le traître; poursuivit-il d'une voix plus haute en s'avançant vers Bihan.... Le voilà!...

Et il lui posa presque le doigt sur le visage.

— Moi!... bonne sainte Vierge!... moi, le traître!...

— Toi!... Où étais-tu, avant-hier, vers minuit?

— A minuit?... mais dans mon hamac... à telles enseignes qu'à deux heures ce fut moi qui pris le travail du trou... N'est-ce pas la pure vérité, mes respectables commandants?

— A minuit, tu étais dans le corps de garde à l'autre bout de la batterie, à faire ton rapport au master Michel.

— Mais où vas-tu prendre ces inventions-là, petit mauvais gas ?... Ma damnation ! est-ce supposable, mes dignes supérieurs ?

— Et hier, à neuf heures du soir, où étais-tu ? que faisais-tu ? Mais hier, je n'étais pas seul, il y a eu d'autres oreilles que les miennes à t'entendre. Il y en a un autre que moi qui peut dire si ce n'est pas là que tout ce qui vient de se passer tout à l'heure a été convenu.

— Et celui-là, c'est moi, c'est maître Laumel, ce garnement, ce gueux, ce tapageur si brutal, car tu ne me ménageais pas les qualités, bandit !... Vas-tu nier, maintenant ?

— Ne les croyez pas, mes bonnes gens, ce sont deux coquins qui s'entendent pour me perdre.

— Tais-toi, malheureux ! lui dit Jules Serval avec le plus profond mépris.

— Mais ce n'est pas fini... Vous avez eu confiance en moi, commandant... ayez-la encore une demi-heure seulement ; tout espoir n'est pas perdu... Mais, avant tout, nous avons notre compte à régler ensemble, dit-il en montrant Bihan... A nous deux donc !... Ainsi donc, vieux brigand, quand tu vendais notre liberté à tous, c'était moi qui en portais la peine, c'était moi qu'on méprisait, qu'on injuriait, c'était moi qu'on chassait !... J'ai bien souffert, mais ce que j'ai souffert il faut que tu me le payes.

— Me battre avec un mousse !

— Tu n'en as que plus belle chance. Allons, pas de fausses embardées !.. En voici un qui va bien te forcer à arriver.

— Oui, tonnerre de Brest ! il faut que tu y passes avec un... Si ce n'est pas avec lui, ce sera avec moi.

Et il lui serra le bras de manière à le faire pâlir.

— Laissez-moi ! Si je refusais, ce n'était pas par peur, mais par pitié. S'il le veut absolument, j'accepte.

Les deux capitaines voulurent intervenir ; mais, sur les représentations de Laumel et les instances de Loïk, ils ne s'opposèrent pas à ce combat, admis dans tous les pontons.

— S'il lui arrive malheur, reprit Bihan, ma damnation ! il ne pourra s'en prendre qu'à lui.

— Voilà les armes ! dit Laumel en rapportant les deux baguettes armées de pointes d'acier qu'il avait déposées derrière un boucaut.

— Est-ce donc si pressé?

— Voilà la lâcheté qui remonte.

— Je n'ai pas seulement de témoins, moi !

— Nous le sommes tous, répondit Laumel, qu'aucune voix ne démentit.

— Donnez donc alors.

Il prit une des baguettes que lui présentait le maître canonnier. Loïk se saisit de l'autre, et Laumel, ayant écarté quelques barils et quelques boîtes qui pouvaient gêner, les deux adversaires se mirent en garde.

Bihan, comme la plupart des marins servant sur les navires de l'État et sur les corsaires, n'avait point passé sa jeunesse sans avoir reçu des leçons d'escrime. La présence du danger avait d'ailleurs opéré en lui la réaction qu'elle produit souvent dans les cœurs lâches et dans les natures apathiques. Aussi ne fut-ce pas sans surprise et sans un sentiment d'inquiétude que les témoins de ce duel étrange le virent se poser devant le jeune mousse.

Cette inquiétude ne fit qu'augmenter devant la vivacité avec laquelle il attaqua l'enfant, dont la baguette avait peine à parer ses bottes, portées précipitamment et coup sur coup. Loïk n'avait pas encore pu prendre une seule fois l'offensive, lorsque Bihan, s'étant fendu en portant un coup droit, il profita de la vigueur et du succès de la parade pour lui lancer la botte secrète de maître Laumel. Bihan, connaissant la botte, l'avait prévue ; il prima si vigoureusement cette riposte, qu'il fit voler à quatre pas le fleuret du jeune mousse.

— A nous deux maintenant ! s'écria Laumel en se jetant en avant du coup dont Bihan allait atteindre l'enfant désarmé ; à nous deux !

— A nous deux ? répéta le vieux fraudeur en reculant d'effroi ; je ne puis pas me battre avec tout le monde.

— N'as-tu pas trahi tout le monde, bandit?

— Moi !... mais...

— Pas de mais !... Si tu n'as pas trahi tout le monde, je suis un menteur ; venge-toi donc, car je t'en accuse. N'est-ce pas assez ? — Il releva vivement l'arme de Loïk. — Tiens, continua-t-il en lui cinglant le visage, ta face sera peut-être plus sensible que ton cœur !

Bihan, qui avait senti s'évanouir devant cet adversaire redouté et redoutable le courage qu'il n'avait que difficilement trouvé dans son cœur contre un enfant, poussa un cri sourd et déchirant comme un rauquement de tigre. Emporté par le premier, il se disposa à se défendre ; mais ses regards, en croisant le fer, ayant rencontré les regards brillants et menaçants de maître Laumel, il recula épouvanté. Son irritation s'était soudain changée en une profonde terreur... une pâleur livide s'étendit sur ses traits, ses jambes se dérobèrent sous lui, et, les yeux hagards, l'écume débordant de ses lèvres, il tomba sans connaissance sur le tillac. On s'assembla autour de lui.

— Le lâche ! s'écria Laumel, il s'est évanoui !

— Commandant, déclara alors Loïk, je puis maintenant parler sans crainte, et vous prouver que j'étais digne de votre confiance. Votre trou a été vendu... mais il y en a un autre, et il n'a pas été vendu, celui-là !

— Est-ce bien possible ? s'écria Jules Serval.

— Venez plutôt. — Et se dirigeant vers le couloir dont il avait dégagé l'accès, il fit disparaître quelques débris de vieilles voiles jetées sur son travail. — Regardez !

— Brave enfant ! dit Ballard en lui serrant la main.

On était, en effet, en présence d'un nouveau trou pratiqué dans le flanc opposé du ponton, et qu'avec la scie passe-partout empruntée au coffre du maître charpentier de *la Crown*, le jeune mousse eut, dans un instant, achevé de rendre libre ; il s'ouvrait, ainsi que celui exécuté sous la direction de Pierre Ballard et que Loïk avait pris secrètement pour modèle, au-dessous même de la galerie de surveillance construite autour du vaisseau ; il se trouvait donc presque au niveau de la mer.

Jules Serval et Pierre Ballard, après avoir recherché dans leur souvenir les difficultés et les dangers que l'on devait rencontrer extérieurement sur le point où allait s'opérer la fuite, pensèrent qu'on pouvait se porter vers l'avant du ponton avec d'autant plus de confiance que c'était à partir des bossoirs que la galerie était interrompue, et que d'ailleurs, cette nuit, la surveillance devait se concentrer sur l'autre côté et vers l'arrière, où le trou découvert était placé.

Jules, cependant, jugea prudent d'aller s'assurer de la réalité de ces conjectures. Il se glissa dans l'eau avec précaution. Une absence de quelques minutes lui permit de vérifier l'exactitude de leurs calculs. Il ne restait donc qu'à quitter le vieux vaisseau au plus vite.

— Mais ce brigand, s'écria maître Laumel, tonnerre de Brest ! n'allons-nous pas d'abord lui faire faire un plongeon?

— C'est inutile, répondit Jules Serval ; il ne peut plus nous nuire maintenant. Laissons-le à ses hontes et à ses remords.

— Au fait, bourne ! repartit le père Roussin, il nous sauve là, Dieu merci, une vilaine corvée. Qu'il n'eût pas eu la délicatesse de s'évanouir, n'étions-nous pas dans la nécessité d'envoyer son âme au diable et son corps aux soles ?

— Il n'y a pas de temps à perdre, enfants, dit le capitaine Ballard : à l'eau !

On se donna rendez-vous sur la plage, à l'embouchure du petit ruisseau qui avait paru le point du plus favorable abord, pour arrêter les changements que la trahison de maître Bihan devait faire apporter à l'exécution de projets ultérieurs. Cette décision prise, les cinq prisonniers se mirent successivement à la mer, gagnèrent l'avant de *la Crown*, et se dirigèrent vers la côte.

Maître Laumel n'était pas encore à vingt brasses du navire, lorsque le bruit qu'il fit en voulant hâter sa nage pour rejoindre ses compagnons attira l'attention du factionnaire. Un terrible *Whose stere!* retentit dans la nuit et vint glacer d'effroi les cinq déserteurs.

Laumel comprit que c'était lui qui était l'objet de la surveillance ; il se laissa couler sans bruit. Emporté par le courant, il ne reparut à la surface de l'eau que vingt-cinq mètres plus bas, en sorte que la sentinelle, n'apercevant rien au point sur lequel un mouvement et du bruit avaient appelé ses regards, s'imagina qu'elle avait été surprise par le saut de quelque gros poisson, et continua sa promenade sur les passavants.

Pierre Ballard et Jacques Roussin étaient restés immobiles ; ils reprirent leurs sillages.

Jules Serval et Loïk, plus éloignés, n'en avaient fait que nager avec plus d'ardeur. Vingt minutes après, ils se trouvaient sur l'*accore* de l'un des bancs de vase si redoutés et en réalité si dangereux.

Les premières tentatives qu'ils firent pour le franchir leur inspirèrent une crainte profonde d'être arrêtés par ces obstacles. La vase, trop épaisse pour qu'on pût y nager, ne l'était pas assez pour supporter le poids du corps. Loïk trouva cependant un point qui offrait plus de résistance ; les boîtes plates où étaient renfermés leurs vêtements leur servirent puissamment à glisser sur ce fond alluvionnel : ils se trouvèrent de nouveau dans les eaux libres ; ces eaux, plus calmes, ne leur présentèrent pas plus de difficultés que le second banc de vase, d'une consistance beaucoup plus compacte que le premier ; mais ce fut sur les approches du littoral que les attendait le plus redoutable péril ; en vain avaient-ils plusieurs fois remonté ou redescendu la plage, ils ne rencontraient partout que cette fange liquide qui les avait déjà si vivement alarmés. Plusieurs fois ils tentèrent d'y pénétrer, mais leurs mouvements étaient bientôt enchaînés par la viscosité de cette glaise liquide. Ils sentaient alors le poids de leurs corps les entraîner dans cet abîme de fange, d'où ils ne s'arrachaient que par des efforts désespérés.

Ils se trouvaient dans cette position critique, lorsqu'un clapotement sourd et l'agitation de l'eau ne permirent pas de douter de l'arrivée du flot.

Quelque temps auparavant, deux prisonniers, surpris par la mer montante, avaient trouvé leur tombeau dans cette boue fétide. Surpris dans une situation semblable, le flot eût infailliblement passé sur eux comme un linceul.

Ils ne se trompaient pas : c'était le flux qui se précipitait vers son plein ; mais au moment même où son bruit prenait un caractère menaçant, leurs pieds rencontraient sous cette vase moins profonde un sol plus ferme. Ils purent, par suite, gagner les limites de la grève au moment même où le flot venait y mourir.

La nuit régnait encore ; le premier matin, qui déjà y laissait flotter de vagues lueurs, commençait cependant à rendre les ombres transparentes. Jules Serval ne put d'abord reconnaître, à travers les demi-ténèbres de cette espèce de crépuscule, le point de la côte où ils avaient pris terre ; ce ne fut que lorsque l'orient, plus vivement éclairé, eut permis de distinguer les grandes masses du paysage que les divers plans du site revinrent à son souvenir.

Ils étaient dans le voisinage même de la colonne monumentale de Nelson, par conséquent à peu de distance du point fixé pour le rendez-vous. Ils se dirigèrent aussitôt vers l'embouchure de la petite rivière. Pierre Ballard et ses deux compagnons y étaient occupés à se dégager de l'impur vêtement dont les avait couverts leur passage à travers les bancs de vase.

Le jour se faisait rapidement ; ils n'avaient donc aucun instant à perdre pour gagner un refuge plus sûr que ce lieu ouvert et découvert où les surprenait l'aurore.

XIII

LE COTTAGE.

Une grande partie de la journée s'était écoulée de la manière la plus favorable ; le soleil disparaissait derrière la ligne ondulée de coteaux qui s'étendait à l'ouest de la vallée, lorsque Loïk, placé en vigie sur la hauteur que terminait vers la plage l'autre côté du vallon, accourut signaler aux quatre prisonniers, réunis au centre de l'un des plus épais fourrés de taillis, le changement qui venait de s'opérer dans les mouvements de la rade.

Sur un coup de canon tiré de *la Crown*, les nombreuses embarcations qui, après avoir rallié ce ponton, s'en étaient éloignées pour se porter sur tous les points de la baie où pouvaient avoir abordé les cinq déserteurs et y rechercher leurs traces, avaient quitté subitement leurs explorations pour se replier sur le vaisseau-prison. Le commandant Ballard alla s'assurer de ce changement par lui-même.

Tous ces canots, celui même qui avait barboté tout le jour dans les bancs de vase au fond du golfe, étaient en effet en pleine retraite et nageaient de toutes les directions vers *la Crown*.

Était-ce un symptôme favorable? Ballard le pensa et vint faire partager son impression à ses amis. On renonçait, pour le jour du moins, aux recherches commencées. Et, les reprît-on le lendemain, ou se livrât-on à de nouvelles explorations, elles lui semblaient peu redoutables ; le lendemain ils seraient loin de cette côte.

Toutes leurs dispositions en effet avaient déjà été arrêtées ; toutes leurs mesures prises, pour se mettre en route dès que la nuit serait venue prêter son ombre propice à leurs premières étapes.

Les cinq prisonniers avaient tout d'abord subi une transformation complète : les capitaines Ballard et Serval étaient devenus deux élégants gentlemen, Jules Serval visant même au dandy. Maître Laumel et Jacques Roussin avaient pris des costumes anglais complétement en rapport avec leurs physionomies, qui, dans tous pays, eussent été celles de braves et honnêtes marins. Pour Loïk, ses vêtements, et une certaine grâce nautique avec laquelle il les portait, lui donnaient moins l'air d'un mousse que celui d'un jeune midshipman en habits civils.

Un seul point était encore incertain, c'était celui des havres voisins vers lequel on allait se diriger.

Le premier projet avait bien été de gagner le port de Hastings, petite place littorale, centre d'un commerce interlope très-actif ; on devait y trouver très-facilement un bâtiment à acheter, à affréter ou même au besoin à enlever, et, largue l'amarre! on faisait voile pour la France du point même où Guillaume le Bâtard aborda pour conquérir l'Angleterre ; c'était un lieu de bon augure.

Il ne fallait plus y songer. Il était manifeste que les poursuites, dirigées sur les indications de Bihan, porteraient particulièrement sur ce point. Que faire alors?

Pierre Ballard était d'avis qu'on se rendît à Brighton, où l'on tenterait l'opération qu'on devait exécuter à Hastings.

Maître Laumel, qui, comme beaucoup de patrons caboteurs normands ou bretons, avait fréquenté la plupart des ports méridionaux de l'Angleterre, n'était pas de son avis. Brighton était, selon lui, une place trop importante ; on y trouverait bien moins de facilités matérielles que dans les petits havres, où la confiance générale abandonne tout à la foi publique ; on y rencontrerait en outre une police plus vigilante et une surveillance plus active.

Il indiquait de préférence un port inférieur, havre de smogglers, comme Hastings, un peu plus éloigné, mais aussi favorable à l'entreprise projetée que ce dernier. Il le connaissait pour y avoir fait de nombreux voyages ; il pouvait donc donner tous les renseignements qu'on désirerait, et garantir toutes les facilités qu'il y signalait.

Il indiquait particulièrement une auberge placée sur la côte et dans le voisinage de la ville, la taverne de mistress Adams, où l'on avait presque la certitude d'opérer l'achat de barque en projet et d'opérer l'appareillage en toute sécurité.

Cette dernière considération parut décisive ; ce petit port était Flostown. Flostown fut choisi.

On s'était bien engagé avec un agent d'affaires de Southampton, qui était l'intermédiaire d'un grand nombre de spéculations entre les pontons et les côtes de France, et dont le principal agent était un petit armateur de Hastings ; ce courtier mystérieux devait même tenir, le soir de ce jour, une chaise de poste prête à les y conduire; mais on pouvait parfaitement renoncer à son concours en lui abandonnant comme indemnité les arrhes qu'il avait reçues, et en le faisant prévenir des dangers qui forçaient de renoncer à ce projet. Comme la chaise de poste devait attendre près d'une auberge voisine, il serait aisé de lui donner cet avis, que Mlle de Kernouville lui ferait transmettre au besoin.

Jules Serval n'avait encore pu la voir; mais Loïk, qui était parvenu, en se glissant à travers les foins, les glaïeuls et les haies vives, se rendre inaperçu près d'elle, en avait rapporté la fixation d'une entrevue pour la chute du jour; elle devait avoir lieu dans le cottage même.

Loïk, qui avait repris son poste d'observation, vint de nouveau appeler l'attention sur la physionomie et l'activité navales de *Southampton-lac*. Cette fois, le mouvement des embarcations avait une direction plus inquiétante. Elles avaient de nouveau quitté *la Crown*, autour de laquelle elles s'étaient réunies, et se dirigeaient toutes en cet instant vers le fond de la baie.

Ce changement avait manifestement de la gravité ; il était cependant bien tard pour que ces poursuites pussent susciter aux cinq marins français des dangers sérieux. Il faudrait assez de temps aux escouades de gardiens et de matelots qui montaient ces barques pour découvrir les traces des fugitifs, et la sécurité de ceux-ci ne semblait point en devoir être troublée ; dans quelques instants, ces oiseaux de passage auraient pris leur essor des taillis où ils s'étaient momentanément remisés.

Ce fut pour Jules Serval un motif de plus de n'apporter aucun retard à son rendez-vous, dont l'obscurité qui commençait à s'épaissir dans les clairières du bois annonçait que l'heure était venue.

Il se hâta de se rendre auprès de Marie.

Comme toujours, Mlle de Kernouville l'attendait déjà.

Les deux officiers français et leurs compagnons s'étaient fait une illusion sur l'imminence des poursuites dirigées contre leur évasion et sur la gravité des dangers qui menaçaient leur liberté. La certitude où s'était crue l'administration des pontons de les arrêter, de les saisir au moment même de leur fuite, lui avait fait négliger tous les renseignements qui pouvaient se rattacher à leurs projets ultérieurs. Aussi était-elle restée tout d'abord dépourvue des révélations, des indices, des présomptions qui eussent pu guider et éclairer ses recherches.

Bihan avait été trouvé le matin dans l'état même où l'avaient laissé ceux qu'il avait trahis. Transporté à l'infirmerie, il avait bien recouvré le sentiment, sinon la connaissance ; mais sa raison était restée si profondément frappée qu'elle n'avait pas repris avant trois heures assez conscience d'elle-même pour qu'il pût jaillir quelque lumière de la confusion souvent incohérente de ses réponses.

Ce ne fut qu'à cette heure que l'intelligence du vieux fraudeur sembla se dégager des ombres qui l'enveloppaient, et qu'échappant au trouble qui semblait lui avoir enlevé toute perception morale comme tout souvenir, Bihan put fournir à l'enquête que vint ouvrir auprès de lui sir Daniel Ross en personne, des renseignements aussi positifs que précis. Le commandant de *la Crown* fut instruit alors seulement de la direction qu'avaient dû prendre les cinq déserteurs, le fond de la baie ; du point de réunion qu'ils avaient adopté, l'embouchure du ruisseau de Pereschester, et de la situation des fourrés où ils avaient dû chercher un refuge provisoire sur le versant oriental du vallon. C'était sur cette information qu'il avait rappelé à son bord toutes les barques exploratrices, et les avait ensuite lancées sur le point de la plage où elles devaient sûrement trouver la proie jusqu'alors si vainement cherchée.

Ces instructions avaient été d'autant plus rigoureuses, ces ordres d'autant plus sévères, qu'une cause nouvelle était venue soulever l'irritation et aigrir la jalousie qui animaient le commodore contre Jules Serval. Les lettres arrivées de Bretagne la veille au soir, et que Bihan lui avait fait immédiatement remettre, annonçaient que Mlle Marie de Kernouville s'était constitué un mandataire dans le pays, et que ce chargé de pouvoir s'était immédiatement mis en rapport avec l'ancien concierge du château pour aviser à la conservation de tout ce qu'ils pourraient sauver à la jeune comtesse des vastes et riches domaines de sa maison.

Il avait donc été joué à tous égards. Ce portrait dans lequel il avait vu le témoignage d'une affectueuse déférence pour ses désirs, avait été inspiré par un sentiment tout contraire ; c'était pour se soustraire à son autorité, pour échapper à l'oppression de son hospitalité, que celle à qui il avait été si heureux d'ouvrir son foyer, dont son aspiration la plus profonde était que sa maison devînt sa maison, avait fait tracer cette peinture ; et l'exécuteur, l'inspirateur peut-être de toute cette intrigue était ce Jules Serval ! Qu'il réussît dans son évasion, et il devenait en France l'agent dévoué de toute cette machination !

Les ordres du commodore Ross furent exécutés avec autant de précision que de sévérité. Toutes les chaloupes, dirigées par des pilotes pratiques de ces eaux, vinrent, en franchissant les différentes passes des bancs de vase, déposer les hommes armés embarqués à leurs bords sur la plage indiquée à leur exploration.

Ces diverses escouades s'élancèrent simultanément sur la lisière du bois, qui se trouva immédiatement enlacé d'un cordon de baïonnettes. Surpris aussi subitement, et pour ainsi dire enveloppés, les prisonniers n'avaient pas un instant à perdre ; la moindre hésitation pouvait les compromettre, car le demi-cercle formé par l'ennemi se resserra aussitôt sur leur refuge.

Ballard saisit les dangers de la situation avec la rapidité et la sûreté de son regard de soldat ; il comprit qu'ils n'avaient qu'une retraite possible : franchir le vallon du côté du cottage, au risque d'être découverts, mais avec l'espérance de dérober ce mouvement par sa vivacité même, et par le voile de feuillage que l'état des lieux permettait d'étendre presque complètement sur lui.

Il gagna vivement d'abord avec ses compagnons le point du taillis qui descendait jusqu'au bord du ruisseau. Loïk, glissant alors au milieu des foins, parvint inaperçu à une petite barrière placée dans une clôture de plantes épineuses ; à peine l'eût-il ouverte que, sur l'ordre de l'ex-commandant du *Rôdeur*, l'étroit espace qui les en séparait, lui et ses hommes, fut franchi, et que les quatre marins se trouvèrent dans les communs du cottage.

Jules, étonné, inquiet, accourut suivi de Marie de Kernouville.

— Qu'est-il survenu? demanda-t-il à Ballard qu'il rencontra

— Nous sommes cernés.

— Comment cela?

— Notre refuge a été entouré avec une vivacité qui ne nous a laissé que cette retraite.

— Si on ne nous l'a pas même coupée, fit Loïk.

— Cette crainte est-elle sérieuse?

— Trois embarcations se sont portées sur la plage de Pereschester, répondit Ballard.

— Dans ce cas, restez ici, s'empressa de déclarer Mlle de Kernouville; là du moins vous êtes en sûreté.

— On peut s'assurer préalablement de la réalité du danger.

— Si vous voulez, commandant, je m'en charge, proposa Loïk; je connais déjà tout ce pays.

— Tu peux le faire mieux et plus rapidement que personne.

Et, en effet, un instant après le jeune mousse était de retour avec les renseignements les plus complets et malheureusement les plus inquiétants. Les marins des trois chaloupes avaient établi des postes qui dominaient toutes les communications de ce côté du vallon; des patrouilles en complétaient même la surveillance. Ce détachement était dirigé par le lieutenant du ponton *le Vétéran*, comme l'autre l'était par un officier du *transport-office*. Ni sir Daniel Ross ni le major ne faisaient partie de l'expédition.

— Vous voyez, dit la jeune comtesse, que pour le moment vous ne pouvez partir. — Et comme Jules Serval semblait éprouver quelque hésitation: Attendez quelques instants, poursuivit-elle; les bois fouillés, ces hommes s'éloigneront sans nul doute.

— Alors, vous, dit Jules Serval aux deux matelots et au mousse en leur indiquant un petit appentis des communs, vous allez vous tenir sous ce hangar.

— Assurément non, s'empressa de faire observer la jeune maîtresse de maison, ce serait fort imprudent; on peut entrer dans cette cour. Ils seront bien plus en sûreté dans le cottage, qui offre au besoin une retraite sûre dans ses greniers.

Cette remarque et cette généreuse insistance étaient d'une sagesse trop frappante pour être discutées. L'hospitalité du joli cottage fut acceptée, et Laumel, le père Jacques et Loïk, vaillamment affourchés dans une mansarde autour d'un jambon appétissant et d'un broc de porter, comme disait le maître canonnier, s'y disposèrent bientôt à affronter avec vigueur les fatigues que pouvait leur réserver la nuit, tandis que les deux officiers se trouvaient dans la salle à manger, où Jules Serval arrêtait avec la jeune Bretonne les dernières mesures des revendications et des démarches qu'aussitôt son arrivée en France il devait tenter pour elle.

Cependant plusieurs heures s'étaient écoulées, et, bien que les différentes escouades des canots eussent cessé leurs fouilles dans le vallon et dans les bois, elles ne semblaient faire aucune disposition pour quitter la plage. Une seule embarcation s'en était éloignée ; elle s'était dirigée vers *la Crown*, pour porter, selon toute probabilité, au commodore, l'annonce des résultats de l'exploration.

Ces résultats étaient loin d'avoir été négatifs ; on n'avait point aperçu les prisonniers, il était vrai, mais on avait découvert des traces de leur passage et de leur séjour si positives, si nombreuses et si récentes ; on avait recueilli des renseignements si affirmatifs et si précis, que l'on ne pouvait douter non-seulement qu'ils eussent passé et séjourné dans ces lieux, mais que l'on avait la conviction qu'ils y étaient encore.

Les vestiges qu'ils avaient laissés le matin sur la côte eussent été peu convaincants s'ils se fussent trouvés isolés ; mais des pêcheurs déclaraient avoir vu, au lever du jour, quatre hommes et un enfant disparaître dans un taillis, après s'être lavés dans le ruisseau de la couche de vase dont leurs corps étaient couverts. Évidemment c'étaient eux.

On avait trouvé dans le bois les deux caisses dans lesquelles ils avaient celé leurs vêtements pour traverser la baie, et les débris de la nourriture qu'ils y avaient prise ; on ne pouvait également méconnaître les traces laissées par leur retraite, et la direction indiquait qu'ils s'étaient repliés vers le vallon, puis vers le cottage, très-probablement devant le mouvement des forces dirigées à leur poursuite. Or, c'étaient là que disparaissaient complétement leurs brisées.

Deux autres faits précisaient les conséquences que l'on pouvait tirer de ces observations. Un jeune garçon de l'âge et de la taille de Loïk, qui avait été vu tout le jour courant le long des sentiers, ou se glissant entre les baliveaux, avait été aperçu par plusieurs des hommes de l'expédition, et la ligne de surveillance établie autour des lieux suspects donnait l'assurance que les déserteurs n'avaient pu s'en éloigner depuis.

Tel était en substance le rapport adressé à sir Daniel Ross, par l'officier du *transport-office* chargé de la direction des poursuites; il réclamait de nouvelles instructions.

Sir Daniel Ross donna immédiatement ordre de mettre son canot à la mer, et au master Michel celui de se préparer à l'accompagner avec un piquet de six gardiens résolus. Un instant après, l'embarcation l'emportait vers la côte avec cette escorte.

Le commodore, l'air sombre et le regard fixe et fiévreux, était assis sur l'arrière, en proie à une agitation dont ses habitudes de dissimulation ne pouvaient voiler la violence. Ce dernier rapport avait fait déborder les sentiments d'anxiété, de jalousie et de vengeance dont les événements de la nuit, les lettres de Bretagne et les déclarations de Bihan avait successivement gonflé son cœur.

Les efforts qu'il avait faits pour isoler ces incidents divers les uns des autres, pour méconnaître les caractères génériques qui, en constituaient l'unité, rendaient plus vive la réaction qui s'opérait dans son esprit. Ils lui apparaissaient dès lors comme les éléments d'une intrigue, qui, en dissipant ses espérances les plus chères, le couvrait de ridicule et le frappait jusque dans son honneur.

Nul doute que miss Marie ne fût parfaitement d'accord avec Jules Serval; que ce ne fût par lui qu'elle avait noué ses relations secrètes avec la Bretagne pour y préparer son retour (n'était-ce pas là le but de ce portrait mystérieux qu'il avait peint pour elle?) que ce ne fût par elle qu'il eût réuni les renseignements et les facilités qui avaient assuré le succès de sa fuite. N'était-ce pas elle qui lui avait procuré, les jours précédents, l'occasion de visiter et d'étudier la plage? Vouloir douter de leur complicité, n'était-ce pas fermer obstinément ses yeux à l'évidence?

Et lui, fasciné par il ne savait quel vertige, dupe sans doute de quelque machination dont il n'avait pu deviner l'habileté, n'avait-il pas été le premier à favoriser leurs projets en engageant sa pupille à aller passer quelques jours dans ce maudit cottage? Mais ses yeux s'étaient heureusement dessillés assez tôt, car il ne doutait plus que les déserteurs ne se fussent réfugiés dans cette retraite, se préparant sans doute à la quitter la nuit même. Il arriverait donc à temps pour prévenir leurs projets, déjouer et punir leur intrigue.

Telles furent les pensées qui agitèrent d'abord son esprit. La fraîcheur de la nuit, augmentée par celle de la mer, ayant peu à peu calmé leur violence, il réfléchit au rôle étrange que lui avait fait jouer dans une circonstance semblable l'exagération de ses impressions et la précipitation de ses actes. Instruit par cette expérience, il réunit toute l'énergie de sa volonté pour rappeler dans ses sentiments et dans ses pensées un calme qui unissant l'énergie et la dignité le défendît à la fois contre tout emportement et toute faiblesse.

Quand son canot toucha la côte, son plan de conduite était froidement et irrévocablement arrêté. Il était neuf heures du soir lorsque, suivi du master Michel et de ses hommes, il heurta à la porte du cottage.

L'abstention de sir Daniel Ross de l'expédition qui se poursuivait sur cette côte y rendait la sécurité complète; le trouble que son arrivée imprévue y causa n'en fut que plus profond. Jeannette, accourue au bruit du heurtoir, ne se fut pas plutôt assurée de sa présence que, feignant de méconnaître sa voix, elle courut prévenir sa maîtresse de cette visite inattendue; elle n'ouvrit que lorsque Jules Serval et Pierre Ballard eurent gagné la retraite qui leur fut indiquée dans une pièce de l'étage supérieur.

— Enfin! c'est bien heureux! — s'écria le commodore lorsque

la porte eut tourné sur ses gonds devant lui. N'apercevant que Jeannette, qui était venue tirer les verrous : — Et mademoiselle ? lui dit-il d'un ton interrogatif.

— Mademoiselle de Kernouville est dans la salle à manger, commandant.

La jeune comtesse parut en effet sur le seuil de cette pièce.

— Il n'est pas aisé, mademoiselle, lui dit-il avec un ton sinon d'irritation au moins d'aigreur, de pénétrer jusqu'à vous ; voilà un quart d'heure que je frappe à cette porte et que je harangue cette drôlesse sans parvenir à la faire ouvrir.

Le commodore, en prononçant ces mots, promenait ses yeux sur la salle, où aucun des vestiges du souper précipitamment desservi ne sembla échapper à la lucidité de son regard d'inquisiteur.

— Il me semble, monsieur, lui répliqua-t-elle non sans une certaine émotion, que ce serait le contraire qui devrait vous surprendre : deux femmes et un vieux jardinier habitant une maison de campagne isolée, ne pourraient, sans enfreindre toutes les lois de la prudence et toutes les prescriptions de la bienséance, se départir de telles précautions dans un pays sillonné en tout sens par des troupes armées.

— Je crois reconnaître pourtant, reprit-il d'un ton âpre en arrêtant fixement ses yeux sur elle, que cette crainte, cette terreur ne vous ont fait négliger en rien le soin de vos repas... Mais ce n'est pas de cela qu'il s'agit : vous avez parfaitement raison, mademoiselle ; votre position est difficile et délicate dans une maison isolée, au milieu d'une campagne parcourue par des hommes en armes ; aussi la quitterez-vous demain, dès le lever du jour.

— Qu'entendez-vous ?

— Il me semble qu'il n'y a rien de vague ni d'énigmatique dans mes paroles. J'entends tout simplement que demain, à cinq heures du matin, mon canot sera au débarcadère voisin, et que moi je viendrai vous prendre pour retourner à bord de *la Crown*.

— Mais, monsieur, vous n'ignorez pas que des femmes ne partent pas comme des papillons ou des oiseaux ; elles ont des caisses...

— Sans doute, mais vous n'allez pas faire un voyage d'outremer. Et d'ailleurs voilà de solides gaillards, dit-il en indiquant l'escouade de guichetiers entrés dans le vestibule, qui suffiront bien pour emporter vos rubans et vos colifichets. Vous partirez donc !

— Ces derniers mots furent prononcés avec une raideur affirmative qui fit tressaillir la jeune fille. Elle sentit qu'il y avait plus qu'un ordre pour elle dans cette déclaration impérieuse, qu'il y avait une menace contre d'autres ; elle avait senti vibrer comme un timbre de haine et de vengeance dans l'accentuation stridente de ces paroles. Sir Daniel Ross crut devoir ajouter pour en tempérer l'effet : — J'ai mes devoirs de tuteur à remplir, et je les remplirai tant que je serai dépositaire de ce mandat sacré que je tiens de la confiance d'un ami, de votre père, mademoiselle.

— Pourtant, monsieur...

— Non, il n'est pas bienséant, il n'est pas convenable qu'une jeune fille reste ainsi au milieu du mouvement militaire qui peut se prolonger sur ce point. Aussi, forcé de vous quitter pour m'assurer du résultat des perquisitions opérées jusqu'à cet instant et en aller rendre compte au *transport-office*, je vous laisse ces gardiens, hommes de confiance et de dévouement, sous les ordres du master Michel... Jeannette ! s'écria le commodore ? Jeannette ! — Et la jeune servante étant accourue : — Servez à souper à ces hommes, lui dit-il. S'adressant de nouveau à mademoiselle de Kernouville : — Je suis forcé de vous quitter, mademoiselle. Mais demain matin, à cinq heures, je serai ici à vous attendre.

Et, l'ayant saluée avec une contrainte glaciale, il se retira en faisant signe au master Michel de le suivre. Celui-ci l'accompagna quelque temps pour recevoir ses instructions. Personne ne devait sortir de la maison sans qu'il s'assurât de l'individualité ; toute personne suspecte devait être arrêtée. Au reste, c'était dans l'intérieur que devait s'exercer exclusivement sa vigilance, et il n'avait point à s'enquérir de ce qui s'accomplirait extérieurement : des ordres allaient être donnés pour que deux postes vinssent s'établir sous les fenêtres.

En effet, pendant que Michel et ses gens attaquaient avec une avidité toute britannique le jambon d'York qu'avaient déjà festoyé Loïk et les deux marins français, des bruits d'armes se firent entendre dans la cour; c'étaient deux postes qui venaient, sur l'ordre du commodore, s'établir sous les fenêtres même du cottage.

La position était donc des plus critiques sinon désespérée. Il ne semblait pas douteux que sir Daniel Ross n'eût la certitude que les déserteurs étaient réfugiés dans cette villa; ces précautions surabondantes pour qu'ils ne pussent échapper n'en eussent-elles pas été la preuve convaincante, l'expression sombre de ses traits, l'accent sinistre de sa voix, l'inquiète activité de ses regards, ses questions, ses remarques, ses ordres, toutes ses paroles, enfin, dans sa courte apparition au cottage, en eussent été la révélation manifeste.

Il était évident qu'il ne voulait éloigner la jeune fille que pour saisir et arrêter immédiatement ses hôtes. Et toute voie de fuite était coupée! L'entrepont fétide des pontons se rouvrait donc de nouveau pour Jules Serval et ses compagnons.

Quant à miss Marie, quelle serait sa vie, dans la position où la jetait cette aventure?

Lorsque le commodore se fut éloigné, Jules Serval quitta sa retraite et vint rejoindre mademoiselle de Kernouville.

— Que faire?

Telle fut la question qu'ils s'adressèrent l'un et l'autre à la fois.

— Oh! que ne puis-je fuir avec vous cette terre odieuse! s'écria la jeune comtesse dans l'angoisse où la jetait l'imminence de cette catastrophe.

En ce moment Jeannette ouvrit la porte et lui dit :

— Mademoiselle, cet ivrogne de Michel demande du rhum.

— Du rhum! exclama Jules Serval, à qui ces mots venaient de rendre une espérance.

— Oui, monsieur, du rhum ou du wiskey.

— Et tu dis que ce Michel est un ivrogne?

— Ce n'est pas un homme, monsieur, c'est une éponge!

— Très-bien! — S'adressant à la jeune maîtresse de maison

— C'est une voie de salut que la Providence ouvre devant nous, lui dit-il ; faites-leur donner rhum et wiskey... et, si c'est possible, que Jeannette étende vos libéralités aux deux postes que le commodore a établis sous ces fenêtres.

Le conseil fut suivi aussitôt. La demande du master fut si complétement satisfaite que le rhum et le wiskey remplirent bientôt les verres de leur ardente liqueur. Ces extraits alcooliques de la canne et de la pomme de terre ne furent pas moins bien accueillis ni moins copieusement fêtés par les deux postes extérieurs. Jules Serval put bientôt sans imprudence suivre les développements progressifs de l'ivresse sur les traits de ces buveurs, impassibles et silencieux autour de la table et des brocs, ingurgitant ces alcools avec une sorte de sensualité lugubre. Ce fut dans la salle qu'elle fit ses premières victimes : les yeux devenaient progressivement hagards, les traits livides, les lèvres se couvrirent d'une écume blanchâtre ; les têtes roulèrent bientôt sur les poitrines, et bientôt après les corps sous les tables. La retraite était devenue possible.

— Mademoiselle, dit Jules Serval à Marie de Kernouville, vous vous êtes écriée, il y a un instant : « Que ne puis-je fuir avec vous ? »

— C'est vrai.

— Le désirez-vous, vraiment ? — Et comme elle hésitait, l'interrogeant du regard : — Vous le pouvez ; le voulez-vous ?...

— Ces routes, ajouta-t-il, qui, il y a un instant, nous étaient coupées, se sont rouvertes. Ces gardiens et leur master Michel ne sont plus des hommes, ce sont des brutes ; sous leurs vêtements, moi et mes compagnons nous pouvons nous éloigner sans crainte ; rencontrassions-nous des patrouilles, leur uniforme écarterait tout danger... nous pouvons donc fuir... Quant à vous, ce n'est pas moins facile..

— Vous pensez ?...

— Une chaise de poste nous attend, qui devait nous porter à Hastings ; c'est là même qu'habite la famille de mon ami... mais l'infâme Bihan connaissait la maison du smoggler qui devait nous procurer dans ce port une barque pour passer en France, nous devons éviter un point où vont se porter spécialement les poursuites dirigées contre nous ; moi je puis, dans cette occasion, vous y conduire sans danger.

— Et vos compagnons ?

— Ils se dirigeront selon nos plans nouveaux vers le havre convenu, où je les aurai bientôt rejoints.

— Je ne causerai ainsi aucune perturbation dans vos projets ?

— Aucune, mademoiselle.

— Je ne leur suscite aucun danger ?

— Vous ne leur donnez que plus de sûreté, car le retard que vous leur imposerez leur est conseillé par la prudence.

— Dans ce cas, j'accepte.

— Êtes-vous prête ?

— Je le serai dans quelques instants.

— Hâtez-vous... les moments sont précieux.

Marie de Kernouville exposa à sir Daniel Ross, dans quelques lignes rapides, les projets qui depuis longtemps déjà portaient toutes ses espérances et tous ses regrets vers sa patrie, ce que sa situation auprès de lui avait de précaire et de pénible, enfin la résolution qu'elle avait prise de demander un asile à une famille amie.

Cette lettre remise à Jeannette, elle réunit à la hâte ceux de ses effets personnels qui lui étaient le plus nécessaires, et, s'adressant à Jules Serval :

— Monsieur, lui dit-elle, je suis prête.

L'ancien commandant de *la Dorade* et ses compagnons étaient déjà revêtus des habits qu'ils avaient enlevés aux gardiens de *la Crown* ensevelis dans le sommeil abrutissant de l'ivresse.

— Nous vous attendions, mademoiselle, lui dit-il ; nous pouvons donc partir.

Marie de Kernouville embrassa sa jeune servante, dans laquelle elle avait moins trouvé une domestique qu'une compagne dévouée, et, lui ayant remis quelques bijoux comme souvenir, elle se tourna vers Jules Serval en lui disant :

— Partons.

La porte du cottage s'ouvrit, mais Pierre Ballard n'en avait pas franchi le seuil qu'il se trouvait en face d'un bosseman, qui l'arrêta par ces mots catégoriques, prononcés d'une voix résolue :

— On ne passe pas !

Pierre Ballard tressaillit, mais il se fut bientôt remis.

— Allons, s'écria-t-il en très-pur anglais, en voilà un à qui le rhum du commodore fait voir double ! Ne reconnais-tu pas, animal, l'uniforme des gardiens de *la Crown ?*

— Au fait, dit l'autre en se frottant les yeux, c'est juste...

— Et ces galons, donc !

— Ah ! pardon excuse, master, se hâta-t-il d'ajouter avec déférence.

— Il n'y a pas d'excuse, mais une autre fois, espèce de porc écossais, tâche de boire moins pour y voir davantage. — Se retournant alors vers ceux qui le suivaient : — En avant, vous autres ; voyons donc si notre ronde trouvera tout en ordre et chacun à son poste.

Jules Serval, mademoiselle de Kernouville, enveloppée dans une longue pelisse de soie noire, maître Laumel, le père Roussin et Loïk, avec les tristes uniformes qu'ils avaient endossés par-dessus leurs vêtements, défilèrent sous les yeux du pauvre diable qu'avaient achevé de fasciner les galons du master Michel ; ils eurent bientôt disparu dans l'ombre. Le point vers lequel ils se dirigeaient était l'auberge où devait les attendre la chaise de poste louée par le smoggler Brigg.

Elle y stationnait depuis huit heures du soir. C'était là que devaient se quitter provisoirement les cinq prisonniers.

Jules Serval prit place avec Marie de Kernouville dans la voiture, qui partit à fond de train dans la direction du littoral, tandis que Pierre Ballard se dirigeait vers Petersfield, où il devait attendre son jeune compagnon à la taverne de la *Pomme de pin.*

— Bourne, s'écria le père Roussin en s'acheminant avec maître

Laumel et Loïk à travers le pays, nous l'échappons belle, mes enfants ! Remercions le bon Dieu d'en être quittes pour la peur.

XIX

LES SMOGGLERS

Deux jours après, Jules Serval avait rejoint Pierre Ballard à l'hôtel de la *Pomme de Pin*, à Petersfield.

La première tâche que lui imposait leur évasion était remplie, et remplie avec un succès qui avait répondu à tous ses vœux. Mlle Marie de Kernouville n'était pas seulement en sûreté, sous un toit honorable, et à un foyer ami, elle devait trouver dans la famille de l'honorable Williams Steele, où elle avait été accueillie comme une sœur, toutes les distractions qui pouvaient charmer son esprit, en même temps que les prévenances ingénieuses et les sollicitudes dévouées capables de répondre et de satisfaire aux aspirations et aux besoins de son cœur.

Quelques mots le feront comprendre.

Williams Steele était un de ces officiers rares sur toutes les flottes, que l'on désigne, ironiquement quelquefois, sous le titre collectif de marins savants ; âmes énergiques, pour qui la paix, avec ses circumnavigations et ses voyages de découvertes, n'a pas moins de dangers que les guerres les plus actives avec leurs stations et leurs croisières.

Venu pour faire l'hydrographie de l'un des points de la côte septentrionale de Bretagne, que les lames couvrent incessamment de débris, le naufrage avait semblé vouloir se venger sur lui des victimes que ses savants travaux tentaient d'arracher au vert linceul de ses flots. Un ouragan avait drossé et brisé son cutter sur ces écueils dont il relevait la situation et signalait les dangers.

Pouvait-on considérer ce savant en mission d'humanité comme

un prisonnier de guerre ? Jules Serval, alors attaché à cette côte, démontra chaleureusement au ministre que la France, cette terre noble et révérée, ne pouvait ressembler aux rocs sauvages de la Tauride, plus inhospitaliers pour les naufragés que les lames mêmes qui avaient brisé leurs vaisseaux. Un ordre du secrétaire d'État déclara que l'honorable étranger pouvait poursuivre à loisir l'exécution de ses relevés, et que, pendant tout le temps que nécessiterait ce travail, il toucherait le traitement alloué à son grade sur la caisse du ministère ; l'ordre déclarait encore que, ces travaux exécutés, Williams Steele pourrait choisir la voie par laquelle il désirerait opérer son retour dans sa patrie.

Jules Serval avait mis la péniche *le Goëland* aux ordres de sir Williams, et avait été assez heureux pour lui faire agréer ses offres. De là leur intimité.

Williams Steele, homme d'érudition et d'étude, avait reçu, à son retour, une position scientifique qui, en le fixant à la terre, l'y avait en quelque sorte rattaché par tous les liens de la vie civile. Un mariage à une femme selon son caractère et ses goûts avait réalisé dans son intérieur studieux ce milieu intelligent et moral où Marie de Kernouville devait trouver une atmosphère correspondante à toutes les délicatesses de son âme.

De ce côté, Jules Serval était donc désormais sans souci. Il fut dès lors tout entier à l'exécution de leurs projets ultérieurs. La taverne de l'hôtel du Pin, où était descendu Ballard, était incontestablement la meilleure de Petersfield. Il avait trouvé un double avantage dans son choix : d'abord il s'était soustrait à la surveillance dont la police entoure habituellement les auberges inférieures ; elle lui offrait de plus, en dehors des considérations de sa vie confortable, des moyens de se procurer tout ce qui devrait faciliter leur voyage sans éveiller aucune défiance.

Les deux officiers français décidèrent de n'y pas prolonger davantage leur séjour. Ils s'y trouvaient d'ailleurs dans les meilleurs conditions pour s'éloigner. La vie que Pierre Ballard avait menée dans cette auberge était de nature à doubler l'estime et la considération qu'un intelligent hôtelier professe en tous pays pour les voyageurs qui dénouent largement les cordons de leur bourse. Pierre Ballard fit appeler le maître du lieu. Il parut aussitôt.

— Qu'y a-t-il pour votre service? demanda-t-il après une profonde révérence.

— Pourrions-nous avoir demain, dit-il en se renversant sur sa chaise et en rajustant son col de chemise, une voiture pour Flostown?

— Facilement, monsieur, répondit l'aubergiste, vivement contrarié pourtant de ce départ inattendu.

— C'est que nous désirerions partir de grand matin.

— Aussi matin qu'il plaira à Votre Grâce.

— A quatre heures, par exemple!

— A quatre heures, la chaise de poste vous attendra à la porte de l'hôtel.

— Alors, c'est très-bien! — Et comme le maître d'hôtel se retirait, Pierre Ballard ajouta : — De l'exactitude ! c'est entendu ; nous voyageons pour affaires, et les affaires n'admettent point de retard. Nous pourrons nous arrêter plus longtemps au retour.

Le maître d'hôtel et le postillon furent scrupuleusement fidèles aux recommandations. Il n'était pas quatre heures et demie, le lendemain matin, que la voiture où se trouvaient les deux capitaines de corsaires roulait sur la route peu large, mais parfaitement entretenue que commençaient à éclairer les rayons du jour.

Le voyage, ralenti tantôt par des changements de voiture, tantôt par les stations et les séjours que les deux mystérieux gentlemen faisaient dans les localités où ils pouvaient les prolonger sans danger, dura huit jours entiers.

Une circonstance le favorisa singulièrement. Le duc d'York parcourait alors cette côte. Il y passait en revue les troupes que la crainte des projets de Napoléon avait fait réunir sur toute cette partie du littoral de la Manche. Les deux Français passèrent donc facilement inconnus au milieu du concours de voyageurs et de curieux que cette circonstance appelait sur ce point.

Ils longèrent ainsi sans être remarqués, le vaste système de fortifications que la crainte d'une descente dans la baie de Rice y avait fait développer sur une ligne de plus de vingt-cinq kilomètres. Une vaste digue, protégée par des écluses d'inondation, régnait dans toute cette longueur, où de distance en distance étaient établies des batteries à fleur d'eau reliant entre elles des citadelles construites et armées de manière à croiser leurs feux. Enfin ils arrivèrent à leur destination un soir la nuit tombée. Le postillon les conduisit à l'un des meilleurs hôtels.

Dès le matin, le capitaine Ballard était à la recherche de la taverne de mistriss Adams. La taverne était trop renommée dans ce pays pour qu'il éprouvât quelques difficultés à la trouver.

C'était une habitation assez spacieuse, dont les murs, d'âge et de construction divers, formaient, avec les alternatives de chaume, de tuiles et de bardeau des toitures, un ensemble irrégulier mais d'un aspect très-pittoresque. L'état négligé des celliers et des hangars les mettait en complet rapport avec le corps de logis principal. Il en était encore à une centaine de pas, lorsqu'il aperçut Loïk y entrer vivement et en ressortir bientôt accompagné de Laumel et du père Jacques.

— Eh bien! lui dit le capitaine, y a-t-il longtemps que vous êtes là?

— Déjà deux jours, commandant, que nous sommes affourchés nord et sud, le long de leurs tables, à boire de leur porter qu'est pas mauvais tout de même, mais que le cidre de Lolif lui rendrait gaiement les basses voiles et les bonnettes, et le battrait encore main sur main, quoi!

— Et depuis deux jours vous n'avez fait que boire?

— Pour ce qui est de ça, pardon, excuse, mon commandant; si nous sommes restés sur nos ancres, les affaires, elles, ont filé bon loch.

— Et ce n'est pas malheureux, que je dis, ajouta le père Roussin, car, bourne! la peur de la grande armée galope tellement ces Anglais, qu'ils ne voient pas plutôt un inconnu qu'ils en font le tour pour s'assurer qu'elle n'est pas cachée derrière lui.

— Tout cela est parfait, mais cela ne nous dit pas où en sont nos affaires.

— Cela vous dit, mon commandant, reprit maître Laumel, qu'il est plus prudent de s'embarquer en *pagaye* que de se mettre à louvoyer dans ces parages, et que nous avons fait, tonnerre de Brest! tout ce qu'il faut pour cela, quoi!...

— C'est justement ce que nous désirons savoir.

— Nous y voici donc : d'abord, il n'y a pas eu possibilité d'acheter d'embarcation.

L'expression d'un vif mécompte se manifesta sur les traits des deux officiers.

— Les moindres barques, se hâta d'ajouter Laumel, sont hors de prix. On vous demande des cent guinées pour des coquilles de noix, quoi!

— En avez-vous au moins affrété une?

— Pour en affréter, bourne! c'était encore pire, répondit à son tour le père Jacques : il fallait consigner, payer d'avance. C'était à n'en plus finir.

— Alors, repartit Jules Serval avec l'accent d'une douloureuse surprise, qu'avez-vous donc fait?

— Nous avons fait mieux que cela, répondit Laumel.

— Oui, bourne! poursuivit le père Roussin; et voyez, mes commandants, comme le bon Dieu nous protége; nous n'avions pas le moyen d'acheter ni d'affréter le moindre *craquelin*, c'est constant; ce ne sont pas des échappés des pontons qui peuvent compter des cent et des mille; eh bien! voilà qu'il nous donne à choisir pour notre passage entre deux embarcations.

— Que voulez-vous dire? Expliquez-vous?

— C'est facile : ce n'est pas la première fois qu'on se gargarise avec l'ale et le porter de mistress Adams, et l'on connaît plus d'une des boules qui roulent dans sa taverne, quoi! si bien que j'ai reconnu là quelques-unes de ces figures d'est-quart-sud-est avec lesquelles on finit toujours par s'entendre. On a parlé d'un prix honnête pour une expédition secrète, si bien que le patron Simson et le master Maubril sont tout prêts à nous transporter une nuit de l'autre côté du détroit: c'est une affaire de six ou dix guinées par homme.

— Peut-on compter sur la discrétion de ces hommes?

— Vous connaissez le dicton du pays : discret comme un smoggler ; et, sous leur profession apparente de pêcheurs et de pilotes, Simson et Maubril sont de vrais smogglers, mon commandant.

— Avez-vous vu leur embarcation? demanda Jules Serval.

— Tenez, capitaine, voyez-vous cette petite besquine embossée contre le fort abandonné? là... à l'extrémité de la jetée, à l'opposite de celle qui forme et ferme le port?

— Très-bien.

— C'est l'embarcation avec laquelle le patron Simson s'engage, au prix de trente guinées, à nous jeter sur la côte de France.

— Quant à celle de master Maubril, ajouta Roussin, on ne peut l'apercevoir d'ici, elle est mouillée derrière cette pointe; pour celle-là, c'est un autre prix, cinquante guinées! mais aussi quel joli petit sloop, bourne! Léger comme un oiseau, ça doit filer comme un bard.

— La différence de prix n'est pas une question, reprit Pierre Ballard. Entre les deux navires le choix ne saurait être douteux.

— Pardon, excuse, mon commandant, se hâta de déclarer Laumel; jusqu'ici l'affaire allait comme une aussière dans un écubier, mais voilà qu'un nuage blanc vient tout à coup nous menacer d'un grain.

— Quel nuage? reprit avec une vivacité impatiente Jules Serval.

— Loïk, qui n'a pas toujours les yeux dans ses poches, continua le maître canonnier, ne nous avisa-t-il pas hier qu'il avait rencontré ce satané Bihan.

— Bihan ici?

— Bihan lui-même, le père, ou plutôt le renégat Bihan!

— Est-il bien sûr de l'avoir reconnu?

— Bien sûr? non... il a cru le reconnaître, mais sans avoir pu l'accoster; car dès que le vieux coquin s'est aperçu qu'il était éventé, il s'est évanoui comme une bouffée de tabac dans l'air... Cherche maintenant... quoi!

— Ainsi, il n'est pas certain...

— Lui, mon capitaine, c'est comme vous le dites ; moi, c'est différent, car quand l'enfant nous a inculqué cette parole, j'avais déjà la boussole tout affolée de l'idée de ce Bihan, dont il me semblait avoir aperçu la hure maudite. Et ce n'est pas tout ; le père Jacques ne nous a-t-il pas avoué qu'il a cru le reconnaître mussé un soir dans un coin de la taverne, d'où il paraissait nous épier. Comme ce dernier soir nous causions d'affaires avec le master Maubril, ça nous a fait réfléchir... quoi ! Au reste, commandants, vous allez y aviser vous-mêmes. Mais, en grâce ! point de retard, car nos deux smogglers demandent une réponse immédiate.

Jules Serval et Pierre Ballard apprécièrent la gravité des dangers que leur révélait la présence de Bihan à Flostown. Ce misérable était évidemment l'espion des agents lancés à leur poursuite. N'ayant pu découvrir leurs traces à Hastings, il avait trouvé dans sa perfidie haineuse la suggestion du parti dont les deux officiers français avaient trouvé l'inspiration dans leur prudence.

Ils allaient donc avoir à traverser une nouvelle épreuve, dont leur premier soin devait être de prévenir les périls.

Quelle résolution adopter dans une telle occurrence ? Quitter immédiatement ce port, et aller affronter ailleurs l'aventure qu'ils étaient venus y tenter ? ajourner seulement leur départ ; ou bien même le précipiter ? Ce dernier parti sembla le plus sûr.

La double négociation entamée offrait dans ces circonstances aux prisonniers fugitifs un double élément de succès : elle multipliait les chances d'échapper à la surveillance attachée à leurs traces, et affaiblissait en les divisant les poursuites dont ils étaient l'objet ; on se garda bien d'en rompre aucune. Les propositions de Simson devaient être immédiatement acceptées, tout en continuant les négociations ouvertes avec le master Maubril.

Quant au départ, il fut fixé pour le soir même à onze heures. Ce moment était à tous égards le plus favorable qu'on pût désirer.

Comme le point capital, dans ces circonstances périlleuses était d'éviter avec soin tout ce qui pouvait susciter quelque défiance, on convint de s'abstenir de tout acte qui eût pu faire soupçonner l'imminence du départ, et particulièrement de toute visite à l'embarcation sur laquelle il devait s'opérer. Quant aux approvisionnements qu'il était nécessaire de déposer à bord, on confia cette charge à l'intelligence, à l'adresse et à l'activité de Loïk. Il devait profiter des quelques heures qui s'écouleraient entre la chute du jour et le moment du départ, pour opérer avec prudence et circonspection ces transports.

Dans le même but de prudence, on continua les négociations nouées avec le master Maubril.

Les deux officiers français allèrent même observer son embarcation du haut d'une pointe de terre qui saillissait en promontoire au sud du port. Ses falaises rongées par le choc séculaire des flots, surplombaient de leurs rocs schisteux, tout drapés d'une végétation sauvage, un banc d'écueils couvert de varecs jaunâtres. Au revers s'étendait une anse profonde où la mer bleue, plane, reposée, venait rouler mollement ses vagues sur un lit de sable doré ou sur des bancs de petits galets mêlés de coquilles. Le sloop était mouillé à l'entrée de cette baie tranquille.

La mer, dont le reflux allait bientôt le laisser à sec sur le sable, le berçait alors de son doux mouvement de houle, comme un gracieux papillon posé sur une tige flexible. Étroit, svelte, élancé, avec ses mâts jaunes, sa blanche brigantine que le pic amené sur le *guy* laissait déborder en draperie, ses cordages dont la teinte de jais faisait ressortir les poulies de buis qui les pailletaient comme des sequins dans les cheveux noirs d'une créole, cette jolie embarcation justifiait à tous égards les éloges que lui avait donnés maître Laumel.

C'était un de ces mystérieux bateaux d'habitudes suspectes, tenant à la fois par l'élégance et la légèreté de leurs façons de l'aviso militaire et du yacht aristocratique, et pourtant n'ayant d'avoué qu'une destination vulgaire. Son nom, *the Young Miss*, ne semblait-il pas l'affecter au commerce le plus régulier et le plus paisible?

La journée s'écoula avec une pénible lenteur au gré de l'impatience des marins français. Le soir, ils étaient réunis tous les cinq dans une des tavernes du port les moins fréquentées, et où par conséquent on pouvait peu soupçonner leur présence.

Loïk, qui avait calculé les voyages qu'il avait à faire à bord de la besquine de manière à les disposer et à les exécuter avec la prudence la plus circonspecte, allait commencer le dernier, lorsque dix heures sonnèrent au poste de la douane.

Il quitta leste et dispos l'auberge où il ne devait plus rentrer ; il avait été convenu que Roussin et Laumel apporteraient les derniers paquets ; lui, en les attendant ainsi que les deux officiers, était chargé d'arrimer dans l'embarcation les divers objets qu'il y avait déposés. Il gagna d'un pas léger le petit môle, dont il parcourut la jetée avec un sentiment intérieur de sécurité. La confiance était revenue dans son cœur.

La nuit était magnifique ; la mer ondoyait mollement dans l'ombre, empruntant des teintes glauques et des reflets d'argent aux lueurs du ciel étoilé, et aux clartés du croissant prêt à disparaître dans les vagues de l'ouest.

Arrivé à l'extrémité des quais, sous l'ancien fort qui en couronnait le musoir, il descendit l'escalier de granit au pied duquel était embossée la petite barque à voiles latines, et se mit aussitôt à la besogne. Une demi-heure s'était écoulée dans son travail, lorsque son attention fut attirée par un bruit de pas retentissant sur les dalles du môle. Il se redressa surpris et écouta.

— Ce ne peuvent être encore nos gens, se dit-il.

Comme les pas approchaient toujours, il écouta plus attentivement. Le susurrement de quelques voix se mêlait au bruit des pas.

— Non, certainement ! répéta-t-il, ce ne peut pas être eux... ce n'est pas eux ! Qui est-ce donc ?

A cette pensée, s'élançant de la barque sur les marches de l'escalier, il monta doucement et avec précaution jusqu'à ce que son front eût atteint le niveau de la jetée. Le groupe de causeurs n'était plus qu'à une quinzaine de pas. Il put recueillir distinctement leurs paroles.

— Vous voyez, mon digne bosseman, disait l'un des interlocuteurs dans la voix duquel Loïk reconnut aussitôt celle de Bihan, vous voyez que c'est comme je vous l'affirmais... il n'y a pas moyen qu'il nous échappent. — Le bosseman ne répondit que par une espèce de grognement. — Regardez plutôt... D'abord, voilà la barque au pied de cet escalier. — Loïk tressaillit et se colla contre la paroi de la jetée. — Les voyez vous, mon brave bosseman, poursuivit l'ancien gargotier, descendre pleins de confiance dans leur maudite besquine? Qu'ils hissent la brigandine, les bandits! ils ne s'attendent pas, ma damnation! à la chaîne qui attache leur barque. — Le bosseman fit de nouveau entendre son grognement. Bihan continua :
— Vous tombez dessus avec vos hommes, et les voilà pris comme dans une ratière... Est-ce ça? — Cette fois le grognement fut double.

— Mais ce n'est pas pour cela l'instant. N'allons pas, ma damnation! compromettre imprudemment une affaire aussi bien préparée. Tenez, respectable bosseman, passez avec vos hommes dans ce vieux fortin, et tenez-vous cois au lieu convenu... Moi, je reste ici en vigie... Dès que je les apercevrai, d'un saut je vous arrive en douceur... Vous êtes prévenu... alors c'est votre affaire à vos gentlemen et à vous. — Le bosseman renouvela sa réponse plus caractéristique que distincte. — C'est entendu, mon vaillant bosseman... mais, ma damnation! ne perdons plus un instant!... A vos postes, mes braves gens, et vivement!... — Bihan vit enfin le dernier de ses compagnons disparaître derrière les parapets du fortin. — C'est heureux! soupira-t-il. Et, se frottant alors les mains : A nous maintenant, ajouta-t-il, de veiller au grain!

Et il se mit en observation à quelques pas du haut de l'escalier.

Loïk sentait son cœur battre avec une violence produite à la fois par l'indignation dont ce qu'il venait d'entendre lui avait gonflé le cœur et par l'inquiétude dont l'agitaient les nouveaux dangers qui, au dernier moment, venaient fondre sur eux et les frapper en quelque sorte dans leur arche de salut. Ne pouvait-il détourner ce nouveau péril?... Comment prévenir ses compagnons?... Bihan était là, lui coupant le passage. Loïk ne pouvait donc échapper à ses yeux. Avait-il quelque chance de passer de vive force?... Non-seulement le vieux fraudeur briserait deux enfants comme lui, mais à son cri d'alarme ses acolytes arriveraient aussitôt à son secours... Que faire?...

Payer par ruse ou par violence était le seul moyen de salut que lui laissât l'urgence de ces circonstances critiques; il résolut de le tenter. L'assombrissement du ciel, qu'avaient envahi de plus épaisses ténèbres depuis que le croissant avait disparu dans les flots de l'occident, sembla favoriser son projet. La nuit lui parut assez obscure pour lui permettre de glisser dans l'ombre sans appeler l'attention et les regards du misérable dont la vigilance était particulièrement dirigée sur tout ce qui pouvait frapper son attention du côté de la plage. Réunissant donc toutes ses facultés et tous ses efforts, il franchit les dernières marches de l'escalier de granit, et, suivant les remparts du fortin, il s'avança à pas lents le long du parapet de la jetée se prolongeant du côté opposé à celui du port, c'est-à-dire du côté où s'était établi Bihan. Loïk avait compté sans la lucidité visuelle qu'avait le regard du vieux fraudeur, familiarisé avec les ténèbres par les veilles de ses courses aventureuses à travers l'obscurité des nuits et les violences des tempêtes. Le bruit de ses pas d'ailleurs le trahit.

— Qui va là? — s'écria Bihan en s'avançant vers l'enfant qui s'arrêta court, espérant encore tromper par une immobilité subite, le regard de son interpellateur. Cette immobilité et ce silence ne satisfirent pas Bihan, qui s'avança sur le point d'où le bruit l'avait frappé. Loïk sentit qu'il était découvert, mais il comprit en même temps que son salut et celui de ses compagnons dépendaient de sa résolution. Cette conviction, loin de troubler son esprit et son cœur, sembla les animer d'une énergie et d'une vigueur nouvelles. — Quel est ce moussaillon-là? murmura le vieux Breton, qui avait moins reconnu que deviné quel était l'enfant qu'il avait devant lui... Ma damnation!...

Il n'avait pas prononcé ces derniers mots que Loïk, qui avait semblé reculer en courbant la tête, bondissait vers lui avec la fougue d'un bélier, et l'atteignait du front en pleine poitrine avec une telle violence, que Bihan, rejeté en arrière par ce coup terrible familier aux paysans bretons, s'en alla tomber dans le port à la renverse.

Loïk n'avait pas hésité un instant. Pendant que les cris sinistres du misérable pataugeant dans les flots appelaient ses compagnons à son secours, le jeune mousse avait pris son essor le long de la jetée se dirigeant de toute la rapidité de sa course vers la taverne que les quatre déserteurs quittaient en cet instant.

— Arrêtez !... — arrêtez !... leur dit-il d'une voix étouffée par l'oppression de la marche. Et il eut peine à ajouter : — Nous sommes découverts !

Les quatre marins rentrèrent aussitôt dans la taverne, où l'enfant leur raconta la scène à laquelle il venait de donner avec tant d'opportunité sinon un dénoûment, du moins un intermède comique.

La position était devenue des plus périlleuses. L'événement prouvait que non-seulement l'on était sur leurs traces, mais que leurs projets étaient connus. On devait avoir découvert plus facilement leur retraite que le mode d'évasion qu'ils avaient préparé pour quitter cette plage ennemie. Si l'espoir de les saisir tous ensemble avait fait adopter le mode d'arrestation auquel ils venaient à peine d'échapper, il était à prévoir et à redouter qu'on ne tentât d'effacer cet échec par une brusque descente dans l'auberge où ils avaient trouvé un asile.

Ces considérations furent le point de départ de la résolution que fit adopter Jules Serval.

Mesure préliminaire : ne pas reparaître à leur auberge. Point capital : s'entendre le plus tôt possible avec le master Maubril pour profiter du moment de trouble que leur déconvenue devait apporter dans les poursuites de leurs ennemis, afin de quitter cette plage au plus vite. Maître Laumel et le père Jacques furent envoyés aussitôt porter à Georges Maubril l'acceptation de ses conditions. Ils devaient tout faire pour que l'on pût appareiller la nuit même.

Le seul obstacle que rencontrèrent leurs instructions et leurs instances fut la détermination du master de ne pas mettre sous voile avant la relevée prochaine. Son objection était l'impossibilité ou l'imprudence du départ précipité que l'on demandait.

On ne pouvait en effet partir à la marée qui était en plein reflux, la *Jeune-Miss* devant se trouver à sec avant qu'on se fût réuni à son bord. Partir au flot du matin c'eût été mettre le sloop dans la nécessité de courir tout le jour les bordées d'une navigation suspecte. Il consentait à partir le lendemain au soir, dès que le retour de la mer aurait mis le sloop à flot, et en attendant il offrait aux cinq évadés sa maison pour asile.

Telles furent les nouvelles propositions que rapportèrent les deux braves marins. Elles pouvaient paraître très-rationnelles, elles furent immédiatement accueillies.

Les cinq déserteurs se dirigèrent aussitôt vers l'habitation du master, dont ils réclamèrent l'hospitalité jusqu'au moment du départ, résolus à n'en quitter le toit que pour monter sur le petit sloop et faire voile pour la France.

XV

LE BRULOT

C'était au fond même de cette anse étroite et profonde à l'ouvert de laquelle la *Jeune-Miss* était à l'ancre, qu'entre la grève et la falaise, sur une dune de l'aspect le plus aride, s'élevait l'habitation du master Maubril.

Des rets à sécher sur les galets voisins, des filets appuyés contre sa côtière, qu'une vigne très-imparfaitement taillée embrassait de ses cordons, un étroit jardinet et un maigre verger qu'entourait sur le derrière une haie d'épines, lui donnaient l'aspect de quelques maisonnettes de pêcheurs du voisinage, à l'instar desquelles elle avait été bâtie, et dont elle ne différait que par le nombre des petites constructions accessoires groupées autour d'elle.

Le mouvement dont elle était le centre habituel n'offrit le lendemain rien d'extraordinaire. Ce fut si bien celui des jours précédents que personne dans le voisinage ne put se douter qu'elle eût reçu un surcroît d'habitants et surtout d'hôtes suspects.

Fidèles à leur résolution de prudence, les deux officiers français et leurs compagnons s'y tinrent confinés tout le jour. Ils ne la quittèrent qu'à l'heure de la marée, où ils devaient descendre sur la grève pour prendre le canot que leur enverrait le master.

Georges Maubril, affectant la même circonspection, s'était absenté dès le matin. Il ne devait se rendre à bord de son embarcation que quelques instants avant le départ, pour y faire les préparatifs nécessités en apparence par l'appareillage, en réalité par des projets sinistres.

Ces préparatifs furent très-simples ; ils consistèrent en quelques armes : deux haches, des coutelas et quelques pistolets chargés, que son canot transporta à bord du sloop vers six heures du soir, avec les trois marins qui devaient partager son expédition.

C'était un homme de taille au-dessous de la moyenne, mais dont le corps bien pris et fortement musclé annonçait la vigueur et la souplesse. Ses traits, assez fins, avaient une expression de dureté qu'ils empruntaient autant à la vivacité de ses yeux noirs fortement enfoncés sous l'arcade sourcilière, qu'aux cheveux roides et drus dont son front étroit semblait hérissé. Ses trois matelots étaient de forts gaillards dont l'air brutal et la tenue débraillée annonçaient une tout autre existence qu'une vie régulière. Lorsque le canot eut accosté le sloop, le patron laissa ses trois compagnons monter à bord ; puis, s'adressant à celui qui semblait son contre-maître, et qui en réalité était son associé :

— Peters, lui dit-il, prends ceci. — Et il lui présenta un paquet enveloppé dans un lé de vieille voile. — Surtout, ajouta-t-il, fais attention qu'il y a là-dedans des pistolets chargés.

— Où faut-il mettre cela ?

— Je vais te le dire. — Et il franchit vivement le bord du sloop.

— Par ici, — fit-il en se dirigeant vers l'arrière. Et après avoir ait glisser le panneau d'un petit placard à coulisse établi au-dessous de la barre du gouvernail : — Donne les pistolets et les haches, dit-il. Quant à ces poignards, il faut que nous les tenions cachés sur nous. Je prends celui-ci ; choisis-en un, toi... Tu vas remettre les deux autres à Williams et à Paul.

Williams et Paul étaient descendus dans la cale.

— Sans vous blâmer, dit Peters au patron, je ne crois pas que l'expédition que nous faisons là vaille le danger que nous y courons... Vous savez que ces Français n'ont pas de bagages?

— Tu es toujours le même homme. Quel danger courrons-nous, d'abord?

— Mais...

— Il n'y a pas de mais! Voyons : les passagers arrivent à sept heures... bon! au lieu de déraper à l'instant... on traîne ; nous ne mettons sous voile qu'à la chute du jour...

— Ça peut se faire.

— Bon!... nous voilà en route... nous avons fait descendre deux des cinq déserteurs dans la cale ; les trois autres sont restés sur le pont ; il fait nuit... bon! n'avons-nous pas tous quatre nos poignards?... Nous prenons, toi et moi, chacun une paire de pistolets, nous donnons les deux haches à Paul et à Williams. Quatre hommes ainsi armés courent-ils un danger à tomber sur trois pauvres diables qui ne s'attendent à rien, qui dorment peut-être, et qui, en tout cas, sont sans armes?... On les poignarde et on les jette à la mer ; les deux autres accourent aux cris, on leur fend la tête dès qu'ils l'offrent au paneau! Au besoin, on leur brûle la cervelle... Où est le danger? Le pont une fois lavé quelle trace reste-t-il?

— Et les cadavres?

— Les cadavres, le reflux les entraîne dans le détroit ; le flot les porte sur les côtes de Hollande. Pour le danger, il n'existe donc pas. Quand au profit, Dieu me damne! Peters, ton esprit t'égare. Tu t'inquiètes parce qu'ils n'ont pas de bagages?

— Mais il me semble que cela en vaut la peine.

— Allons donc ! que trouverions-nous dans leurs bagages ? quelques perruques, des culottes et des bas chinés. Ce que nous voulons, c'est tout autre chose : ce sont de bonnes guinées, ou de nobles et loyaux souverains.

— Eh bien ?

— Eh bien ! ce n'est pas dans leurs bagages que les prisonniers de guerre mettent ces précieuses espèces ; c'est dans leurs ceintures. Leurs matelots ne voulaient-ils pas d'abord acheter notre embarcation ?

— Au fait, tu peux avoir raison.

— Peters, Peters ! avec toi, il n'y aurait pas seulement un verre de wiskey !... Ce serait, Dieu me damne ! à se remettre tout bêtement honnête homme.

— Cela puisse-t-il bien tourner, c'est ce que je désire ! — Et s'adressant à Williams et à Paul, qui sortaient de la cale : — Tenez, leur dit-il en leur donnant les deux coutelas, et surtout placez-les de manière qu'on ne les aperçoive pas, et que vous puissiez les avoir de suite sous la main.

— C'est bien, dit Williams en le glissant entre sa chemise, d'une épaisse étoffe bleue, et sa poitrine. Paul en fit autant.

Le patron de *la Young-Miss* ne s'était pas rendu trop tôt à bord de son bateau. A peine avait-il achevé ces simples et rapides dispositions que les cinq passagers descendaient vers la plage.

— Serait-il déjà l'heure ? demanda-t-il en regardant sa montre ; mais oui, dans quelques minutes il sera sept heures.

— Voilà en effet le jour qui baisse, remarqua Williams.

— Eh bien ! toi, prends le canot et va recevoir nos hommes.

Paul, à qui s'adressait cet ordre, descendit dans la pirogue et se prépara à obéir.

— Surtout, fais en sorte de ne pas nous les amener trop vite. Au reste, continua-t-il en s'adressant à Peters, la nuit vient vite ; je vois que nous n'aurons pas besoin d'aller plus loin que l'ouvert de la baie. La mer se retire ; il n'y a pas à craindre qu'elle nous rapporte les cadavres.

Williams exécuta ponctuellement les recommandations qui lui avaient été faites. Quand le canot toucha de nouveau le sloop, l'ombre de la pointe occidentale se projetait à chaque instant plus sombre sur la baie ; *la Young-Miss* pouvait dès lors appareiller.

— Embarquez, messieurs, dit le patron aux prisonniers français ; nous allons lever l'ancre de suite et mettre à la voile.

Pierre Ballard et Jules Serval montèrent les premiers ; ils avaient pris des vêtements de matelot, comme le leur avait recommandé maître Maubril.

— Nous ne pouvons pas rester tous sur le pont, leur dit le patron ; si nous étions rencontrés par un croiseur de Sa Majesté, un équipage aussi nombreux lui serait assurément suspect.

— Combien êtes-vous donc, vous ? lui dit le capitaine Ballard.

— Nous sommes quatre, vous voyez.

— C'est un tort ; deux hommes eussent suffi.

— Nous devons songer aussi à notre retour, il me semble ; un équipage trop faible n'eût pas été moins compromettant qu'un équipage trop nombreux.

— C'est possible !... Combien voulez-vous que nous fassions descendre d'hommes dans la cale ?

— Deux ; cela suffira.

— Mes amis, dit Serval à Jacques Roussin et à maître Laumel, qui venaient de franchir le plat-bord, il paraît qu'on va vous envoyer faire un somme en bas.

— Bourne ! fit le père Jacques, aurons-nous au moins des hamacs ?

— Il y en a justement deux, répondit le patron ; vous pouvez vous jeter dedans.

— A la bonne heure ! ajouta maître Laumel.

Et les deux marins disparurent successivement par l'écoutille.

L'appareillage eut lieu dans un instant. L'air et la mer étaient d'un calme parfait ; pourtant, quand la brigantine eut présenté son trapèze de toile à la pression du vent, et que le foc et la trinquette lui eurent tendu leurs surfaces triangulaires, le joli sloop sembla s'animer, et le bruit que produisit la mer coupée par son étrave en courant en bouillons sur ses flancs révéla la rapidité de son sillage.

Cependant le ciel se parsemait d'étoiles, la nuit s'étendait sur la mer, et la *Young-Miss*, emportée par la brise qu'avivait la nuit, allait franchir l'entrée de la baie. Pierre Ballard et Jules Serval, appuyés sur l'avant, causaient avec une certaine animation ; Loïk, sur l'invitation du patron, était allé se poster en vigie sur les barres de hune.

L'instant parut des plus favorables au patron Maubril. Sur un signe, ses trois compagnons l'avaient suivi vers l'arrière, où tous quatre avaient complété leur armement.

Ils s'avancèrent alors discrètement vers les deux officiers, qui, dans leur sécurité, causaient la figure vers le large. Williams et Paul devaient leur fendre la tête à coups de hache. Maubril et Peters devaient les saisir aussitôt et les lancer par-dessus le bord.

Les deux matelots marchaient ainsi les premiers ; comme le patron et son contre-maître, ils avaient ôté leurs chaussures pour que le bruit de leurs pas ne pût déceler leur approche. Ils avaient déjà dépassé le mât, lorsque Maubril les arrêta.

— Une voile ! une voile ! venait de crier Loïk en étouffant sa voix.

Une corvette doublait le promontoire oriental à deux encâblures de leurs eaux. Ils avaient été aperçus en effet. Un porte-voix leur transmit l'ordre d'approcher. La corvette mit elle-même en panne, et une embarcation détachée de son bord s'avança vers le sloop. Maubril remit ses armes à Peters, avec injonction de les porter au dépôt, en voyant les deux officiers français venir à lui.

— Une embarcation approche, lui dit Serval. On vient sans nul doute vous interroger, qu'allez-vous répondre ?

— Tout simplement que vous êtes des matelots anglais que je conduis à Plymouth.

— Très-bien !

Ce fut en effet la réponse qu'il adressa à un officier de la marine britannique, qui un instant après monta sur le pont avec un détachement de marins armés, et s'enquit de la destination du sloop.

— Combien avez-vous d'hommes à votre bord?

— Comptez, commandant.

— Est-ce qu'il n'y a personne en bas... Voyez donc, Edmond? dit-il à un élève de marine qui l'accompagnait.

— Je ne dis pas, commandant, qu'il n'y ait personne; vous y trouverez au contraire deux hommes couchés.

— Qu'on les fasse monter! et il ajouta : Ainsi, vous êtes neuf sur cette barque?

— Neuf, commandant, dont cinq passagers; des matelots que je conduis à Plymouth, comme j'ai eu l'honneur de vous le déclarer.

— Je vais vous éviter cette peine.

Pierre Ballard et Jules Serval se crurent encore une fois trahis.

— Au nom de la loi, je vous prends sept de ces marins pour le service de Sa Majesté le roi Georges! Nommez celui de vos hommes que vous désirez conserver, ou je vais le désigner moi-même.

Le patron réclama Peters.

— Vous, dit-il, suivez-moi...

C'est ainsi que la marine britannique, aux termes de la loi de la *presse*, se recrute dans les cas d'urgence et de nécessité.

La corvette qui venait de jeter si heureusement son filet sur le sloop smoggler, était *le Douglas*, attaché à une expédition navale qui se préparait sur la rade des Dunes pour la Méditerranée, au dire de l'administration, mais à laquelle l'opinion publique générale, toujours conforme en Angleterre aux déclarations officielles dans son expression publique, attribuait secrètement une destination plus voisine. Cette expédition était formée de deux vaisseaux de quatre-vingts, de quatre belles et longues frégates percées de cinquante et cinquante-six sabords, et de deux corvettes portant vingt pièces de douze dans l'entrepont, et douze caronades de vingt-quatre en batterie Barbette : *le Douglas* en était une.

C'était là ce qui constituait ostensiblement sa force principale; on annonçait même l'arrivée prochaine de plusieurs régiments que cette division devait recevoir sur ses bords. Si l'on parlait de trois gros bâtiments qui devaient l'accompagner, c'était avec l'indifférence qui s'attache à des embarcations accessoires; c'étaient trois bombardes destinées à l'escadre britannique en station à Malte. La vérité était que ces navires étranges étaient entourés d'une surveillance et maintenus dans un isolement qui ne s'alliait guère à l'insouciante légèreté que le personnel administratif spécial affectait à leur égard.

Leur vue seule révélait, bien moins encore par la vigilance qui les environnait, que par la singularité de leur aspect, une nature mystérieuse. A voir leurs lourdes masses solidement enchaînées en marge du mouvement de la rade, comme des dogues hargneux attachés à l'écart; en examinant leurs formes lourdes, ramassées, trapues, massives, on se demandait si ces machines bizarres, qui rappelaient bien moins l'idée de ces constructions savantes destinées à franchir l'immensité des océans que celle d'énormes bouées, de gigantesques *corps-morts* devaient bien être réellement remorquées sans une nécessité immédiate jusqu'au siège d'une station lointaine; s'ils n'étaient pas bien plutôt de ces machines de guerre dont la plage de Boulogne avait déjà vu deux fois les explosions incendiaires embraser ses nuits.

Les cinq prisonniers Français, qu'un coup de presse navale avait si inopinément arrachés à un lâche assassinat, purent juger de la vérité de ces hypothèses : le personnel de l'escadre proprement dite ayant atteint son effectif, ce fut sur un de ces bâtiments suspects qu'ils furent déposés; ce brûlot, dissimulé sous la qualification de bombarde, avait pour nom *la Foudroyante*. Ils furent dès lors frappés d'une séquestration complète, car aucun de ceux qui avaient mis le pied à bord ne devaient provisoirement descendre à terre; même les compagnies de milice qui avaient été appelées dès l'origine à en former les garnisons provisoires, et qui étaient chargées de leur surveillance. Or, d'après la déclaration du capitaine, cette séquestration devait durer encore au moins quatre mois.

Cette perspective, qui eût désolé d'autres marins, soulagea les déserteurs d'une anxiété profonde, fermement résolus qu'ils étaient à demander d'être reconduits aux pontons plutôt que de porter les armes contre leur pays. Ils espéraient en effet trouver, avant l'écoulement de ces quatre mois, l'occasion d'enlever quelque canot et de brûler la politesse à ces machines incendiaires.

L'administration, du reste, faisait tout pour leur adoucir les ennuis de cette reclusion. Si la vigilance était rigoureuse, le service était doux, et la nourriture celle des états-majors de l'escadre. Pierre Ballard et ses compagnons prenaient le temps en patience, quand un jour éclata subitement un mouvement inaccoutumé d'embarcations entre les fausses bombardes et la côte.

Le ciel, grisâtre le matin, et distillant une de ces pluies fines et pénétrantes qui tombent doucement, sans interruption et sans bruit, commença à dix heures à voir cette humidité se changer en brume, comme il en naît fréquemment dans nos climats pendant les derniers jours de l'été et les premiers de l'automne.

Un officier supérieur vint avec une suite peu nombreuse visiter successivement les trois navires. Le capitaine de *la Foudroyante* lui fit inspecter les parties organiques du brûlot. Loïk comme premier mousse du carré, les accompagnait en portant un large fanal.

Le point sur lequel porta particulièrement l'examen fut le mécanisme d'explosion ; c'était une batterie intérieure, rattachée par une tige de fer à un anneau placé dans l'entrepont. Une sentinelle veillait sur ce point interdit à la circulation. Un mouvement de traction imprimé à cet anneau devait faire jouer le ressort de la batterie et enflammer une mèche communiquant avec le foyer central du brûlot. Deux minutes après, la foudroyante éruption de cet entassement de matières explosibles devait faire voler le brûlot en éclats, et couvrir tout ce qui l'entourerait de ses débris incendiaires.

A peine cet officier, qui était le vice-amiral chargé du commandement de l'expédition, eut-il terminé sa visite, que la compagnie de milice reçut l'ordre de se préparer à débarquer immédiatement. Pendant ce temps on fit les dispositions générales pour l'appareillage.

Il n'y avait plus à délibérer. Surpris par cette brusque décision, les cinq prisonniers n'avaient qu'un parti à prendre : aller redemander à *la Crown* les fers qui devaient leur faire expier ce rêve de liberté dont ils avaient vu cette fois la réalisation si voisine. Jules Serval fut chargé de demander leur débarquement en déclarant leur nationalité.

Au moment où il allait adresser la parole au capitaine du brûlot, celui-ci réunissait les hommes de son équipage autour de lui pour leur annoncer ce que l'Angleterre attendait de leur courage. C'était sur eux qu'elle comptait pour venger ses yachts du triple revers dont n'avait pu les préserver le génie de Nelson.

Sortis par la brise qui soufflait du nord-est, les trois brûlots allaient suivre la côte de France, dont une division de trois canonnières, alors à Flessingue, parcourait fréquemment les eaux. La brume épaisse qui couvrait la mer ne permettrait pas de les distinguer de ces navires. La chasse que leur donnerait une partie de la division anglaise compléterait l'illusion. A la faveur de cette méprise, ils pourraient franchir la ligne d'embossage qui couvrait la flottille, et lancer leurs trois foyers d'incendie dans cette forêt de navires.

Les chaloupes qu'ils traîneraient à leur remorque permettraient aux hommes de gagner aisément l'escadre, qui, attaquant elle-même la ligne d'embossage, la placerait entre son feu et cet immense embrasement.

Jules avait senti renaître toutes ses espérances. Il rejoignit ses compagnons.

— Eh bien ! lui dit tristement Ballard, est-ce fini ?

— Je l'espère.

— Tonnerre de Brest ! père Jacques, dit maître Laumel, je vous conseille de vous remettre à vos violons et à vos vieilles chiques.

— Que voulez-vous, maître Laumel, c'est bournement embêtant... Et pourtant, en y réfléchissant bien, nous pouvions nous en tirer plus mal.

— Ouais !

— Ne pouvions-nous pas laisser notre peau dans les vases d'abord ? ensuite....

Jules Serval coupa court à ce flot sédatif de considérations consolantes.

— Et nous allons nous en tirer mieux que vous ne supposez, mes braves.

— Comment?

— En buvant ce soir de la bière de Flandre ou du cidre d'Artois.

— Ça vous va, père Jacques, fit Loïk.

— Nous envoie-t-on en cartel?

— Nous restons ici. N'as-tu pas entendu? Les brûlots vont suivre la côte de France avec des canots à la remorque.

— Tonnerre de Brest! c'est juste. Voilà l'occasion demandée : on saute dans la barque; largue l'amarre, pousse au large, et bonsoir... quoi! N'est-ce pas cela, mon commandant?

C'était là, en effet, le nouveau plan d'évasion, dont la facilité d'exécution ressortait de l'exposé fait par le commandant de *la Foudroyante* lui-même.

Cependant le mouvement s'était étendu à la baie entière, où les yoles, les canots et les chaloupes rejoignaient de tous les points de la plage les navires composant l'escadre, leur transportant en hâte officiers, matelots et provisions.

Un autre changement s'opérait dans la physionomie de la rade ; si le mouvement s'animait et se dessinait plus largement à chaque instant, le voile de brouillard qui s'étendait et s'épaississait sur la surface de ses eaux, estompant, vaporisant, effaçant presque les objets, imprimait à cette agitation un caractère étrange. Cet état atmosphérique favorisant singulièrement l'expédition confiée à ces forces navales, l'appareillage ne s'en fit qu'avec plus d'ardeur. Bientôt toute l'escadre, vaisseaux, frégates, corvettes, et brûlots-bombardes, offrirent à la bise s'élevant très-mollement du nord-est tout ce que leur mâture pouvait lui déployer de toile.

Ces navires, voguant sans autre ordre que de se maintenir en vue, coururent en serrant le vent au plus près dans la direction des côtes de France. Les trois brûlots, embarcations pesantes et trapues, ne suivaient qu'à distance, fendant péniblement la mer de leurs grosses proues haletantes ; les autres navires s'effacèrent bientôt à leur vue. Le vice-amiral sentit la nécessité de leur venir en aide ; par ses ordres, trois des frégates virèrent de bord et jetèrent des remorques aux pauvres embarcations essoufflées ; prenant alors un essort rapide, elles revirent bientôt se dessiner vaguement tous ces bâtiments avec leurs hautes voilures, au milieu desquels ces lourdes embarcations glissèrent comme emportées par des navires fantastiques dans un tourbillon de spectres de vaisseaux.

Cette course singulière dura tout le jour ; vers le soir, une des corvettes qui avait pris les devants pour éclairer la marche se reploya vers le vaisseau amiral en signalant la côte de France ; toute l'escadre laissa arriver et porta le cap dans l'ouest-sud-ouest.

Les trois frégates et leurs remorques continuèrent leur marche dans le sud, de conserve avec la corvette-aviso. Ce ne fut que lorsqu'elles purent distinguer la silhouette de la vieille terre des Morins que, abandonnant les brûlots à leur propre marche, elles se replièrent sur le sillage du gros de l'escadre. Une partie de la division, simulant alors un mouvement agressif contre ces trois embarcations perfides, manœuvra comme si elle était attachée à leur poursuite dans le dessein de les attaquer et de les enlever. Le reste de l'escadre, tenant le large, rangea la côte à une distance où l'opacité de l'atmosphère ne permettait pas de l'apercevoir.

A l'approche de la nuit, la brume s'était assez éclaircie pour que, à distance de six milles marins de la terre où *la Foudroyante* et ses deux conserves étaient parvenues, elles en pussent distinguer les principaux accidents.

Elles se trouvaient à six lieues environ au nord-est de l'embouchure de la Lianne. Elles laissèrent arriver un peu dans l'ouest, pour ne pas s'approcher davantage de la côte avant la chute de la nuit ; en attendant, elles installèrent leurs fanaux dans la disposition où les trois canonnières convoyeuses portaient les leurs.

A sept heures et demie, elles reprirent leur direction primitive ; à dix, elles n'étaient plus qu'à petite portée de canon du rivage et à trois milles environ de la ligne d'embossage qui couvrait l'entrée du port de Boulogne, et dont elles voyaient se déployer devant elles la double ligne de feux.

Jules Serval, Pierre Ballard et leurs trois compagnons s'étaient réunis sur l'avant de *la Foudroyante*.

— Tonnerre de Brest! serions-nous donc encore trahis? murmurait, en se saisissant une poignée de cheveux avec rage, maître Laumel qui venait de les joindre.

— Qu'avez-vous, mon brave? lui demanda Pierre Ballard.

— J'ai, mon commandant, que je suis bien sûr pour le coup d'avoir aperçu ce damné Bihan.

— Bihan? reprit le père Roussin avec effroi.

— Lui-même, tout à l'heure, se glissant vers le panneau de l'arrière. De quel trou a pu sortir cette vipère?

— Que cela ne nous inquiète pas, mes enfants, reprit le capitaine Ballard : nous n'avons plus rien à craindre ni à attendre, le moment est venu.

— Vous savez, ajouta Jules Serval, nous nous affalons le long de la guibre, nous filons vers l'arrière, pour gagner la chaloupe que remorque le brûlot.

— C'est entendu, commandant, et les premiers arrivés s'y arriment la main sur les avirons, quoi!

— C'est dit.

Pierre Ballard et Jules Serval disparurent de chaque côté du beaupré. Maître Laumel et Jacques Roussin les suivirent aussitôt.

— C'est pour le coup, bourne! que je puis dire que le bon Dieu nous favorise...

— Et filez en double, toujours, dit Loïk, moi je me charge de vous éclairer.

Et, au lieu de glisser à la mer, le mousse s'élance vers l'écoutille, y descend, et abordant la sentinelle qui veillait près de l'anneau où le capitaine venait de faire attacher une forte ligne pour opérer l'explosion à distance :

— Par ordre supérieur! lui dit-il, avec autant de fermeté qu'il mit de rapidité et de vigueur à saisir et tirer l'anneau.

Un bruit strident, suivi du frémissement d'une mèche qui brûle, se fait aussitôt entendre ; la sentinelle, surprise par cette apparition, cette déclaration, cet acte subits, n'en comprend la signification qu'à ce frémissement sinistre ; le jeune mousse avait disparu ; elle s'élance vers l'écoutille en poussant des cris d'alarme.

Mais Loïk a déjà gagné l'arrière du brûlot ; debout sur le couronnement, il répond à ces cris par ceux de vive la nation ! vive la France ! en agitant son bonnet, et saute aussitôt à la mer.

— Au large ! au large ! crie-t-il à ses compagnons, en grimpant dans la chaloupe. Nous n'allons pas fuir à tâtons, allez !

Au bruit qui s'élevait de *la Foudroyante*, aux cris : Au feu ! au feu ! que répète l'équipage terrifié en se ruant vers l'arrière, les quatre marins français ont déjà lâché la bosse et mis les avirons à la mer. La chaloupe, sous l'impulsion vigoureuse de leurs efforts, réunis, s'élance ardemment vers le rivage.

Une explosion épouvantable se fait entendre, *la Foudroyante* s'est embrasée ; c'est une véritable éruption qui remplit le ciel d'un tourbillon de flammes et fait tomber sur la mer, qui semble un instant un abîme de feu, une pluie de laves ardentes et d'épaves enflammées. Les noires silhouettes des hommes éperdus et se tordant les bras apparaissent sur la nappe tonnante de cet embrasement. Dans l'un d'eux, les fugitifs ont reconnu Bihan, debout sur les bastingages pour se jeter à la mer. Comme les autres, il est emporté par ce formidable coup de tonnerre.

— Courage ! s'écrie Loïk, debout lui-même sur l'arrière de la chaloupe bondissant vers le rivage ; nagez, mes amis ! faites danser la pirogue, c'est moi qui paye les quinquets !

La chaloupe atteignit la côte au fracas de l'explosion des deux autres brûlots incendiés par *la Foudroyante*, et au bruit du canon de notre ligne d'embossage, couvrant de ses bombes, de ses obus et de ses boulets l'escadre anglaise, qu'elle avait aperçue, aux réverbérations de cette triple éruption, s'avançant pour appuyer les ravages de ses brûlots.

Le lendemain, les galets de la grève se couvrirent de cadavres rejetés par la mer. Celui de Bihan était du nombre. Les papiers contenus dans un étui de fer-blanc suspendu par un fil de carret sous son paletot révélèrent le motif de sa présence sur la barque incendiaire.

L'adjudicataire anonyme du domaine de Kernouville n'était autre que lui-même. C'était sur son ordre qu'avait été mise l'enchère ; c'était son nom qui devait être inscrit sur l'acte translatif de propriété, avec la mention du payement avant l'expiration des délais entraînant la déchéance. Or, ce prix, il l'avait réuni grâce au recouvement de ses créances sur le comité royaliste, grâce aussi aux salaires infâmes qu'il avait reçus en payement de ses trahisons. Les délais n'expiraient que sous quelques jours. S'il n'était en France auparavant, adieu son beau rêve! domaine, fermes, châteaux, tout s'évanouissait comme un mirage !

Mais il y sera. Ses rapports avec la police anglaise lui ont révélé l'objet de cette expédition mystérieuse ; il se fera recevoir à son bord, et profitera de sa présence dans les eaux françaises pour gagner secrètement leur plage.

Il croyait toucher au couronnement de ses machinations et de ses intrigues, il touchait à l'heure de leur châtiment. Il avait été littéralement broyé par l'explosion du brûlot. Aussi le père Jacques put-il s'exclamer avec une certaine vérité :

— En voilà un, bourne ! qui doit remercier le bon Dieu qu'on ne meure qu'une fois !

— Et pourquoi cela, père Jacques? lui demanda Loïk.

— Suppose, mon enfant, qu'on mourût dix fois ; n'a-t-il pas attrapé de l'atout pour endurer dix morts? Et, bourne ! ce n'est pas tout... Tiens ! fit-il en montrant un portefeuille plein de billets de banque réduits en pâte par l'eau de la mer, eût-il échappé à cette catastrophe, le misérable ! ce n'eût été que pour mourir de désespoir en voyant ce que la mer a fait de ses banknotes.

XVI

OU L'HISTOIRE FINIT EN ROMAN.

La flottille de Boulogne, cette immense *armada* du dix-neuvième siècle, venait encore une fois d'être sauvée. Le ministre de la marine voulut féliciter les équipages de notre ligne d'embossage de ce nouvel exploit, qui jetait une suprême auréole sur ce formidable déploiement de forces dont le souffle des nécessités politiques allait disperser les divisions.

Il se rendit à Boulogne pour attacher lui-même sur la poitrine des braves dont les noms avaient été signalés aux rémunérations impériales les décorations que S. M. l'empereur et roi, comme on qualifiait le souverain sorti de la démocratie française, avait accordées à leur valeur.

Pierre Ballard et Jules Serval étaient du nombre.

Pierre Ballard écrivit au ministre pour décliner cet honneur. Sa lettre avait ce caractère de noble franchise dont l'expression, alliant le sentiment des convenances générales à celui de la dignité personnelle, suscite dans les cœurs dignes de la comprendre, souvent un regret, toujours de la sympathie, mais n'y laisse jamais un froissement. Cette triple impression, elle la causa dans celui de Decrès.

Jules Serval ne se présenta cependant pas seul à l'audience de l'illustre ministre que la marine française vit figurer à la tête de son administration de 1802 à 1815. Il y parut accompagné de deux matelots qui avaient partagé les fatigues et les périls de son évasion, et surtout du jeune mousse, qui non-seulement y avait eu une large part, mais à qui particulièrement la France devait la conservation de sa grande flottille. Comme Jeanne d'Arc disait de son drapeau, ils avaient eu place à la peine, ils devaient l'avoir à la gloire.

L'ancien commandant du *Guillaume Tell,* un de ces ministres qui ont eu le malheur d'être jugés sur des désastres où la fatalité fit sombrer les éléments des plus glorieux triomphes, accueillit le jeune mousse avec cette affabilité intelligente qui découvre l'avenir dans les actes et dans les caractères.

— Voilà, capitaine, dit-il à Jules Serval, un enfant dont la place est marquée sur les bancs de l'école où la marine impériale recrutera ses meilleurs officiers à l'avenir; présentez-moi une demande en son nom. J'ai déjà donné des ordres relativement à ces deux hommes, poursuivit-il en désignant maître Laumel et le père Jacques.

— Puis il ajouta : — Quant à vous, monsieur, si vous avez quelque faveur, et à plus forte raison quelque acte de justice à solliciter de Sa Majesté Impériale, croyez que je serai heureux d'en soumettre le décret à sa signature.

— Permettez-moi, Excellence, de profiter de votre offre bienveillante à l'instant même.

— Du plus grand cœur.

— Quoique ce ne soit pas pour moi que j'en réclame les effets, croyez, monseigneur, que je n'y serai pas moins sensible.

— Parlez, je vous écoute.

— Tous ceux qui ont concouru à l'évasion dont le dénoûment a été si heureux pour la marine impériale ne sont pas devant vous.

— Dans ce cas, faites-les moi connaître.

— Une jeune personne, d'un caractère aussi élevé que sa naissance, la fille d'un émigré breton mort dans l'exil a puissamment concouru au succès d'une entreprise qui devait rendre des compatriotes à leur patrie.

— Son nom ?

— Mlle Marie de Kernouville.

— D'une maison qui a donné des illustrations à notre flotte ?

— Oui, monseigneur. Le bailli Félix de Kernouville... qu'on appelait le Bien nommé... sur onze combats qu'il livra aux Anglais dans la guerre de 1756, n'éprouva pas une défaite... L'intrépide commandant du *Borée* et d'autres...

— Vous oubliez un des plus braves, sinon un des plus illustres, Hugues de Kernouville... Je l'ai connu, celui-là.

— C'était son père.

— Le père de cette jeune fille ?

— Pour qui je vous demande de faire ce qu'elle-même a fait pour nous ; son vœu le plus profond est de rentrer dans sa patrie. L'administration, qui a déjà vendu la plus importante partie de sa fortune patrimoniale, tient encore sous séquestre plusieurs de ses propriétés. Ne serait-il pas digne de la France de rendre à cette jeune fille une fortune dont elle n'a rien fait pour encourir la spoliation, une patrie qu'elle regrette et qu'elle a toujours aimée ?

Une semaine s'était à peine écoulée, qu'un décret impérial rayait le nom de Marie de Kernouville de la liste des émigrés. Il disposait que tous ceux de ses biens dont l'administration des domaines restait détentrice lui seraient immédiatement rendus.

Le jour même où ce décret recevait la promulgation du *Bulletin des Lois*, Jules Serval recevait de l'avoué qu'il avait chargé des intérêts de Mlle de Kernouville et des siens propres, la lettre que nous copions textuellement :

« Monsieur,

» La liquidation de la prise du vaisseau de la Compagnie
» *le Malabar*, que vous avez fait atterrir au port de Granville,
» touche à son terme. Tout matelot recevant part entière ne touchera pas moins de sept mille francs. Votre part, à vous, comme
» capitaine et comme armateur, s'approchera de quatre cent mille
» francs. Ces chiffres approximatifs ne peuvent que se trouver élevés
» par le règlement définitif.

» Quant au mandat que vous m'avez transmis pour poursuivre
» l'annulation de la vente ou de la rétrocession du domaine de
» Kernouville, je suis heureux d'avoir à vous apprendre que je
» n'aurai pas à traiter avec l'adjudicataire. Cet acquéreur anonyme,

» dont j'avais moi-même porté l'enchère, était un ancien hôtelier du
» pays, du port de Cancale, embarqué depuis sous vos ordres, un
» nommé Bihan. Cet homme, qui m'avait annoncé sa prochaine
» arrivée avec le prix de l'acquêt, ne s'étant pas présenté à l'expi-
» ration des délais de *command*, je suis sorti de la position où il
» me plaçait, position peu inquiétante, il est vrai, vu la vileté du
» prix, en faisant porter le nom de Mlle Marie de Kernouville comme
» celui de l'adjudicataire réelle. Elle recouvre donc pour 25,100 fr.
» le magnifique domaine qui forma toujours la plus riche dotation
» de sa maison. Cette somme a été couverte au moyen d'une avance
» que m'a faite la maison Gallien et Toupet, chargée de la liquida-
» tion du *Malabar*, en compte de vos droits sur les produits de
» cette prise. »

Si l'on remonte par la pensée à ce qui se passait à cette époque sur les côtes de France et d'Angleterre, mais plus particulièrement sur les rivages de la Manche, on reconnaît que l'arrivée d'une *licence*, — ces navires qui avaient le privilége de trafiquer de quelques objets et denrées de première nécessité entre les pays ennemis, —était un véritable jour de fête pour le port où elle venait déposer son fret, produits exotiques réclamés par les goûts et les usages, et dont l'habitude avait fait presque des besoins.

Quel que fût le sentiment avec lequel la petite ville de Hastings salua celle de *la Marie*, grand brick muni de lettres autorisant les relations de son commerce international, ce ne fut cependant ni parmi les négociants dont elle devait approvisionner les magasins, ni au sein de la population où devaient s'écouler ses produits que cette arrivée excita l'émotion la plus profonde. Le nom seul de son capitaine le fera comprendre ; ce capitaine était Jules Serval. Bien que sa position vis-à-vis du gouvernement britannique n'eût pas encore été complétement régularisée, le jeune officier n'avait pu résister au désir de venir apprendre lui-même à Mlle de Kernouville les mesures réparatrices dont elle avait été l'objet de la part de l'administration impériale. Le voyage de la licence dont il avait obtenu la concession et qu'il avait équipée lui-même, lui en avait offert une occasion trop favorable. Son échange, lui avait déclaré d'ailleurs Decrès lui-même, devait être opéré ; si la dénonciation officielle n'en était pas encore arrivée au ministre, c'est qu'aucune liste de prisonniers échangés n'y avait été envoyée par l'amirauté britannique depuis que la demande en avait été faite.

Ce fut une scène pleine de charme et d'attendrissement que celle où le capitaine de *la Marie* apprit à la jeune comtesse, qui ne connaissait encore l'événement que dans son ensemble, les détails de la révolution si instantanément opérée dans sa vie, révolution aussi complète que rapide : sa patrie lui était rendue ; ses biens restitués.

Le château de Kernouville, le berceau de ses ancêtres comme il avait été celui de son enfance, l'attendait avec ses salles et leurs grands portraits de famille, ses domaines et leurs grandes futaies séculaires, ses immenses et riants jardins.

— Oui, mademoiselle, lui avait dit Jules Serval ; tout cela, château, métairies, fermes, forêts, domaines, tout cela vous appartient, tout cela est dès à présent à vous.

— Tout cela m'appartient maintenant, répéta la noble et riche héritière... tout cela est à moi... Oui, ajouta-t-elle d'une voix plus forte et plus émue, autant qu'appartient ce que l'on doit.

— Qu'entendez-vous, mademoiselle, reprit Jules Serval en la regardant avec surprise et en apercevant seulement en cet instant son embarras et sa rougeur ?

— J'entends, répondit-elle en s'efforçant de dominer son trouble, que patrie, foyer, fortune, lieux chéris de mon enfance, domaine de mes aïeux, tout cela c'est à vous que je le dois.

— Mademoiselle !

Elle interrompit la généreuse protestation de Jules Serval.

— Ne me contestez pas le bonheur de vous le dire. Quoi de plus évident, d'ailleurs ?

— Je n'ai rien dit, il me semble, dont vous puissiez tirer de telles conclusions.

— Oh ! je connais tout, maintenant... Ce que vous m'avez tu, je l'ai deviné à travers vos réticences. Il y a une voix qui ne trompe pas : c'est celle des faits : une logique qu'on ne devine jamais : c'est celle du cœur.

— N'attribuez pas aux faits une importance qu'ils n'ont pas.

— Ces faits parlent d'eux-mêmes : vous pouviez demander toute grâce au ministre... celle que vous avez réclamée, c'est mon retour dans ma patrie, c'est la restitution de mes biens.

— Je n'ai réclamé là qu'un acte de justice.

— Et ce domaine de Kernouville lui-même... s'il est à moi... qui l'a payé?

— Ne pensez pas...

— Le puis-je? le dois-je?... reprit-elle avec un ineffable mélange de tendresse et de pudeur.. Oh! j'y veux penser, car la reconnaissance que tout cela m'impose n'a rien qui ne soit doux pour mon cœur, monsieur Serval.

— De la reconnaissance!... Après de telles paroles, qui doit en avoir, mademoiselle? ne put s'empêcher de lui répondre Jules avec un trouble qui donna la vibration la plus passionnée à sa voix.

— Celle qui vous doit tout, monsieur; qui se ferait un reproche de ne pas vous le déclarer aussi sincèrement, aussi tendrement qu'elle l'éprouve, et qui, dans ce moment... tenez! demande à Dieu... n'osant le demander à son cœur, continua-t-elle en abaissant avec une adorable expression de trouble virginal les yeux qu'elle avait levés au ciel, s'il n'est pas un moyen de s'acquitter en partageant tout ce qu'elle vous doit avec vous.

— Et quel moyen?... murmura Jules à qui ces mots venaient de révéler, comme une explosion radieuse dans l'ombre, tous les sentiments inconnus qui s'étaient à la longue amassés, concentrés dans son cœur, et qui sous l'empire de son émotion, était tombé suppliant à ses genoux.

— Je n'en vois qu'un, répondit-elle, en portant sur lui un regard chargé d'une tendresse infinie.

— Serait-il possible?... vous, mademoiselle... vous! Mais dans ce moment encore je n'ose l'espérer... Ce moyen de vous acquitter...

— Eh bien ?

— Serait de vous donner à moi...

— En connaîtriez-vous un autre ?

C'est souvent dans les cieux les plus sereins que se forment les orages. Le bonheur des deux jeunes amants, nous pourrions presque dire des deux jeunes époux, devait avoir le sien.

Il est aisé de concevoir le caractère des sentiments que la disparition de Marie de Kernouville avait soulevés dans le commodore Daniel Ross. Les froissements les plus douloureux du cœur, ceux de l'intérêt, de l'amour, de l'orgueil, s'y étaient ulcérés de tous les venins d'une nature haineuse et cruelle. La vengeance était devenue la préoccupation de tous ses instants, l'unique pensée de son esprit, la seule aspiration de son cœur, l'absorption en quelque sorte de sa vie.

D'abord elle avait éclaté avec une violence qui avait enlevé toute circonspection à ses actes. Il ne s'était pas contenté d'employer tous ses moyens d'enquête à découvrir les traces de la jeune fugitive ; il avait appelé les poursuites les plus actives de la police générale sur cette fuite. Cette première effervescence s'était déjà calmée lorsque la découverte de la retraite de la jeune émigrée avait permis à sa passion de s'imposer le masque de dissimulation qui pouvait assurer l'accomplissement de ses projets. Il avait compris que ce fait rendait possible tous les espoirs qu'avait rêvés sa haine. Car, après tout, ce n'était point contre elle qu'il sentait s'irriter ses ressentiments, c'était contre le prisonnier qui la lui avait ravie ; qui, par ce rapt et sa fuite réunis dans un même coup, l'avait atteint simultanément dans sa responsabilité officielle et dans tous les sentiments de sa vie privée. Or, s'il était en France où tous les journaux retentissaient du drame de son évasion, ce n'était pas sans espoir de retour qu'il avait déposé Marie de Kernouville dans un petit port de la côte, dans l'hospitalité d'une maison amie. Ce séjour n'était évidemment que provisoire. Le rusé geôlier connaissait trop bien l'esprit entreprenant de l'audacieux corsaire pour pouvoir douter qu'il tardât longtemps à venir reprendre lui-même la jeune Bretonne pour la rendre à sa patrie. Aussi s'était-il contenté d'établir à Hastings une surveillance dont l'œil ne perdît pas de vue son refuge.

Les circonstances au milieu desquelles était venue s'offrir sa vengeance, le séjour prolongé que le capitaine de la *licence* devait faire dans le port de Hastings avaient permis au commodore de mettre moins de précipitation dans l'exécution de ses projets, et de venir secrètement en diriger l'accomplissement confié à son bras droit, au master Michel. Réfugié dans une taverne obscure, il y avait attendu le moment propice pour donner un caractère plus poignant à la catastrophe où il voulait abattre son ennemi. C'était au moment où il croirait toucher l'objet de ses vœux, la réalisation de ses plus chères espérances, qu'il l'attendait embusqué à l'angle de sa félicité, pour le frapper et le renverser au pied de son bonheur.

Cet instant était arrivé ; le futur et prochain mariage de Jules Serval et de la jeune exilée avait été annoncé par sir William Steele à ses amis. Un prêtre catholique devait bénir leur union, dont les solennités rapides de la loi anglaise allaient former les liens. C'était le moment qu'il avait fixé.

Le master Michel et les six agents de la police des pontons, mis sous ses ordres pour cette expédition, quittèrent la taverne, où sir Daniel Ross leur renouvela leurs dernières instructions ; l'administration attendant un dévouement absolu de ses employés, c'était ce zèle seul qu'elle devait récompenser en eux. Ils devaient se rappeler que la loi les autorise à frapper le prisonnier qui résiste à leurs ordres, que c'était pour cela qu'elle leur avait remis les épées et les pistolets dont ils étaient armés. Le master avait ses ordres précis, ses ordres confidentiels. Si le prisonnier se soumettait aux sommations de ses agents, il devait tout faire pour le pousser à un acte de résistance qui motivât les violences d'une répression draconienne.

Le guet-apens était ainsi préparé avec une habileté machiavélique qui semblait devoir en assurer le succès et en même temps l'impunité. Pour Michel comme pour sir Daniel Ross, l'arrestation n'était qu'un prétexte, ce n'était qu'un voile sous le mystère duquel devait s'accomplir l'assassinat.

Le master se dirigea avec son escouade vers l'habitation de sir William Steele.

— Le capitaine Serval ?... demanda Michel au domestique qui vint lui ouvrir.

Il fut introduit avec ses acolytes dans un petit parloir d'une propreté toute hollandaise ; des pas nombreux retentirent peu après dans le corridor. La porte du parloir se rouvrit de nouveau, le major O'Garden entra, accompagné lui-même de plusieurs gardiens.

— Ah ! dit-il, c'est vous, Michel !... — Et il ajouta aussitôt : — Vous allez remettre vos armes à ces hommes. — Comme le master le regardait avec autant d'effroi que de surprise, il poursuivit :

— L'ordre de l'amirauté qui révoque sir Daniel Ross du commandement de *la Crown* ordonne votre arrestation, et défère à un conseil de guerre les abus d'autorité et les sévices graves dont vous vous êtes rendu coupable dans l'exercice de vos fonctions.

— Mais je n'ai fait qu'exécuter les ordres du commodore.

— Vous soumettrez au conseil de guerre vos excuses ; vous avez entendu mon ordre, obéissez.

Michel remit son épée et ses pistolets aux gardiens qui accompagnaient le major, ou plutôt le nouveau commodore, car c'était sir John que l'amirauté avait appelé à recueillir l'héritage administratif de Daniel Ross. Deux actes réparateurs venaient d'inaugurer son administration austère mais paternelle.

Redoutant tout du départ inopiné de l'ex-commandant de *la Crown*, il n'avait pas hésité, en recevant le pli de l'administration qui lui avait apporté la révocation de sir Daniel Ross, sa nomination aux fonctions rendues vacantes par la destitution de ce dernier, et la liste d'échange des prisonniers où le nom de Jules Serval était compris, à se rendre auprès de ce dernier.

Il était arrivé à temps pour prévenir un crime.

POST-FACE

Les faits que nous venons de raconter n'ont rien d'imaginaire ; ils étaient épars dans la douloureuse chronique des pontons anglais. Nous nous sommes borné à les réunir et à les développer dans un même cadre. Le cadre seul est de notre invention.

Si notre affirmation ne suffisait pas, nous l'appuierions d'une autorité dont aucun lecteur ne contestera la valeur, car nous invoquons ici le témoignage d'une grande et forte intelligence. Voici, en effet, ce que nous écrivait Eugène Sue à qui nous avions soumis notre travail.

Nous retranchons quelques paragraphes dictés par une amitié indulgente comme le sont toujours la puissance et la bonté, pour ne citer que ce qui peut justifier notre assertion :

« ... Vous avez raison, ces feuillets, légers par la forme, sont au
» fond de vraies pages d'histoire. »

Et plus bas :

« ... J'ignore sur qui vous avez copié maître Laumel et le père
» Roussin, mais j'atteste qu'ils ont existé ; l'imagination ne produit
» pas de ces types-là. Ils sont trop vivants pour être son œuvre ; elle
» ne crée pas, elle évoque.
» Quant à Bihan, je voudrais douter de sa réalité, par respect pour
» la dignité humaine ; mais comme la nature extérieure, le monde
» moral a ses difformités, ses monstruosités, ses mystères. Ce sont
» des faits qu'il faut bien accepter. Ce qui d'ailleurs confirme pour
» moi la réalité de ce que j'ignore, c'est la fidélité saisissante ; la

» vérité de ce que je connais, et je connais les principaux acteurs
» de votre drame, malgré les noms dont vous avez masqué leurs
» personnalités. Que m'importe le vocable de Jules Serval, si dans
» ses faits et gestes je reconnais l'héroïque capitaine Souville, dont
» le nom est si populaire sur toutes nos côtes septentrionales, et qui
» naguère encore commandait un de nos paquebots-postes sur ces
» eaux où il avait si longtemps médusé le commerce anglais ! auda-
» cieux croiseur à qui j'ai consacré quelques-unes des pages que j'ai
» écrites avec le plus de bonheur, que j'ai connu enfin, comme vous
» même vous avez connu monsieur Havas, votre loyal Pierre
» Ballard.

» EUGÈNE SUE.

Nous n'avons rien à ajouter à cette attestation du grand ro-
mancier.

FIN.

Paris. — Imp. de la Librairie Nouvelle, A. Bourdilliat, 15, rue Breda.

Bibliothèque nouvelle à 1 franc le volume.

GEORGE SAND — vol.
Mont-Revêche.......... 1
La Filleule............. 1
Les Maîtres Sonneurs... 1
La Daniella............ 2
Adriani................ 1
Le Diable aux champs.. 1

A. DE LAMARTINE
Geneviève, Hist. d'une Servante. 1

Mme ÉMILE DE GIRARDIN
Nouvelles.............. 1
Marguerite, ou Deux Amours... 1
M. le Marquis de Pontanges.... 1
Poésies (complètes)..... 1
Le Vicomte de Launay... 3
La Croix de Berny (en collab.).. 1

FRÉDÉRIC SOULIÉ
La Lionne.............. 1
Julie................... 1
Le Magnétiseur......... 1
Le Maître d'école...... 1
Les Drames inconnus... 5
Les Mémoires du Diable. 2

ALPHONSE KARR
Histoires normandes.... 1
Devant les Tisons...... 1

LE Dr L. VÉRON
Mémoires d'un Bourgeois de Paris.................. 5
Cinq cent mille francs de rente. 1

LÉON GOZLAN
La Folle du logis...... 1
L'Amour des lèvres et du cœur 1
Aristide Froissart..... 2

JULES SANDEAU
Un Héritage............ 1

PHILARÈTE CHASLES
Souvenirs d'un Médecin. 1
Le Vieux Médecin....... 1

ALEXANDRE DUMAS FILS
Diane de Lys........... 1
Le Roman d'une Femme.. 1
La Dame aux Perles..... 1
Trois Hommes forts..... 1
Le Docteur Servans..... 1
Le Régent Mustel....... 1

CHAMPFLEURY
Les Bourgeois de Molinchart... 1
Les Amoureux de Ste-Périne.. 1

AMÉDÉE ACHARD
La Robe de Nessus..... 1
Belle-Rose............. 1
Les Petits-Fils de Lovelace... 1
La Chasse royale....... 2
Les Rêveurs de Paris... 1

LÉOPOLD LE DUC
L'Empereur Alexandre II....... 1

J. GÉRARD (le Tueur de lions)
La Chasse au Lion, illustrée.... 1

MÉRY
Une Nuit du Midi (Scènes de 1815) 1
Les Damnés de l'Inde... 1

Mme MANOEL DE GRANDFORT
L'Autre Monde......... 1

LE Cte DE RAOUSSET-BOULBON
Une Conversion........ 1

CH. MONSELET
Monsieur de Cupidon... 1

LE DOCTEUR F. MAYNARD vol.
Voyages et Aventures au Chili. 1
Souvenirs d'un Zouave devant Sébastopol............. 1

J. DE SAINT-FÉLIX
Mademoiselle Rosalinde. 1
Le Gant de Diane....... 1

Mme LAFARGE (MARIE CAPELLE)
Heures de Prison....... 1

ARNOULD FREMY
Les Maîtresses parisiennes.. 1
Id. (deuxième partie). 1
Les Confessions d'un Bohémien 1

MISS EDGEWORTH
Demain................. 1

CH. DE BOIGNE
Petits Mémoires de l'Opéra.... 1

STENDHAL (BEYLE)
Chroniques et Nouvelles...... 1

HENRI DUPIN
Cinq coups de sonnette. 1

PAUL FÉVAL
Blanchefleur........... 1
La Reine des épées..... 1
Le Capitaine Simon.... 1
Le Berceau de Paris... 1
Les Fanfarons du Roi.. 1
Alizia Pauli........... 1

CH. MARCOTTE DE QUIVIÈRES
Deux Ans en Afrique... 1

MAXIME DU CAMP
Mémoires d'un Suicidé. 1
Les Six Aventures..... 1
Salon de 1857.......... 1

HIPPOLYTE CASTILLE
Histoires de Ménage... 1

AURÉLIEN SCHOLL
Les Esprits malades.... 1

Mme MOLINOS-LAFITTE
L'Éducation du Foyer.. 1

HENRI MONNIER
Mémoires de M. J. Prudhomme. 2

ÉDOUARD DELESSERT
Voyage aux Villes Maudites... 1

L. LAURENT-PICHAT
La Païenne............ 1

MOLIÈRE
Nouvelle édition par Philarète Chasles............... 5

Mme ROGER DE BEAUVOIR
Confidences de Mlle Mars..... 1
Sous le Masque........ 1

EUGÈNE CHAPUS
Les Soirées de Chantilly..... 1

LOUIS LURINE
Ici l'on aime.......... 1

NESTOR ROQUEPLAN
Regain : la Vie parisienne.... 1

COMTESSE D'ASH
Les Degrés de l'échelle...... 1
La Marquise sanglante. 1
La duchesse d'Éponnes. 1

ALBÉRIC SECOND
Contes sans prétention. 1

BARBEY D'AUREVILLY
L'Ensorcelée.......... 1
L'Amour impossible.... 1

ARSÈNE HOUSSAYE vol.
Les Filles d'Ève....... 1

V. VERNEUIL
Mes Aventures au Sénégal... 1

LOUIS ULBACH
La Voix du sang....... 1
Suzanne Duchemin...... 1
L'Homme aux cinq Louis d'or. 1

GALOPPE D'ONQUAIRE
Le Diable boiteux à Paris.... 1
Le Diable boiteux en province. 1
Le Diable boiteux au village... 1

COMTE DE MOYNIER
Bohémiens et grands seigneurs 1

PAUL DHORMOYS
Une Visite chez Soulouque.... 1

JUILLERAT
Les Deux Balcons...... 1

Mme LOUISE COLET
45 lettres de Béranger. 1

GRANIER DE CASSAGNAC
La Reine des prairies.. 1
Danaé.................. 1

STÉPHEN DE LA MADELEINE
Le Secret d'une renommée..... 1

J. NORIAC
Le 101e Régiment...... 1

ELIE BERTHET
Les Chauffeurs........ 1
La Roche tremblante... 1
La Bastide rouge...... 1
Le dernier Irlandais.. 1

KAUFFMANN
Brillat le menuisier.. 1

JULES DE LA MADELÈNE
Le Marquis des Saffras. 1

ERCKMANN-CHATRIAN
L'Illustre Docteur Mathéus.... 1

R.-G. DAVID ET CH. VINCENT
Le Tueur de brigands.. 1

ED. OURLIAC
Les Gernaches......... 1
Suzanne............... 1

JULES LECOMTE
Les Pontons anglais... 1

Mme DE SURVILLE
Balzac, sa vie et ses œuvres. 1

J.-B. BORÉDON
Gabriel et Fiametta... 1

LÉON HILAIRE
Nouvelles Fantaisistes. 1

ROGER DE BEAUVOIR
La Lescombat.......... 1
Les Mystères de l'Ile St-Louis.. 1

WILLIAM THACKERAY
Les Mémoires d'un valet de pied 1

E. FASBOT
La navigation aérostatique... 1

Mme JAUBERT
L'Aveugle de Foux..... 1

G. DE LA LANDELLE
Les Passagères........ 1

GUSTAVE CLAUDIN
Point et Virgule...... 1

CARL LEDHUY
Le Capitaine d'aventure...... 1

Paris. — IMP. DE LA LIBRAIRIE NOUVELLE. — Bourdilliat, 15, rue Bréda.